- 本书是"广西高等学校千名中青年骨干教师培育计划"人文社会科学类立项课题《高中英语课程改革中的教师情感劳动研究》（立项编号：2022QGRW011）成果之一
- 本书出版获广西师范大学外国语学院科研基金资助

高中英语实习教师的情感劳动策略研究

朱神海　著

上海交通大学出版社
SHANGHAI JIAO TONG UNIVERSITY PRESS

内容提要

本书旨在研究高中英语实习教师的情感劳动策略,目的是探明我国高中职前英语教师在实习过程中所付出的情感劳动,提升他们的情感调节能力,进而促进他们对教师职业的认同感,为教师职前、职后一体化专业发展奠定基础,同时也为丰富和拓展国内外相关领域的研究做贡献。全书采用质性为主、量化为辅的混合研究路径,具体研究问题涉及高中英语实习教师情感劳动策略的内涵、使用现状以及影响因素等。本书适合教师教育者、教学管理者、一线教师以及师范类研究生阅读使用。

图书在版编目(CIP)数据

高中英语实习教师的情感劳动策略研究/朱神海著
. —上海:上海交通大学出版社,2023.8
ISBN 978 - 7 - 313 - 29158 - 5

Ⅰ.①高…　Ⅱ.①朱…　Ⅲ.①英语课—师资培养—研究—高中　Ⅳ.①G633.412

中国国家版本馆 CIP 数据核字(2023)第 140559 号

高中英语实习教师的情感劳动策略研究

GAOZHONG YINGYU SHIXI JIAOSHI DE QINGGAN LAODONG CELÜE YAN JIU

著　　者:朱神海			
出版发行:上海交通大学出版社	地　　址:上海市番禺路 951 号		
邮政编码:200030	电　　话:021 - 64071208		
印　　制:苏州市古得堡数码印刷有限公司	经　　销:全国新华书店		
开　　本:710mm×1000mm　1/16	印　　张:14.25		
字　　数:224 千字			
版　　次:2023 年 8 月第 1 版	印　　次:2023 年 8 月第 1 次印刷		
书　　号:ISBN 978 - 7 - 313 - 29158 - 5			
定　　价:79.00 元			

前 言

　　教育部颁布的《中学教师专业标准(试行)》(2012)明确指出,教师应"善于自我调节情绪,保持平和心态"。该标准将教师情绪或情感问题纳入教师个人修养与行为标准,足见教师情感在教育教学活动以及教师专业发展过程中的作用已经引起了教育政策层面的关注。相比普通在职教师而言,实习教师由于其教学与管理经验欠缺,且身份具有双重性,因此他们在教育实习过程中的情感劳动更为复杂,但从已有文献来看,国内外相关研究很少涉及这一类教师的情感劳动。

　　本研究以高中英语实习教师为研究对象,试图探讨其在教育实习过程中的情感劳动策略,具体研究问题为:①高中英语实习教师情感劳动策略的内涵有哪些? ②我国高中英语实习教师情感劳动策略的使用现状如何? ③影响高中英语实习教师情感劳动策略的因素有哪些?

　　本研究采用质性为主、量化为辅的混合研究路径,分析和回答以上 3 个研究问题。具体而言,针对研究问题①,在对相关文献进行分析并确立了基本分析框架的基础之上,研究者重点基于 30 名高中英语实习教师在教育实习期间所撰写的情感日志进行资料分析,并与已有相关文献进行反复互动,最后确立了高中英语实习教师的情感劳动策略维度。针对研究问题②,研究者根据研究问题①所确立的情感劳动策略维度编制了问卷,在对初始问卷进行施测和修正后,将正式问卷发放至来自全国 8 省市的 413 名高中英语实习教师,最后确立了 379 份有效样本,并将其数据输入 SPSS 软件进行结果分析,一方面了解我国高中英语实习教师情感劳动策略使用现状,另一方面对情感劳动策略维度进行量化验证。

针对研究问题③,基于研究问题①和研究问题②的结果,抽取参加问卷调查的8名高中英语实习教师进行深度访谈,并结合相关实物资料进行分析,探索影响高中英语实习教师情感劳动策略的影响因素。

本研究发现,高中英语实习教师情感劳动策略的内涵要素包括表层行为、深层行为、自然行为以及蓄意不同步行为。其中表层行为包含隐藏、抑制、伪装三种子策略,深层行为包括注意力转移、认知改变、分离3种子策略,自然行为包括释放和宣泄两种子策略。本研究发现与Yin(2015)关于中国教师课堂教学中所使用的情感劳动策略高度相似。相比Yin(2015)的研究,本研究提出了与表层行为、深层行为以及自然行为相并列的蓄意不同步行为策略(如"内心不生气,但外在却表现出生气"),该策略在我国尊崇"师道尊严"的传统文化背景下,具有一定的解释力。此外,本研究还发现了区分于抑制和伪装的"隐藏"这一表层行为策略,它更趋向于外在情感表达的中性状态。

我国高中英语实习教师情感劳动策略使用现状如下:①总体来说,高中英语实习教师情感劳动策略使用频率从高到低依次为深层行为、表层行为、自然行为和蓄意不同步行为;②具体而言,高中英语实习教师情感劳动策略使用频率从高到低依次为注意力转移、分离、伪装、认知改变、隐藏、释放、抑制、蓄意不同步、宣泄;③就性别、实习学校类别以及实习学校所在地而言,情感劳动策略的使用不具有显著性差异;就学历而言,本科生和硕士生在表层行为中的抑制和伪装、深层行为中的认知改变、自然行为中的宣泄策略上存在显著性差异;就实习时间而言,在表层行为中的抑制、伪装以及蓄意不同步行为策略上存在显著差异。

高中英语实习教师情感劳动策略的深层影响因素涉及个体、组织以及社会文化三个层面。首先,个体层面的因素主要体现在人格特质、作为学习者的经历、身份认同、教师信念四个方面。就人格特质而言,外倾性较强的高中英语实习教师更倾向于使用自然行为中的释放策略;宜人性、开放性较强的高中英语实习教师更倾向于使用深层行为策略。就实习教师作为学习者的经历而言,他们的深层行为策略较多地受到学生时代老师以及自身经历的影响。就身份认同而言,其尴尬的身份认同困境对其表层行为策略具有重要影响,个别涉及深层行为以及蓄意不同步行为策略。就教师信念而言,它对英语实习教师使用深层行为和蓄意不同步行为策略具有一定的影响。其次,组织层面的因素主要体现在学生、实习同伴以及指导教师三个方面。受学生因素影响的情感劳动策略主要有自然行为、深层行为以及蓄意不同步行为,受实习同伴因素影响的情感劳动策略主要是深层行为策略,受指导教师因素影响的情感劳动策略主要是表层行为策略。此外,社会文化因素主要体现在权威、关系、面子以及情感展现规则四个方面。其中,权威因素对表层行为(隐藏)、自然行为(宣泄)以及深层行为(认知改变)策略都有一定的影响;关系对情感劳动策略的影响较为复杂,师生关系对教师使用表层行为(抑制、隐藏)和蓄意不同步行为策略具有一定的影响,实习教师与指导教师之间的关系影响表层行为(伪装)以及深层行为(认知改变)策略,场域外的关系也对深层行为(认知改变)策略具有一定的影响;面子因素对情感劳动策略的影响主要体现在面子维护和面子补偿两个方面。面子维护影响表层行为(隐藏)、深层行为(认知改变)策略,面子补偿影响表层行为(伪装)策略;情感展现规则因素对表层行为(抑制)、深层行为(注意力转移)、自然行为(释放)策略具有一定的影响。

　　基于上述研究发现,本研究针对实习教师、实习学校、高校以及国家教育部门提出了一些启示。首先,对于英语实习教师自身而言,应重视自身的情感能力发展,并基于教育实习情境了解教师的情感劳动策略。其次,对于实习学校而言,可创建由实习教师、心理教师、班主任指导教师、学科指导教师以及学校分管领导构成的实习共同体,在线上线下为实习教师提供情感支持。再次,对于高校实习指导教师而言,可在实习前以情景模拟的形式对实习教师开展情感能力培训,并制定教育实习情感操作手册。又次,对于高校教师教育管理者而言,可聚焦实习前、实习中和实习后等不同阶段,聘请大学教师与中学名师以工作坊的形式,开设教师情感与交际相关的课程,提升实习教师的沟通技巧与情感能力。最后,对于国家教育部门而言,应确保教育实习政策的落实,并在广泛调研的基础上不断完善教育实习保障机制。

Contents

目 录

Contents

图目录

Contents

表目录

第1章

绪　论

1.1　研究背景

1.1.1　作为情感劳动者的外语教师

教师是一种情感要求较高的职业(Hargreaves, 2000; Tsang, 2012)，在课堂内外，他们进行各种形式的"情感劳动"(Hochschild, 1983)。研究表明，教师的情感劳动对其教学效能感、职业倦怠度以及工作满意度等均有重要影响(刘衍玲 2007; Yin *et al*., 2017; 屈廖健、邵剑耀, 2021)。但长期以来，教师的情感劳动受到忽略，既"不能归入'专业能力'的范畴，又未升华到'道德责任'的水平，但十分重要，甚至影响到教师对其自身所从事的职业性质的界定"(尹弘飚, 2009)。所谓情感劳动，即个体"管理自身感受以产生一种公众可见的表情或身体展示"(Hochschild, 1983:7)。情感劳动一般具有三个特征：与公众进行面对面、声音对声音的接触；使他人产生某种情感状态；对情感活动施加某种程度的控制(Hochschild, 1983:147)。作为情感劳动者，教师的情感体验和表达往往受到某些情感表达规则的约束。为了使自己的内心感受和外部情感表达在特定情境下符合组织所需要的情感表达规则，教师可能会抑制或隐藏他们的真实感受并表达令人满意的情感，也可能会试图真正感受预期所要表达的情感(Brotheridge, 2006)。一般而言，教师在学校需要遵守以下情感表达规则："要对学生充满感情，乃至爱自己的学生；要对学科知识有热情；在工作中要保持镇

静,避免公开展现极端情绪;要有幽默感,会调侃自己和学生的错误。"(Winograd,2003,引自尹弘飚,2009)

我国是一个外语学习大国,从规模上来看,相比其他学科,外语教师队伍颇为壮大。但即便如此,由于外语一直是基础教育阶段的主要学科,且是高校的必修课程,所要求的课时或学分相对较多,因此,外语教师要承担大量的教学任务,有时候甚至是"疲于奔命""心力憔悴"。相比其他学科教师,外语教师至少具有如下三个特征:

首先,由于外语的学习在于运用,外语教师要设计更丰富的课堂活动。根据《普通高中英语课程标准(2017年版)》,"教师应从英语学习活动观的视角重新审视课堂教学设计的合理性和有效性,整合课程内容,优化教学方式,为学生设计有情境、有层次、有实效的英语学习活动"(教育部,2018:62),这对普通英语教师来说挑战颇大。教师为了有效实施英语学习活动观,通常需要运用情感激励的手段,吸引学生参与课堂活动,并不断激发学生的积极学习状态,从而保证课堂外语教学活动的有效实施。

其次,由于外语学习非常需要语言环境,平时外语教师除了课堂教学外,还要努力创造各种机会为学生在课外提供语言锻炼的机会。如大部分学校设有外语角、话剧社以及其他关于外语学习的俱乐部,这些各式各样的组织或活动基本上都需要外语教师的指导和参与。由此,我们不难看出,相比其他学科教师,外语教师与学生的交往一般更为频繁,而情感"是人际互动的产物,人际关系的亲疏远近是影响个体情感产生和变化的社会基础"(尹弘飚,2007)。

最后,外语课堂上的中介语言主要以外语为主,对学生来说,他们必须要具备一定的外语听说基础,对教师而言,他们必须要充分备课,除了教授学生语言知识和技能外,自己平时还应注重语言基本功的训练。从这一层面上来说,外语教师课堂用语的使用要考虑自己的语言水平,还要考虑学生现有的语言水平,且由于学生具有个体差异,因此,教师所使用的教学语言很难满足所有人的需求,这无形之中给教师带来了一定程度的挑战。换言之,教师所使用的教学语言会受到一定的控制,不能随心所欲,这将会导致其情感也会受到某种程度的控制。

外语教师所具有的以上三个特征恰好与Hochschild(1983)所提出的情感劳动特征相对应。相比其他学科而言,外语学科教师的情感劳动内涵更为丰富,情感劳动程度相对较高。

1.1.2 实习教师的情感困境

教育实习是师范生将所学的教育、教学理念付诸教学实际,培养其实际教学能力和扮演教师角色能力,并树立起教师专业精神的过程(项亚光,2004),它使职前教师第一次接触到真正的课堂与学生,使之对教学环境有了真实的感受,为他们进入正式教学岗位做了准备(郭新婕、王蔷,2009)。近年来,教育实习的功能和地位逐渐凸显出来,引起教育行政部门的高度重视。教育部 2016 年印发的《关于加强师范生教育实践的意见》明确指出,师范生教育实践是教师教育课程的重要组成部分,是教师培养的必要环节。随后,教育部 2017 年印发的《普通高等学校师范类专业认证实施办法(暂行)》进一步强调了加强师范生教育实践的意见,要求建立以实习计划、实习教案、听课评课记录、实习总结与考核等为主要内容的师范生毕业教育实习档案袋,通过严格程序组织认定师范毕业生的教育教学实践能力。此外,根据相关文献,教育实习有利于促进实习教师教学认知的发展(高强,2011),影响他们的教学信念(胡海霞,2018),促进其实践性知识以及学科教学知识的发展(李利,2014;李小红、秦晋,2015;潘国文、罗丹,2012),还对其身份认同具有重要影响(宋萑、周深几,2016;魏戈、陈向明,2015)。但由于受专业认同、学校环境、专业能力、学生现状、理论运用等"现实冲击",实习教师"应该如此为师"的信念与"就是如此为师"的现实会形成强烈反差与对比(李斌辉,张家波,2016),最终导致其陷入情感困境。

实习教师同时扮演着两组双重角色,他们既是"学生"又是"教师",既是"局内人"又是"局外人"。他们常常因为扮演这两组双重角色而感受到复杂的情感。首先,他们同时扮演着"教师"和"学生"的角色。他们作为学生,要服从学校和指导教师的安排,保持谦虚礼貌,任劳任怨。他们在与指导教师相处时,既期待得到肯定,又担心受到批评与指责。当他们得到指导教师的肯定时,会感到快乐与兴奋,当他们受到指导教师批评时,会感到挫败与失落;他们作为教师,既期待和学生成为良师益友,又期望在学生当中树立威信。他们会时常体验到给学生答疑解惑的成就感,但偶尔也会面对学生的违纪行为而感到无可奈何,还会因为学生对自己的不理解而感到失落和失望。其次,他们同时还扮演着"局内人"和"局外人"的角色。他们作为局内人,除了完成指导教师安排的教学任务外,还参与班级管理,并积极组织各种课外活动,他们发挥着"主人翁"的作用,充分体验到成就感和使命感;他们作为局外人,在教学上不能自作主张,根据自己的教学理念随意改动指导教师的教学设计,必须顺从和适应指导教师的教学风格和方法,他们会有意识或无意识地将自己和学校的正式教职员工区分开来,把自己认定为"临时工",很多时候缺乏一种归属感和安全感。总之,实习教师每天都要在双向、对立的角色关系中频繁转换(吕立杰、闫宏迪,2012),当这两种角色发生冲突时,"会让他们在整个实习过程中处于茫然不知所从的处境,要么不主动,自始至终进入不了角色;要么喧宾夺主,引起指导教师和同事的反感,使人际关系不协调"(黄秀琼,2009),从而感受到失落、无助甚至是绝望,陷入情感困境。

　　情感被认为是教师职业认同的"催化剂"(Bullock,2013),实习教师的情感困境势必会影响其教师职业认同。Hong(2010)的研究发现,与有过教育实习经历的学生相比,没有教育实习经历的学生在职业认同的情感维度上显著高于有过教育实习经历的学生,这可能与参加教育实习的学生的情感枯竭经历有关。事实上,实习教师的情感除了影响职业认同外(Timoštšuk & Ugaste,2012),还对其教学效能感具有一定影响(Koçoglu,2011;龚少英等,2013),是职前教师专业发展的重要组成部分。但整体上来说,已有研究对实习教师的情感问题关注不够,尤其是鲜有研究探究实习教师的情感劳动策略。

1.1.3　研究者的实习经历

　　本研究的选题亦与研究者个人教育实习期间所经历的情感事件有关。研究者曾经以实习生的身份参加过两次教育实习,分别是本科四年级和硕士研究生毕业第一年。同时,因研究者任教于一所省属师范大学,多次作为实习带队教师和师范生们一起前往各县市开展实习工作。

　　无论是作为实习教师,还是实习带队教师,研究者都深刻体会到情感对实习教师职业认同感与专业发展的重要影响。以研究者硕士毕业后的实习经历为例,当时研究者在课堂上与一位学生发生过一次正面冲突,在盛怒之下将他赶出英语课堂并间接导致他最后转学。在这一关键事件(见附录10)中,研究者经历了从愤怒到失落、茫然的消极情感,并对自身的学术兴趣产生了直接影响。此后,研究者多次以带队教师身份开展教育实习工作,通过观察、调研、访谈等了解到实习教师在教育实习过程中的情感历程,包括刚到实习学校的兴奋与焦虑、实习中期的自信与疲惫,以及实习后期的感动与欣慰。实习过程中的积极情感和消极情感在一定意义上决定了他们最终的教师认同感与专业发展。

实习教师既是学生又是教师,他们为了顺利完成实习任务需要付出大量的情感劳动。他们的情感劳动策略有哪些?其使用现状如何?影响其情感劳动策略的因素有哪些?有无可能测量其情感劳动?以上问题在研究者指导实习教师、攻读博士学位的过程中反复出现,也促使研究者最终选择以此为论题。

1.2 研究意义

本研究旨在探讨高中英语实习教师情感劳动策略的内涵、现状以及影响因素,为提高我国英语实习教师的情感能力提供一定的参考,为促进我国职前外语教师专业发展提供情感层面的建议。研究基于控制论和人类发展生态学理论,采用质性为主、量化为辅的混合研究方法进行。本书对高中英语实习教师情感劳动策略的研究在理论层面和实践层面都具有一定的意义。

本研究的理论意义主要体现在三个方面:第一,通过关注教师的情感劳动策略,突破教师研究的"理性因素",如教师知识、技能与能力等(Chen, 2016),进一步拓展外语教师发展研究领域中的教师情感研究范围;第二,通过挖掘高中英语实习教师情感劳动策略的内涵,可以丰富情感劳动理论,拓宽教师情感研究视角;第三,本土化的情感劳动策略研究具有很强的理论意义。对中国教师来说,情感劳动还具有其文化内涵和本土化特点。中国传统文化一直倡导师道尊严,相比西方国家,中国教师具有一定的权威性和严肃性(李红菊,2014:42),故英语实习教师的情感劳动策略也具有一些根深蒂固的传统文化所赋予的内涵。

本研究也具有三点实践意义:第一,通过本研究可以了解高中英语实习教师情感劳动策略的内涵,进而为未来实习教师提供一定的参考,有利于提高其情感调控能力,进而促进其身心健康发展;第二,通过本研究可以发现高中英语实习教师情感劳动策略的使用倾向,为以后编制适合实习教师情感展现规则并应用于师范教育中以及教师岗位培训中提供指导意见;第三,通过本研究可以了解影响高中英语实习教师情感劳动策略的因素,有利于实习学校为将来的实习教师提供心理支持,提高实习教师的效能感,促进他们的职业认同感。

1.3　本书结构

本书由七章组成。

第1章为绪论。本章主要涵盖研究背景、研究目的和意义。本章先从外语教师作为情感劳动者、实习教师的情感困境,以及研究者自己的实习情感经历出发,阐明了关注并探究英语实习教师情感劳动策略的必要性。接着,本章阐明了研究目的,论述了该研究的理论和实践意义。

第2章为文献综述。本章先界定教师情感、教师情感劳动、教师情感劳动策略等关键概念,接着对国内外有关教师情感、实习教师情感以及情感劳动的相关研究进行梳理和述评,继而基于控制论和人类发展生态学理论提出了本研究的理论框架,最后基于教师情感劳动策略以及情感劳动模型的相关研究,提出了本研究的分析框架。

第3章为研究设计。本章主要介绍了本研究的研究问题、研究对象、研究方法、研究过程以及研究质量与伦理等,重点对本研究中混合研究方法的选择理据、质性研究过程作了详细的介绍,还重点对本研究的主要量化研究工具《高中英语实习教师的情感劳动策略》的编制、预测、信度效度检验和正式问卷的形成过程进行了详尽介绍。

第4~6章为本研究的核心内容。第4章采用质性研究方法,以实习情感日志资料分析为主,具体回答第一个研究问题,即高中英语实习教师情感劳动策略的内涵。第5章采用基于问卷的量化研究方法,描述了我国高中英语实习教师情感劳动策略使用的基本现状。第6章详细分析了7位高中英语实习教师选择情感劳动策略的影响因素,包括个体因素、组织因素、社会文化因素等三个方面。

第7章为结论。本章首先总结了本研究的主要发现,然后阐述了本研究的实践启示、创新之处和主要贡献,最后说明了本研究的局限和未来研究展望。

第2章

文献综述

2.1 导言

本研究探究高中英语实习教师情感劳动策略的内涵、现状以及影响因素。本章对已有相关文献进行详细梳理和评析,寻找本研究的探索空间。具体而言,本章共分为六节。2.1是对本章内容的概述。2.2主要对情感劳动、教师情感劳动、教师情感劳动策略等三个重要概念进行界定。2.3综述了教师情感、实习教师的情感、情感劳动策略三个方面的相关研究。2.4基于控制论和人类发展生态学理论构建了本研究的理论框架。2.5基于相关文献构建了本研究的初始分析框架。2.6对本章的文献综述进行简要总结。

2.2 核心概念界定

本研究需要界定三个概念:情感劳动、教师情感劳动和教师情感劳动策略。研究要关注情感劳动策略,因此先要明晰情感劳动的概念。由于教师职业有其特殊性,其情感劳动与其他职业的情感劳动有一定差异,故有必要弄清教师情感劳动的内涵。此外,本研究的焦点是教师情感劳动策略,因而需要对教师情感劳动策略的概念进行界定。

2.2.1　情感劳动

情感劳动(emotional labor)这一概念由 Hochschild(1983)提出。她在对美国西部航空公司的空乘人员进行调查研究后,发现空乘人员不仅付出体力劳动和脑力劳动,还需要付出情感劳动。她从拟剧论的视角把情感劳动定义为"个体管理自身的感受以创造公众可观察得到的面部表情和身体展示"(Hochschild, 1983:7)。事实上,早在 1979 年 Hochschild 就提出了情感工作(emotional work)的概念,根据 Hochschild 本人的解释,情感工作主要是在私人生活中发生,而情感劳动则是在工作场所中发生。由于相关研究往往关注的是员工在工作中的情感展现,因此学者们大多采用情感(情绪)劳动这一术语。

Hochschild 借鉴了戈夫曼的社会学理论和弗洛伊德的心理学理论,提出了情感展现规则(emotional display rules)与内在自我的关系,强调员工的情感表达要符合组织所规定的情感展现规则。情感劳动往往有以下特征(Hochschild, 1983:147):要求与服务对象面对面或者进行有声交流;表达适当的情感来影响他人的情感状态,进而影响他人的态度和行为;情感展现必须遵守一定的规则。随着情感劳动研究的发展,不少学者结合自己的理论和实证研究,从组织行为、社会互动以及心理调节等不同视角来理解情感劳动。

(1) 组织行为视角。从组织行为视角对情感劳动进行界定,强调的是个体从组织的角度出发,表达组织所要求的可观察到的情感。"从组织的角度看,组织需要员工表达出适宜的情感,因此,组织重视的是员工外显的情绪表达和情绪行为,而对员工的内在情绪感受并不重视"(刘衍玲,2007)。基于这一出发点,有学者把情感劳动定义为个体为满足组织要求而"展现出合适情感的行为"(Ashforth & Humphrey, 1993),是"满足角色要求而采取的行动"(Brotheridge & Lee, 1998)。此处强调的是可以观察的行为,而不是行为背后的内在感受,因为外部表现的情感行为是服务对象可以看到的,而且会直接影响服务对象;组织关心的是员工能否表现出所需要的情感行为,而非个体的内部情感感受。"他们的这一观点使情感劳动在测量时更具有可操作性,并影响了后来很多研究者"(李红菊,2014:5)。

(2) 社会互动视角。从社会互动视角对情感劳动进行界定,强调的是个体通过"对有意义符号的运用,通过互动感知对方对自身的反馈"(杜静、王晓芳,

2016),从而对自己的情感进行适当管理。如 Morris & Feldman(1996)认为,情感的产生很大程度上取决于社会情境,并将情感劳动定义为:在人际互动过程中为表达组织所需的情感所需作出的努力、计划和控制。其概念界定背后隐含着4 个假设:第一,情感劳动是在人际互动中进行的,强调情感受社会环境的影响,往往由社会建构,并受到外部环境的约束;第二,即便个体的情感感受与组织期望情感一致,要展现组织所要求的情感,仍需一定程度的努力。在大多数工作环境中,都需要情感劳动来展现组织所需要的情感,使感受到的情感转化为适当的情感展现;第三,强调要关注的是组织所要求的适当表达行为,而不是Hochschild(1983)所关注的情感管理;第四,工作中存在特定的情感表达标准和规则,这些标准或规则规定了哪些情感是合适的、如何以及何时表达情感。社会互动视角下的情感劳动折射出的是一种社会期望,强调环境的重要性,因此也有学者提出,情感劳动实际上是"人们根据社会期望,积极地协商他们在特定工作环境中的感受与他们应该如何感受之间的关系所作出的努力"(Benesch, 2017:37 - 38)。

（3）心理调节视角。从心理调节视角对情感劳动进行界定,强调的是个体通过调整内在心理感受,表达适当的情感,是"员工按照组织规定的规则和指南管理自己情感的过程"(Wharton, 2009)。学者们认为,情感劳动是员工在工作的过程中不断地与组织要求的情感展现规则进行比较,找出差异并作出调整,是一个不断努力、调整和控制的心理加工过程(刘朝,2015:7),是"员工为了完成工作而对情感的投入、压抑和唤醒"(Guy et al., 2008:97)。Grandey(2000)将情感劳动定义为"个体为实现组织目标而对自身感受和情感表达调节的过程"。此定义把情感劳动看作是心理调节过程,需要个体进行一系列的心理加工。此外,Zapf(2002)把情感劳动也看作是一个调节自身情感以满足组织期待的心理过程。Difendorff & Gosserand(2003)从心理控制论的角度,将情感劳动定义为通过使用情感调节策略,不断监控和减少个体的情感展现与组织所要求的情感展现规则之间的差异的过程。情感调节为情感劳动提供了一个非常具体的指导框架,因为所有对情感劳动的定义似乎都有一个共同的主题,即个体可以在工作中调节自己的情感(Grandey, 2000)。"从这个意义上说,个体在情感劳动中所使用的策略也可以被认为是情感调节策略"(Yin, 2015)。相对情感劳动来说,情感调节是个中性词,"情感调节过程可以是自动的或受控的,有意识的或无意识的"(Gross, 1998:275)。将自动或无意识的情感调节过程纳入情感劳动策略的范围为我们进行情感劳动研究提供了更为广阔的基础(Yin, 2015)。

通过对情感劳动概念的梳理(见表2-1),可以看出学者们对情感劳动的理解视角不一样,侧重点不一样,对情感劳动的定义也有细微差别,但它们都有一个共同点,即个体可以在工作中对自己的情感表达进行调节(Grandey, 2000)。基于以上定义,本研究认为对情感劳动概念的理解应充分考虑以下四方面:

表2-1 不同学者对情感劳动的定义

代表学者	定义
Hochschild (1979,1983)	管理自身感受以创造公众可观察到的面部表情和身体展示。
Ashforth & Humphrey (1993)	展现出合适情感的行为。
Morris & Feldman (1996)	在人际交往中为了表达组织所期待的情感所需要的努力、计划和控制。
Brotheridge & Lee (1998)	为满足角色要求而采取的行动。
Grandey (2000)	为实现组织目标而调节情感和表达的过程。
Zapf (2002)	调节自身情感以满足组织期待的心理过程。
Difendorff & Gosserand (2003)	使用情感调节策略,监控和减少情感展现与情感展现规则之间的差异的过程。
Guy et al. (2008:97)	员工为了完成工作而对情感的投入、压抑和唤醒。
Wharton (2009)	员工按照组织规定的规则和指南管理自己情感的过程。
Benesch (2017:37-38)	人们根据社会期望,积极地协商他们在特定工作环境中的感受与他们应该如何感受之间的关系所作出的努力。

(1)情感劳动的目标性。无论是突出个体内在的心理调节过程,还是突出外在的情感表达,其目标都指向满足工作所要求的情感展现规则,实现有利于组织发展的目标。

(2)情感劳动的互动性。情感劳动"发生在员工与他人的交流或接触的过程中"(刘朝,2015),具有较强的互动性,其互动的频率和持续的时间对情感劳动过程具有一定的影响。

(3)情感劳动的情境性。情感劳动产生于工作场所,需要员工与他人进入

"进行面对面、声音对声音的活动情境，以自己的情感表达去影响他人的情感从而顺利完成组织交给的工作任务"（刘衍玲，2007）。

（4）情感劳动的过程性。情感劳动的发生并不是突然的，而是一个由情感体验到情感调节，再到情感表达的动态发展过程。

综合考虑以上四点特征，本研究对情感劳动作出如下定义：指个体在人际互动的情境中，为了顺利完成组织任务、促进组织发展，对内在情感感受与外在情感表达进行调节，以展现出组织所需的特定情感的过程。

2.2.2　教师情感劳动

情感和情感劳动是教学的核心（Benech, 2017; Day & Gu, 2009; Hargreaves, 2000; Yin, 2015）。虽然"情感劳动"一词最初被用来描述服务部门员工的工作，但相关研究者认为教学是一种需要付出情感劳动的工作（Hargreaves, 2000; Yin, 2016）。正如 Winograd（2003）所指出的，教学要满足 Hochschild（1983）对于需要情感劳动的工作所提出的所有三个标准：①教师与他人，尤其是学生之间需要面对面的接触；②教师在学生或周围的人面前会产生某种情感状态（例如喜悦或恐惧、兴奋或焦虑）；③教师在课堂或学校环境中的情感劳动受到一定程度的外部控制，这种控制通常来源于文化期望或职业标准。此外，教师理所当然地认为他们在课堂教学中应当遵守特定的情感展现规则（display rules），包括表现出或调整到积极情感，抑制消极情感（Scott & Sutton, 2009; Williams-Johnson et al., 2008; Zembylas, 2003）。从这个角度来看，教师在课堂上努力遵守这些情感展现规则，是一种情感劳动。

在过去的 20 年里，研究人员揭示了情感劳动在教师专业发展、身份认同和幸福感中所起的关键作用（Day & Lee, 2011; Hargreaves, 1998; Schutz & Zembylas, 2009; 安丹丹、张小永，2020; 田国秀、曾亚姣，2021）。尽管有关教师情感劳动的研究越来越多，但国内外很少有人对教师情感劳动的概念作出明确界定。刘衍玲（2007）认为教师情感劳动研究应该充分考虑四个角度，即静态-动态角度、组织-个人角度、外部-内部角度以及情境角度，并把教师情感劳动定义为"在教育教学的师生互动情境中，教师为完成学校交给的教育教学任务，对自己的情感进行必要的心理调节加工，以表达适合教育教学活动的情感的过程"（刘衍玲，2007）。

也有学者从教师所要遵守的专业规范和期望出发,将教师情感劳动定义为"在教育教学情境中,教师根据教学专业规范和期待,抑制、创造和管理自己的情感感受与表达的过程"(Yin & Lee, 2012)。还有学者突出教师情感劳动的人际互动特征,将教师情感劳动定义为"教师在课堂和学校环境中与学生和他人进行人际交往时,为表达组织所需的情感所作出的努力、计划和控制"(Yin *et al.*, 2017)。这一定义主要参考了 Morris & Feldman(1996)对情感劳动概念的界定,突出了人际交往情境,因为"教育教学中的情感劳动主要源于教师与学生、同事和领导之间的互动"(Yin *et al.*, 2017)。

本研究基于研究者提出的情感劳动的目标性、互动性、情境性和过程性,并结合研究者所提出的关于情感劳动的定义,将教师情感劳动定义为:教师在学校人际互动的情境中,为了顺利完成教学任务,促进学校发展,对内在情感感受与外在情感表达进行调节,以展现出适合教师身份,有利于教育教学的情感的过程。

2.2.3　教师情感劳动策略

为了有效地进行情感劳动,个体需要使用不同的策略来控制或调节自己的情感(Yin, 2015)。Hochschild(1983)提出了两种情感劳动策略,即表层行为(surface acting)和深层行为(deep acting)。表层行为是指个体假装表现出没有感受到的情感或隐藏真实的情感体验,强调所展现出来的情感与内心感受的情感不一致。深层行为是指个体改变内心情感状态以真正体验到所需要的情感。比如,教师在课堂教学中发现有学生在看武侠小说,此时教师内心感到非常不满,甚至生气,心想"我如此用心教学,你却不专心听讲",但为了不影响其他学生听课,教师并未表露出生气的行为,而是假装很热心地请这位学生回答正在讨论的一个问题。该教师表达出的情感与内心真正的情感感受不一致,所使用的情感劳动策略就是较为典型的表层行为。基于同样的场景,教师可能会把学生不认真听课归因于自己的讲课不够精彩,无法吸引他的注意,于是改变了"生气"的感受,调整教学技巧和方法,努力体验和表达一种积极的情感。此时,该教师通过调整内在的情感感受,使其与外在的积极情感表达保持一致,所使用的情感劳动策略就是较为典型的深层行为。由此,我们不难发现当教师采用深层行为策略时,他们会通过有意识的心理活动参与,努力去感受和体验组织所期待的情感;当他们采用表层行为时,他们实际上并没有体验所期待和需要表现出来的情感,相反,他们试图压抑自己的真实感受,伪装所需要的情感。

随着相关研究的不断发展,情感劳动策略的内涵有所扩展,既包括有意识的,又包括无意识的增加或减少情感体验和表达的情感调节过程(Gross, 1998; Yin, 2015)。针对 Hochschild 所提出的情感劳动策略的二分法,Ashforth & Humphrey(1993)提出了质疑。他们认为,Hochschild 所提出的表层行为和深层行为属于补偿性策略(compensatory strategies),当个体无法自发地表现出适当的情感时,他们会使用这些策略,帮助个体表达非自然产生的情感。但这种二分法忽略了一种情况,即个体自发地、真诚地体验和表达预期的情感,既不需要抑制或唤醒情感感受,也不需要伪装情感表达行为。如一名护士看到受伤的孩子会感到同情,她既不采取表层行为,也不采取深层行为。基于此,Ashforth & Humphrey(1993)提出了第三种情感劳动策略,即真实的情感体验与表达(genuine experience and expression of expected emotion)。Kruml & Geddes(2000)认为员工真实的情感体验与表达实际上是一种"被动深层行为"(passive deep acting),而深层行为可以看作是"主动深层行为"(active deep acting)。

Diefendorff, Croyle & Gosserand(2005)采用 Ashforth & Humphrey(1993)的建议,在关于情感劳动维度的研究中加入了自然情感表达(expression of naturally felt emotions),并证实了自然情感表达不同于表层行为和深层行为,是指员工自己真正的情感感受和体验与组织要求的情感展现规则一致,员工只是将自己最真实的情感自然地表现出来。

自然情感表达或真实的情感表达已被确定为教师从事情感劳动的第三种策略(Yin et al., 2017),尤其是考虑到道德和关爱是教师工作中不可或缺的专业规范(Isenbarger & Zembylas, 2006; Yin & Lee, 2012)。正如一位教师所言:"老师很难在每天的四分之一的时间里一直伪装自己。有时候,我们只是做我们自己。"(Yin, 2016)

基于以上分析,教师情感劳动策略可以分成三类:表层行为、深层行为和自然情感表达。为了与表层行为和深层行为的表达相一致,在本研究中研究者把自然情感表达统一称为自然行为。当教师运用表层行为策略时,往往并不去改变内心的感受,而会隐藏或伪装情感;运用深层行为策略时,他们会努力去感受和表达所期待的情感(Brotheridge & Grandey, 2002);运用自然行为策略时,他们会自然地感受和表达与组织要求一致的真实情感。

据此,研究者尝试对教师的三种情感劳动策略分别给出其操作性定义。首先,表层行为是指当教师感受的情感与教师情感展现规则不一致时,通过隐藏和抑制真实的感受,伪装所需求的教师情感表达。其次,深层行为是指教师为了使自己的情感表达符合教师情感展现规则,通过转移注意力和认知改变,使内在的情感感受与外在的情感表达保持一致。最后,自然行为是指教师的情感体验和表达发自教师内心,且符合教育教学中的情感要求。

2.3 相关研究

2.3.1 教师情感研究

教学是一种情感实践(Hargreaves, 2000),教师的情感被视为其职业生涯中不可或缺的一部分,影响其教学质量、学生的学习行为以及学业成绩(Frenzel, 2014; Sutton & Wheatley, 2003),同时对教师的幸福感和职业倦怠也有重要影响(Chang, 2009)。本书将从教师情感研究的理论视角、研究内容以及研究方法三个方面来对相关文献进行综述。

1. 教师情感研究的理论视角

教师情感研究的理论视角主要包括个体心理视角、社会文化视角、后结构视角以及生态系统论视角(古海波,2016;胡亚琳、王蔷,2014)。从个体心理视角来看,教师情感主要涉及个体内在的心理体验,包括情感体验、情感表达以及行为倾向等方面(Sutton & Wheatley, 2003);从社会文化视角来看,教师情感主要涉及教师与社会文化环境的互动,关乎情感体验的主体、时间、地点、情境、原因以及方式(Kemper, 2000);从后结构视角来看,教师情感主要涉及教师与话语环境的互动,尤其凸显文化、意识形态以及权力关系等诸多元素(古海波,2016);从生态系统论视角来看,教师情感主要涉及教师与生态环境的互动。生态环境被认为是教师情感体验的内在机理(Schutz, 2014; Schutz *et al.*, 2006)。

(1) 个体心理视角。教师情感研究起步于 20 世纪 80 年代到 90 年代,教师情感被认为是心理学的研究范畴,尤其是认知心理学。因此,早期关于教师情感的研究主要基于相关的心理学理论,聚焦教师情感的心理体验(胡亚琳、王蔷, 2014)。相关研究(如 Cherniss, 1995; Farber, 1991)主要聚焦和情感相关的话题(如压力、倦怠),提及情感在教育教学中的重要性,但很少使用"情感"这一表达。即便如此,关于压力和倦怠等和情感相关话题的研究"引起了人们对教师情感的注意,把情感带入到教育研究的主流之中"(Zembylas,2003)。教师情感研究的个体心理视角把情感看作是教师的个体心理现象,没有考虑教师情感与其他要素之间的互动,比如教师行为、教师知识、课堂与学校所处的社会和政治情境(Hargreaves,1998;Zembylas,2003;古海波,2016;尹弘飚,2006)。

(2) 社会文化视角。20 世纪 90 年代中期至 21 世纪初,情感逐渐成为教育领域一个正式的研究问题。"教师情感研究出现了一个显著的理论转向,即把教师放置在社会互动的世界中理解其情感表达"(尹弘飚,2006)。情感被认为是社会文化的产物,"在学校和课堂环境下的社会互动中构建而成,具有社会属性、情境属性和文化属性"(胡亚琳、王蔷,2014)。教师情感并不仅仅局限于个体心理,而且是在其家庭、文化和学校环境中的社会关系和价值体系中构建的(Zembylas,2005),受到人际互动、社会关系的影响。相关研究主要关注教师的情感能力以及情感展现规则(如 Garner,2010;Yin & Lee,2012)。教师情感研究的社会文化视角"注重影响教师情感的外在环境因素,却忽视个体内部因素,走向了另一个极端"(古海波,2016)。

(3) 后结构视角。近年来,学者们(如 Benesch,2017;Zembylas,2003,2004,2005)试图突破教师情感研究的个体心理和社会文化两种视角,借鉴后结构视角来探讨教师情感。后结构视角下的情感"不是作为人类拥有的内部事物或状态,而是与客体(包括思想、记忆、人、事件、活动、地点等)相互作用的结果"(Benesch,2017:29)。教师情感不只是由个体或社会建构,而是形成于权力、文化以及政治等各要素交互作用的话语体系之中。情感研究的后结构主义视角为教师提供了质疑自己、重塑自我以及重建与他人关系的空间(Zembylas,2003)。相比个体心理和社会文化两种视角,教师情感研究的后结构视角"更多指向情感可以做什么,而对情感形成的内在过程缺乏一定的解释力"(古海波,2016)。

(4) 生态系统论视角。随着 Bronfenbrenner(1979)所提出的生态系统论在各领域的推广应用,一些教师情感研究者(如 Cross & Hong,2012;Schutz,2014;Schutz et al.,2007,2010,2016;古海波,2016)意识到个人与生态环境的交互性对教师情感具有重大影响,他们试图从生态系统论视角探讨教师情感形成的过程、社会历史环境以及个人与各层级生态环境的交互作用。情感被视为

"由教师身份认同、信念、目标设定以及由个体所处的各层级生态环境之间的交互作用形成",并具有"动态性、交互性、系统性"等特点(古海波,2016)。相关研究者充分结合生态系统的五个子系统(即微观系统、中观系统、外观系统、宏观系统和时间系统),强调在理解教师的情感时,应多维度、多层面考察教师所处的整个生态环境。

以上仅为比较典型的教师情感研究理论视角,从一定程度上反映了教师情感研究的发展脉络。任何一种理论视角都有其存在的合理性,个体心理视角反映了教师最基本的情感体验和表达;社会文化视角体现了教师情感的情境性、社会性以及关系性;后结构视角突出了教师情感的互动性与政治性;生态系统论视角则显示了教师情感的动态性和系统性。

2. 教师情感研究的内容

关于教师情感研究的内容,学者们一般依据环境或情境而划分,比如尹弘飚(2006)将教师情感研究主要划分为变革中的教师情感、教学中的教师情感、教育领导中的教师情感以及教师教育中的教师情感等四个方面。而由 Schutz & Zembylas (2009)主编的《教师情感研究进展》(*Advances in Teacher Emotion Research*)一书将教师情感研究分为教学与教师教育背景下的教师情感、师生互动中的教师情感、变革中的教师情感以及基于种族、性别和权力关系环境的教师情感等四个方面。不可否认,依据情境划分教师情感具有一定的合理性,有助于读者能从更广阔的视野理解教师情感,但考虑到本研究关注的是高中英语实习教师的情感劳动策略,而情感劳动发生的场域主要是教育教学的工作情境,故本研究拟避开学术界原有的以环境或情境为依据的分类,将围绕相关研究主题对教师情感研究进行综述。通过对国内外文献的整理,研究者发现,教师情感研究主要围绕情感体验、情感智力、情感地理学、情感调节、情感劳动、课程变革下的教师情感等主题展开,鉴于有关教师情感劳动的研究单列一节,本节将聚焦其他五个主题。

(1)教师情感体验研究。鉴于教育教学中包含很多不确定性和不可预测性,教师往往会体验到各种不同的情感,既包括热情、快乐、满足等积极情感,又包括失望、沮丧、生气、倦怠等消极情感。所有这些情感都可能以某种方式影响课堂气氛,从而影响教育教学质量(Hargreaves, 1998; Nias, 1996)。从研究现状来看,压力、沮丧、焦虑和倦怠等消极情感引起不少研究者的关注(Horwitz,

1996；Keller *et al.*，2014；Mousavi，2007；Sutton & Wheatley，2003；程晓堂，2006；唐丽玲、赵永平，2013；张庆宗，2011）。有关教师情感体验的研究主要包括教师情感的性质及其影响因素。教师的情感体验具有一定复杂性、多样性及变化性（颜奕、谈佳，2018），往往是"五味杂陈""痛并快乐着"（古海波，2016）。就影响因素方面，颜奕、谈佳（2018）对高校法语教师的情感体验研究表明，同事、教学以及职称是三个主要影响教师情感体验的因素。古海波（2016）对高校英语教师的科研情感研究表明，个人因素以及人际关系、学校科研氛围、学术界环境等社会文化因素都会影响教师的科研情感体验。教师情感是教师专业发展的核心要素，"不仅关系教师对个体生活、学习工作的意义解读与行为表现，同时也关系学校的组织文化与动力前景，更是塑造儿童社会情感智能的奠基石"（孙彩霞、李子建，2014）。已有研究表明，教师的情感体验对教师专业发展具有重要影响，主要体现在四个方面，即教师信念（Marais，2013；Zembylas，2005）、教师认同（Miller，2018；Timoštšuk & Ugaste，2012；Zembylas，2003；Zhu *et al.*，2017）、教师效能感（Hagenauer *et al.*，2015；Hascher & Hagenauer，2016）以及教师幸福感（Frenzel *et al.*，2016；Hagenauer & Volet，2014）等。

（2）教师情感智力研究。情感智力（emotional intelligence）是指"准确感知、获取和产生情感以便能辅助思考、理解情感和情感知识并能够调节情感以促进情感能力的发展"（Mayer & Salovey，1997：10）。它是教学和教师生活中必不可少的一部分（Hargreaves，2001a；Isenbarger & Zembylas，2006；Yao *et al.*，2015）。情感智力可以分为四个不同的方面，即自我情感的评价和表达、对他人情感的评价和判断、对自我情感的调节以及利用情感来促进行为表现（Wong & Law，2002）。研究表明，情感智力得分高的教师，工作动力更足，工作表现更优秀，工作绩效更显著，工作效率也更高（Anari，2012；Kim，Yoo & Lee，2012；Sy，Tram，& O'Hara，2006），因为情感智力高的人，更能够调节和表达自己的情感和识别他人的情感（Salovey & Mayer，1990；Wong & Law，2002）。研究者们（如 Chan，2006，2008；Karakuş，2013；Platsidou，2010）尤其关注教师情感智力与职业倦怠的关系。Chan（2006）对教师的情感智力与倦怠关系的结构方程模型分析表明，正向情感调节有利于降低情感枯竭，积极使用情感智力有利于提高教师的个人成就感。Platsidou（2010）的研究表明，情感智力与教师倦怠呈显著的负相关关系，情感智力高的教师感受到的情感耗竭较少，体验的去个性化程度较低,并具有较高的个人成就感。国内不少研究也证实了教师的情感智力与职业倦怠呈显著负相关(如李闯、卢欢欢等,2016;姚计海、管海娟,2013)。此外,研究者还探讨了情感智力与教学效能感、工作满意度、工作绩效以及工作投入的关系。大部分研究表明,教师情感智力不仅与其教学效能感之间存在显著正相关(杨晓萍,2009;张瑛鹥,2013;左敏,2015),而且还与其工作满意度、工作绩效以及工作投入也存在显著正相关(侯敏、江琦等,2014;李永占,2016)。国内有学者强调,情感智力不是一种先天就有的能力,它可以通过后天的有意学习获得,而内塑外培是提高教师情感智力的重要方法(秦旭芳、刘慧娟,2016)。

(3) 教师情感地理学的研究。Hargreaves(2001b)利用象征互动理论和后现代地理学的观点,创造了"教学中的情感地理学"(emotional geographies)一词,来说明人际关系的亲近和距离,以及它们在教育教学中对教师与他人之间情感理解的影响。他将教学的情感地理学定义为"人际互动中存在的亲密或遥远的空间和经验模式,这些模式有助于创建、促成和渲染我们对自己、世界和彼此的感受和情感"(Hargreaves, 2001b)。他提出了 5 种影响教育教学的情感地理学形式,即社会文化地理学(social-cultural geographies)、道德地理学(moral geographies)、专业地理学(professional geographies)、政治地理学(political geographies)以及物理地理学(physical geographies)(同上)。在社会文化地理学里,文化、种族、性别和阶层等差异使教师和学生、家长以及同事等群体之间产生距离感和陌生感;在道德地理学里,教师们追求共同的目标,彼此分享成就感,或者他们对自己的目标采取防御措施,不关心他人的目标;在专业地理学里,教师作为专业人士应该和他人保持距离并且避免情感的"牵累"(尹弘飚,2006)。在政治地理学里,等级权力关系扭曲了教师与周围人之间的情感理解与交流;在物理地理学里,时间和空间距离会影响教师与他人的关系,频繁、密切而持续的互动有助于教师与他人情感纽带的维护与加强。虽然"情感地理学"概念提出不久,但"今天已被广泛地应用到不同国家和地区关于教师情感或教师情感劳动的研究之中"(尹弘飚,2009)。Hargreaves 和他的同事进行了一系列有关教师情感地理学的研究,分析了教师与学生(Hargreaves, 2000)、领导(Schmidt & Datnow, 2005)、同事(Hargreaves, 2001a)、父母之间(Hargreaves, 2001b)的情感互动。相比西方丰富的相关研究,中国环境下的教师情感地理学关注较少(Yin & Lee, 2012;姜丽静 2004)。如 Yin & Lee(2012)利用情感地理学,探讨了中国课程改革背景下教师与培训者互动时所感受的情感特性,揭示了三种较为明显的专业、政治以及道德情感地理学。

(4) 教师情感调节研究。情感调节(emotional regulation)是指"个体影响他们拥有何种情感的过程,他们何时拥有这些情感,以及他们如何体验和表达这些情感的过程"(Gross, 1998)。情感调节与情感劳动区别在于:情感调节发生于所有场合,情感劳动只局限于工作场所;情感调节强调个体对适当情感反应的决定性,而情感劳动强调组织的情感展现规则;情感调节聚焦个体,是基于个体的需求进行调节,而情感劳动聚焦他人,是基于客户或组织的需求进行调节(Brown, 2007)。研究人员将情感调节分为不同的策略,这些策略包括情境选择(situation selection)、情境调整(situation modification)、注意力转移(attentional deployment)、认知改变(cognitive change)、反应调节(response modulation)(Gross, 1998, 2015)。情境选择是指基于对在某种情境中体验特定情感的预期来选择情境(Gross, 2015),即预测在任何情况下可能会经历哪些情感。如教师在备课中可以使用情境选择的策略,以避免或增强自我或学生的某些情感(Taxer & Gross, 2018)。情境调整是指为了改变情感影响而主动改变情境(Gross, 2015)。Sutton(2004)发现教师往往使用情境调整策略来对不能按照预期进行的教学计划进行适当调整。注意力转移是指为了改变情感反应而对注意力进行内在和外在的聚焦(同上)。教师使用注意力转移策略时,往往想象事情积极的一面,忽视消极的一面。认知改变是指通过改变对情境的评价而改变特定情境中情感的影响(同上)。教师在使用认知改变策略时,往往对学生的违纪行为进行重新评估(Sutton, 2004)。反应调节是指改变情感反应的心理、体验以及行为(Gross, 2015)。表达抑制(expressive suppression)是最为常见的反应调节策略。研究表明,教师会使用抑制、伪装来隐藏他们的情感,或是使用深呼吸和反复练习来调节他们的情感(Näring *et al.*, 2011; Philipp & Schüpbach, 2010; Sutton, 2004; Taxer & Frenzel, 2015; Yin, 2016)。Taxas & Gross(2018)探讨了教师情感调节的目标以及使用,研究发现,教师拥有工具性和情感性的情感调节目标。教师为了调节自己和学生的情感,并试图减少负面情感,往往会使用多种策略来调节情感,其中使用最多的策略是反应调节策略,且以抑制为主。总体来说,教师的情感调节有利于促进教师积极的工作表现和心理状态(Koçoğlu, 2011;刘锦涛、周爱保,2016;刘旭等,2016;张燕、刘云艳,

2008)。但情感调节各项策略的作用效果或程度会有所不同,如胡琳梅等(2016)发现,教师的认知改变策略可以直接正向地预测工作投入,而抑制策略则不能直接预测工作投入。

(5)课程变革中的教师情感研究。每一次课程变革的成功实施无不取决于教师,更为具体地说,很大程度上取决于教师如何理解这种变革。教师们往往会结合自己的专业背景和教育教学经历,对新课程的理念和教学行为作出自己的判断,从而对新的课程变革进行具体的情境解读,并质疑、批评、支持和抵制变革的呼声(Kelchtermans, Ballet, & Piot, 2009)。有关教育变革与政策实施方面的研究也表明非常难以改变教师的实践(Fullan, 2001),因为教师在变革中的情感往往受到忽视(Fullan, 1997:217)。其实早在 20 世纪 70 年代,Fullan & Pomfret(1977:365)就曾指出:"人们没有重视'变革',也许并非因为他们认为变革是不可理解的,而是因为他们觉得实施过程过于痛苦和令人沮丧"(引自尹弘飚,2006)。然而大多数课程变革的研究者从理性认知视角出发,忽视了教师的动机和情感对认知加工和感知的影响(Hargreaves *et al.*, 1998; Spillane *et al.*, 2002)。由于变革会给教师的专业自我形象以及专业地位带来重要影响,因此,教师往往会以强烈的情感对课程变革作出反应。如中国香港学者尹弘飚(2006)以中国大陆高中课程改革为背景,对广东省四所学校 30 位教师在课程实施中的情感变化经历进行了个案调查,揭示了课程实施与教师情感之间的互动关系,研究发现教师在课程实施中发挥的调适功能,确立了教师作为变革动因的地位。作者指出,课程实施若想取得理想的效果,就必须关注个体教师赋予变革的主观意义,而情感正是这种主观意义的重要体现。当大规模课程变革的步伐能够和教师的情感、行为等方面的改变配合起来时,课程改革的实施就可能会取得成效(尹弘飚,2006)。

3. 教师情感研究的方法

教师情感研究方法主要有三种,即质性研究(Day & Leith, 2001; Hargreaves, 1998, 2000; O'Connor, 2008; Schmidt & Datnow, 2005; Shapiro, 2010; Sutton, 2004; Van Veen *et al.*, 2005)、量化研究(Chan, 2004; Chen, 2016; Taxer & Frenze, 2015)和混合研究(Jiang *et al.*, 2016; Lasky, 2005; Scott & Sutton, 2009)。研究方法的使用与教师情感研究的发展阶段和理论视角密切相关。教师情感研究早期,研究者主要关注教师压力和倦怠,在研

究方法上偏向量化研究。20 世纪 90 年代中期以来,教师情感研究出现了明显的理论转向,情感被理解成是由社会文化建构,处于社会互动中,在研究方法上偏向质性研究,"访谈、观察、传记、叙事、课堂录像、自我研究甚至线上论坛等质性研究手段取代了问卷调查成为研究方法的主流"(尹弘飚,2006)。如今,随着教师情感研究的不断深入,单一的量化或质性研究方法已经无法满足发展需求,越来越多的研究者采用混合研究法探讨教师情感。此外,根据前文所述,教师情感研究主要涵盖个体心理、社会文化、后结构以及生态论等视角,不同视角下的研究方法存在着一定的倾向(古海波,2016)。个体心理视角下的研究往往采用量化研究方法;社会文化和生态视角下的研究多采用案例研究、叙事探究等质性研究方法;后结构视角下的研究多采用人种志等质性研究方法。

(1)质性研究方法。

在教师情感研究中,相当一部分学者青睐质性研究,因为教师情感具有复杂性和情境性,采用质性研究方法,如叙事探究和人种志,更能展现教师情感的细微差别(Xu,2018),并且能更深入揭示隐藏在情感表达背后的一些根本问题。如 Hargreaves(2000)对加拿大 15 所学校的 53 名中小学教师进行了访谈,主要研究教师情感与其工作、专业发展、生活、认同以及教育变革之间的关系,揭示了小学和中学教学情感地理学的主要差异。该研究发现小学教师更侧重空间和专业上的亲密,以便创造更大的情感强度,当课堂上发生矛盾冲突时,这种情感强度有时会变得消极。中学教学的特点是空间和专业距离较大,导致教师将情感视为一种干扰,作者认为,这种距离不利于高质量教学所依赖的情感理解。Zembylas(2004)以 1 名小学科学教师为研究对象,进行了为期 3 年的民族志个案研究,探讨教师情感在科学教学中的作用,具体研究了科学教学中的情感隐喻以及情感劳动特征。该研究所收集的数据来源于多种途径,如课堂观察笔记、情感日志、访谈、教案、教学理念陈述以及学校记录等。O'Connor(2008)采用半结构化访谈的研究手段研究了 3 名教师在整个教学过程中是如何关爱学生的,同时研究了教师如何在与学生的情感互动中做出专业决策。研究发现,关心学生是教师工作的重要组成部分,是推动教学的动力;教师们会充分结合自己的身份来指导和塑造他们的专业决策和情感决策。Zembylas(2011b)采用民族志的方法研究了学校环境中排斥的情感地理,旨在寻找与种族或民族相关的学校话语和实践,揭示排斥、不公平以及不公正的情感地理。其数据主要通过深度访谈

(in-depth interview)、民族志观察(ethnographic observation)以及学校文档来收集。作者对希尔学校的校长、6 名教师以及 6 组不同年级的希腊族塞浦路斯学生和两组土耳其族塞浦路斯学生进行了半结构式访谈,还与其他教师和学生进行了非正式的讨论。研究表明,在希腊族塞浦路斯人与土耳其族塞浦路斯人之间长期存在的政治和种族冲突的背景下,排斥的情感地理是学校种族化过程的表现。Yin(2015)采用半结构式访谈和资料收集(如教师的自我反思日志、博客以及在线论坛的发帖)的质性研究手段,对中国教师在课堂上所使用的情感调节策略进行了研究。研究表明,教师在课堂上使用表层行为(伪装、抑制)、深层行为(转移注意力、重新定义、分离)以及真实表达(释放、倾泻)等三类七种策略。

总之,质性研究是研究教师情感的有效方法,一方面可以揭示情感的复杂性和细微差别,一方面还可以揭示教师情感的情境性和动态性。在具体的数据收集方面,往往采用访谈、课堂观察、情感日志和学校文档等多种形式,但质性研究方法存在两个主要的局限:首先,教师的叙述大多是基于其过去的经验,因此质性研究方法无法研究即时的情感,也无法预测未来的情感反应与规则;其次,质性研究的发现不具有推广性,无法推广到研究参与者之外的群体(Xu, 2018)。尽管如此,在教师情感研究领域,质性研究仍然受到热烈追捧,国内也逐渐涌现出一些基于质性研究方法的教师情感研究(如古海波,2016;古海波、顾佩娅,2019;徐长江等,2013;朱神海,2017;朱神海、王雪梅,2019)。

(2) 量化研究方法。

正是由于质性研究在普及性与推广性方面存在一定的局限,教师情感研究者试图采用量化的研究方法揭示教师情感的普遍规律。Chan(2004)对 158 名中学教师的情感智力和自我效能感进行研究,运用三个量表,即情感智力量表(EIS)、一般自我效能感量表(GSE)以及助他自我效能感量表(SETH)。该研究采用探索性因子分析、验证性因子分析以及多元回归分析,分析了情感智力的维度、情感智力量表、教师的情感智力、情感智力差异、教师自我效能感及其与情感智力的关系。Yin & Lee(2012)以中国 633 名北京教师和 648 名重庆教师为样本,对教师情感劳动策略量表(TELSS)进行了效度检验。结果表明,该研究采用的 13 个项目的教师情感劳动策略量表在三个子量表上具有良好的内部一致性。该子量表测量教师情感劳动策略的三种类型,即表层行为、深层行为和自然行为。使用不同数据集的验证性因子分析为该 TELSS 的结构效度提供了支持。此外,本研究还检验了这一新改编的 TELSS 的聚合效度、区分效度和共时效度。Taxer & Frenzel(2015)对 266 名中学教师的真实情感表达、伪装情感表达或隐藏情感感受情况进行了调查,对 Glomb & Tews(2004)的离散情感劳动量表(DEELC)进行改编,正式量表由用于衡量真实情感表达、伪装情感表达以及隐藏情感感受等三个分量表组成。量表中包括三种类型的情感:①最常见的教师情感(如快乐、悲伤、焦虑和愤怒);②常见的自我意识情感(如内疚、羞耻和骄傲);③基于文献发现的其他情感(如热情、喜欢和讨厌、怜悯、厌倦、失望和无助)。要求教师在三种不同的情景中将他们的情感体验频率评定为零到五,分别指的是"真实""伪装"和"隐藏"的情感体验和规则。除了这个 DEELC 量表之外,该研究还检验了教师在不同层面的情感生活与教师的自我效能感、与学生的关系以及包括心理健康、身体健康、情感疲惫和工作满意度在内的幸福感之间的多层相关性。Yin 等(2017)以 1115 名中国香港小学教师为研究对象,运用情感工作需求量表(EIDS)、同事信任量表(TCS)、教师情感劳动策略量表(TELSS)以及教师效能感量表(TSES),探讨教师情感劳动与教学效能感的关系。该研究在文献综述的基础上作出三个假设,并建立相应的结构方程模型检验教师的情感劳动策略与情景诱因(所感知的教学情感要求)、组织影响因素(同事之间的信任),以及与工作表现有关的后效(教师效能感)之间的关系。

　　总之,就量化研究方法而言,学者们基本采用编制或改编量表的途径来对教师情感的各主题、各维度及其与影响因素和后效的相关性进行研究。一般而言,在对量表进行改编时,要做出基本的假设,并做相应的探索性因子分析、验证性因子分析以及多元回归分析,确保量表的效度与信度达到统计学测量的标准。量化研究方法揭示了教师情感现状,展现了教师情感表达的普遍规律,具有一定的客观性和科学性,同时也具有一定的概括性和普适性,但量化研究无法全面考虑情感表达的情境性,无法揭示情感研究的复杂性与动态性。基于此,越来越多的学者正致力于使用混合研究法来研究教师情感。

　　(3)混合研究方法。相比单纯的质性研究或量化研究,混合研究法具有更强的诠释力。近年来,不少学者(Berry, 2013;Buri *et al.*, 2017;Jiang *et al.*, 2016;Lasky, 2005;Miller, 2018;Scott & Sutton, 2009;Zembylas *et al.*, 2011a)使用混合研究法来探讨教师情感问题。Scott & Sutton(2009)采用混合研究方法,调查了 50 名小学教师在参加 8 个写作工作坊中的情感状况,同时还采用了重复问卷（repeated questionnaire）、后续问卷（follow-up questionnaire）以及访谈的数据收集方法。具体而言，该研究分为两阶段：第一阶段为纵向调查，包括9份问卷，即1份前测问卷，7份重复问卷（每周在专业发展活动中发放）以及1份后续问卷（4个月后发放）。问卷由量表式题项和开放式问题组成。通过对维度的纵向分析了解教师情感的变化，采用配对t检验确定教师在问卷调查前后情感变化的显著性，然后采用相关分析，确定教师在专业发展过程中的情感在多大程度上可以预测写作教学方法的变化。第二阶段是问卷调查后直接进行的，以教师访谈的形式收集质性研究数据并对其进行分析，根据方便抽样原则抽取了10名教师，根据目的抽样原则抽取了6名教师进行访谈。随后采用演绎分类法（deductive categories）对访谈数据进行跨案例分析，聚焦情感与教师实践两大主题，并采用经典内容分析（classical content analysis）确定所有案例中涉及情感和目标主题的频率，用以解释参与者在访谈中对情感的多次提及。量化数据显示，教师在参加写作工作坊后情感变得更加积极，但4个月后却重新回到初始状态。通过对量化数据进行分析，结果表明教师在专业发展过程中的情感类型与情感变化并无相关性，而质性研究分析结果却表明存在和教师情感变化相关的复杂情感。

与Scott & Sutton(2009)所采用的等状序贯混合分析（equal-status sequential multitype mixed analysis）不同，Zembylas *et al.*（2011a）在情感研究中采用的混合研究方法更具有连续性。其研究探讨了教师对一项希腊族塞浦路斯人教育政策的情感反应，数据收集分为量化和质性两个阶段。通过量化手段了解教师对该教育政策的情感感知以及情感准备，数据收集主要采用自述式匿名结构问卷（self-reported anonymous structured questionnaire）。通过问卷调查，学者将聚焦点从8个部分缩至3个部分，并在此基础之上进行质性研究，对40名中小学教师采用半结构深度访谈。由此可见，Zembylas所采用的混合研究法中，量化研究实际上是为后续质性研究奠定了基础，提供了行动指南。

Berry(2013)采用混合研究方法调查了大学教师的情感劳动水平。研究分为两步，即先用量表测量教师的情感劳动，然后采用半结构式访谈让教师回答3个开放式问题。量化研究方面，采用曼恩情感需求问卷（MERI）（Mann, 1999），该量表由17个题项组成，具体分为3个子量表，即情感展现（emotional display）、情感抑制（emotional suppression）以及情感伪装（emotional faking），采用李克特量表八分制进行计分。质性研究方面,对访谈的数据进行主题分析。Jiang *et al.* (2016)基于 Gross 的情感调节模型,采用混合研究法,探讨了 53 名初中生对教师情感的感知与教师在教学中的 4 种情感调节策略的关系。该研究结合对学生的问卷调查和对教师的半结构访谈,揭示了学生所感知的教师积极或消极情感与教师对其情感调节所进行的反思之间的联系。学生对教师的情感感知问卷由 8 个题项组成,涉及快乐、鼓舞、温柔、深情、生气、恼怒、紧张和心烦意乱等具体的情感,采用李克特量表五分制进行评分。半结构式访谈主要用于帮助教师反思其在课堂教学中的情感体验和情感调节策略。研究表明,聚焦前因的情感调节(antecedent-focused emotion regulation)比聚焦反应的情感调节(response-focused emotion regulation)更令人满意,在增加积极情感表达和减少消极情感表达方面,重评(reappraisal)比抑制(suppression)更为有效。

总之,教师情感研究中采用混合研究法有助于解决研究本身的复杂性,尤其是当一项研究需要回答多个研究问题时,混合研究较为有利,因为它可以针对不同的问题特点收集不同类型的数据。因此,将量化研究与质性研究相结合的混合方法可以充分发挥每种方法的优势,克服单一方法所带来的局限性。

以上对教师情感研究的方法进行了回顾,从 20 世纪 80 年代至今,关于教师情感研究的方法历经三大转折。首先,刚起步的教师情感研究侧重压力与倦怠等个体心理因素,大多研究采用量化研究方法,试图寻找教师情感的内部作用机制。其次,随着社会文化理论、后结构主义以及生态系统论等理论应用于教师情感研究,教师所处的互动环境引起研究者的关注,越来越多的研究青睐于质性研究方法,试图解释隐藏在教师情感背后的社会文化以及情境因素。最后,随着科学研究方法不断发展,为了追求代表性和典型性的平衡,为了满足多个不同类型研究问题的现实需要,一些研究者试图综合量化与质性研究,采用混合研究法进行教师情感研究。混合研究法并不是任意地将两种研究方法简单混合起来,而是需要研究者进行精心设计,根据研究需要选择混合的条件、序列,以及决定哪一种研究方法为主哪一种为辅。

2.3.2　实习教师的情感研究

实习教师在教育实习中扮演着双重角色,他们既是教师,又是学生。他们渴望将大学里学到的教育教学理论知识运用到教学实践之中。实习教师在与指导教师、学生、实习同伴以及学校其他教职员工的交往中会体验到各种积极情感和消极情感。这些情感体验是影响实习教师职业认同的重要因素,直接关系到实习教师将来是否选择教师职业。然而,在教师教育研究领域,实习教师的情感并未引起充分的关注(Bullough, 2009; Golombek & Doran, 2014)。Sutton & Wheatley(2003)回顾教师情感研究的局限性时曾指出,研究者对教学实习过程中情感的重要性有所忽略,没有深入研究实习教师的情感如何影响他们的教学实践。近年来,随着教师情感研究的蓬勃发展,越来越多的研究者开始关注实习教师的情感问题(Bullough, 2009; Uitto et al., 2015; Yazan & Peercy, 2016; Zhu, 2017)。

通过对文献进行梳理,研究者发现,国内外有关实习教师的情感研究主要围绕情感体验(Johnson et al., 1996; Marais, 2013; Nguyen, 2014; Numrich, 1996; Timoštšuk et al., 2016)、情感与认同的关系(Yuan & Lee, 2016; Zhu et al., 2017)。

1. 实习教师的情感体验

大多数实习教师刚进入实习学校,往往会充满热情和激情,怀着实现教师职业的梦想期待着能做一个受学生欢迎的优秀教师。然而,一旦进入实习角色,逐渐感到巨大的压力(Mapfumo et al., 2012),体验到很多负面情感,如无助、挫败、困惑、尴尬甚至是敌意(Marais, 2013)。一旦没有体验到成功,他们会产生强烈的责备和愤怒情感,感觉被拒绝和被忽视,最终导致情感过载(emotional overloaded)(Anttila et al., 2016; Wright, 2010:259 - 265)。Timoštšuk & Ugaste(2012)的研究表明,实习情境或环境会唤起实习教师不同的情感体验,积极的情感会带来快乐和自我满足感,消极的情感会导致无力、无助,缺乏安全感。Johnson et al., 1996)和 Numrich(1996)的研究均发现,实习教师在语言教学实习中,面对教学要求时会体验到挫折感。Nguyen(2014)的研究显示,实习教师在实习时会遇到多重矛盾,这将导致他们体验到一些消极的情感,如失望、受挫、焦虑、受威胁。同样,Keller et al.(2014:72)指出,实习教师往往会体验到高程度的焦虑感,尤其是当他们没有做好教学准备和不能达到教学要求时。Zhu(2017)对 7 名实习教师的研究表明,实习教师会体验到从自豪到失望的一系列情感。即使就同一主题的情感分享,实习教师所表现出的细微情感也是不一样的。Chen(2016)以来自中国 4 所大学 963 名实习教师为样本,采用教师效能感量表和教师情感量表以及实习教师表现分数来检测实习教师的情感、效能感以及实习表现三者之间的关系,研究使用了探索性因子分析,验证性因子分析和结构方程模型对数据进行处理。研究结果显示,实习教师的情感和效能感能显著预测其实习表现。对在教学策略方面具有较高效能感的实习教师,我们可以通过其喜悦和热爱等更愉悦的情感对其实习表现进行积极预测。相比之下,对学生参与度信心较低的实习教师往往会体验更多不愉快的情感(如恐惧、悲伤和愤怒)并且取得较差的实习表现。

国内有关实习教师情感体验的文章寥寥无几。龚少英等(2013)以华中师范大学 214 名实习教师为研究对象,通过问卷调查探究了实习教师课堂情感与效能感之间的关系。研究表明,实习教师在课堂教学中体验到更高频率的积极情感,这种积极的情感体验对于教师效能感有促进作用,而消极课堂情感体验对于教师效能感有阻碍作用。王海燕等(2019)以 8 名实习教师为研究对象,采用深度访谈的方式获取其参与协作反思活动的情感体验,研究表明,实习教师在线协作反思活动中经历着包括积极、消极和中性在内的复杂的、多样的情感体验,其影响因素是多方面的,且实习教师在线协作反思活动中的不同情感体验相互交织、相互转化。朱神海、王雪梅(2019)的研究发现,职前英语教师的情感体验具有复杂性和流动性的特点。情感体验的复杂性主要体现在情感的多样性和交融性两个方面。情感的流动性受他们教师身份认同以及能动性的影响。

总之,教育实习是一种带有强烈情感的经历,由于对教学情境的不可预测性,实习过程变得较为复杂,带有不确定性(Sutton & Wheatley, 2003)。虽然教师教育研究领域里有关实习教师的研究已经相当丰富(Martinez, 2008; Nguyen, 2014; Poulou, 2007),但不可否认,实习教师在教育实习中的情感体验还有待进一步探索。

2. 实习教师情感与认同的关系

教师情感对其教师职业认同有重要影响(Nichols *et al.*, 2017),被认为是构建职业认同的强大催化剂(Bullock, 2013)。实习教师在教育教学中往往会碰到一些与自己的信念和期待发生冲突的事情,唤起适当的情感体验,进而促进教师职业认同的转变(Zembylas, 2003)。也就是说,实习教师身份认同形成的过程与他们的情感有着本质上的联系。Yuan & Lee(2016)采用叙事探究的方法探讨了一位实习教师身份认同的形成与他的情感体验之间的关系。研究表明,实习教师的情感和职业认同关系密切。积极的情感主要来源于学生的进步和对教师身份的认同感,消极的情感与指导教师以及实习学校环境密切相关,对构建教师身份认同造成了阻碍。研究还发现,在实习学校里有一套隐形的、根深蒂固的"情感规则",这可能会对他的情感体验和身份认同的构建产生重大影响。Zhu(2017)通过采访刚刚完成教育实习的 7 名中国实习教师,研究了实习教师在教育实习中构建身份认同的情感和道德维度。研究结果表明,实习教师在教育实习刚开始时体验到了渴望和焦虑的复杂情感,在开始进行教学时体验到震惊和尴尬,实习结束后感到内疚和后悔。而这些看似矛盾而复杂的情感体验与其自我感知的职业认同密切相关。

国内鲜有关于实习教师情感与认同的研究。朱神海、王雪梅(2019)的研究发现,实习教师的情感对其身份认同具有重要的影响。一方面,情感是身份认同的内驱力,积极的情感体验对身份认同产生正面影响,消极的情感体验对身份认同产生负面的影响。另一方面,情感调节有利于身份认同的构建。

通过以上文献梳理,研究者发现实习教师情感研究已经逐渐引起学者们的关注,其研究焦点还比较狭窄,主要聚焦实习教师的情感体验及其与认同的关系两个方面。有些相关研究看似聚焦职前英语教师或师范生的情感,但通过文献细读,研究者发现其研究对象并不属于实习教师,即缺乏教育实习的情境。另外,国内对实习教师情感方面的研究几乎还是空白,为数不多的几项研究在一定程度上还缺乏系统性,在研究主题上还不够丰富。基于此,本研究聚焦实习英语教师,试图发现该教师群体的情感劳动策略及其影响因素和作用后效,为促进职前英语教师专业发展提供借鉴。

2.3.3 教师的情感劳动策略研究

情感劳动策略作为情感劳动理论研究的热点和重点,主要解决的是员工如何对情感进行控制的问题(丁先存、郑飞鸿,2016)。国内外关于情感劳动策略的研究主要体现在三个方面,即情感劳动策略的维度、影响因素以及结果研究。

1. 情感劳动策略的维度研究

Hochschild(1983)认为,个体通过两种行为策略来进行情感劳动,分别是表层行为(surface acting)和深层行为(deep acting),前者是指个体只是外在表达组织所需要的情感,并没有主观体验到这些情感;而后者指的是个体通过改变内在感受以便体验到组织所需要的情感。Ashforth & Humphrey(1993)拓展了 Hochschild 的观点,认为除了表层行为和深层行为外,还有一种真实行为 (genuine acting)策略,即个体自发地真实体验和表达所期望的情感,而不做任何的努力。后来,Kruml & Geddes(2000)将这种真实行为看作"被动深层行为" (passive deep acting),与此相对原来的深层行为被看作"主动深层行为"(active deep acting)。Diefendorff et al.(2005)基于实证研究认为,被动深层行为与主动深层行为和表层行为之间是并列关系,因此提出以"自然行为"替代"被动深层行为"的理论观点,并建构了由表层行为、深层行为和自然行为三者组成的情感劳动表现策略框架。杨林锋、胡君辰(2010)在 Ashforth 的基础上将情感劳动策略扩展为表层行为、深层行为和中性调节行为,其中中性调节行为又包括被动深层行为与蓄意不同步行为,这里的被动深层行为可以理解为真实情感表达,蓄意不同步行为则可以界定为组织成员既要按照组织要求表现出适当的情感,又要保持内心的中性感受。

自 20 世纪 90 年代中期以来,随着教师情感研究的不断发展,学者们达成了一个共识,即教学需要付出情感努力,是一种情感劳动实践活动(Hargreaves, 1998; Isenbarger & Zembylas, 2006; Winograd, 2003; Yin & Lee, 2012)。教师情感劳动策略基本参照服务行业标准,一般分为表层行为、深层行为和自然行为三种策略(Benesch, 2018; Berry & Cassidy, 2013; Constanti & Gibbs, 2004; Cukur, 2009; Yin, 2012; Yin, Huang & Lee, 2017)。一些学者在实验研究中也验证了教师情感劳动策略的维度,发现不同的教师群体,其情感劳动策略使用的倾向性有所不同,如田学红等(2009)对特殊教育教师的情感劳动研究表明,特殊教育教师使用自然行为和深层行为的情感劳动策略较多,表层行为策略使用较少。

Yin(2016)结合中国教师的课堂教学情境,对中国教师所使用的情感劳动策略作了细分:表层行为策略包含伪装(pretending)与抑制(restraining)两种子策略;深层行为包含调焦(refocusing)、重构(reframing)和隔离(separating)三种子策略;自然行为包含释放(releasing)和宣泄(outpouring)两种子策略。

2. 情感劳动策略的影响因素

根据国内外研究,教师情感策略使用的影响因素主要体现在个体和组织层面上。

个体层面的因素除了人格特质(朱神海,2017)和情感智力(Yin, Lee, &

Zhang, 2013)外,还包括一些基本的人口统计变量(孙阳等,2013)。Yin 等对中国的 1281 名中小学教师的情感劳动策略研究表明,教师的情感智力与教师运用深层行为与自然行为之间有着显著的正相关(Yin, Lee, & Zhang, 2013)。该结果为情感智力与教师情感劳动策略之间的关系提供了证据,并显示教师的情感智力水平越高,就越倾向于运用除表层行为之外的其他更为复杂的情感劳动策略。孙阳等人(2013)对幼儿教师情感劳动策略的研究表明,情感劳动策略受教龄因素的影响。教龄达 11 年的教师,其自然行为进入快速发展阶段;深层行为随着教龄增加而平稳增长。6-10 年教龄组,深层行为达到最大值,随后有所下降;表层行为在教学前 5 年呈增长趋势,而后逐渐回落。除新入职的幼儿教师之外,其他 3 个教龄组教师的自然行为、深层行为和表层行为的发展水平不均衡。整体上,自然行为发展慢于深层行为和表层行为。但周厚余(2016)对特殊教育教师的情感劳动策略研究表明,不同性别、学历、婚姻状况、职称、教龄、学校级别的特殊教育教师,在情感劳动策略的使用上无显著差异,而在不同年龄层面上有显著差异。由此可见,不同的教师群体,其情感劳动策略在人口统计学变量上的影响是有差别的。

组织层面的因素除了组织情感展现规则或工作要求,还包括单位文化环境。研究表明,教学的情感工作要求和情感智力都显著地关联着教师的情感劳动策略,而情感智力在教学的情感工作要求与表层行为和自然行为两项策略之间有着显著的调节作用。教师的情感智力水平的升高,会强化教学的情感工作要求与表层行为之间的正相关,而削弱教学的情感工作要求与自然情感之间的正相关(Yin, 2015)。此外,朱神海(2017)通过对 5 名高师英语专业教师的情感劳动研究表明,单位文化环境对教师情感劳动策略的使用有三方面的影响:积极氛围提高对情感法则的认识;"传帮带"的优良传统促进教师的情感稳定;多种职责增强教师自我的情感调节能力。

3. 情感劳动策略使用的结果

情感劳动是一把双刃剑,它既会带来积极的影响,也会带来消极的影响(Zapf, 2002;田学红,2010)。在这一点上,不情愿和不自然地表现出来的情感劳动对员工的心理状态(如自尊、快乐、工作满意度、抑郁、倦怠、组织角色压力和离职倾向等方面)会产生负面影响(Adelmann & Zajonc, 1989; Erickson & Ritter, 2001; Jung & Yoon, 2014; Modekurti-Mahato, Kumar, & Raju,

2014；Morris & Feldman，1996）。同样，表层行为会增加抑郁症状、情感衰竭和人格解体（Basım & Begenirbas，2012；Brotheridge & Grandey，2002；Lam & Chen，2012；Yoon & Kim，2013）。此外，当员工处于情感不和谐状态时，他们的表层行为与其情感耗竭、去人格化和挫败感之间存在着正相关关系（Kinman，Wray，& Strange，2011；Yılmaz et al.，2015）。这种不和谐也会对员工的工作满意度产生负面影响（Gürel & Bozkurt，2016；Kinman，Wray，& Strange，2011）。林川、黄敏儿（2011）的研究表明，情感劳动策略具有不同的身心健康意义。表层行为者内心情感与外在表现之间不协调，容易堆积工作压力，造成心理过度紧张。

根据国内外相关研究，教师情感劳动策略所带来的结果分为积极结果和消极结果，其影响层面主要聚焦于职业倦怠、情感耗竭等。一般认为，如果教师使用深层行为策略，则会降低其职业倦怠感，若教师使用表层行为策略，则会增加其职业倦怠感（田学红，2010）。孙阳等（2013）对 124 名幼儿教师的情感劳动研究表明，情感劳动策略与情感耗竭存在明显的双向作用关系。深层行为和自然行为与情感耗竭呈显著负相关，而表层行为与情感耗竭呈显著正相关。周厚余（2016）对特殊教育教师的情感劳动策略的研究也大致证实了这一点。研究表明，特殊教育教师的自然行为和深层行为与其情感耗竭无显著相关，表层行为与情感耗竭呈极显著正相关。Philipp & Schüpbach（2010）采用交叉滞后设计考察了德国 102 名中小学教师情感劳动与情感耗竭、奉献的关系。该研究提示，情感劳动中的深层行为策略能对个体一年后的情感耗竭产生影响，而开始就存在情感耗竭的个体在一年后更倾向于选择表层行为策略来完成组织的表达要求。此外，情感劳动策略还存在某种形式的文化差异（廖化化、颜爱民，2017）。在我国，社会文化赋予教师的形象是温文尔雅的，教师的真实情感往往容易被压抑，进而导致教师将会有更多的情感劳动负荷产生，并可能引起他们的情感衰竭或倦怠的产生（田学红，2010）。

此外，情感劳动策略的使用对师生关系也有一定的影响。朱神海（2017）的研究表明，深层行为的情感劳动策略有利于师生关系更加融洽。反之，如果教师采用表层行为策略与学生进行人际互动，一方面，教师伪装的情感表达会降低师生关系质量，形成自我异化，产生不真实感（Brotheridge & Lee，2003）。另一方面，教师情感伪装行为也可能"露馅"，被学生察觉。学生如果感知到教师情感伪装所引发的不真实感(Van Kleef,2009),就会降低对教师的信任感,进而影响师生互动质量。教师产生的不真实感和学生对其信任感下降,会导致教师感到力不从心。正因为如此,国内有学者建议,教师应多采用深层行为的情感劳动策略提升自我情感管理及自我成就感(田学红,2010)。

通过对情感劳动策略相关研究文献的梳理与总结,我们发现,目前国内外有关情感劳动策略的研究已经取得了很多有意义、有价值的研究成果,但是在已有的情感劳动策略研究中,尚存在一些问题和不足,主要体现在两个方面:一是实习教师的情感劳动策略较少受到关注;二是影响情感劳动策略的研究仅仅局限于个体因素和组织因素,缺乏对社会因素的挖掘。

2.4 理论框架

2.4.1 控制论

控制论(cybernetics)由美国科学家 Wiener 于 1948 年提出,它突破了传统力学方法,摆脱机械唯物论,主要探讨人类的思维与机器的运转之间的共同之处,以及机器是否能代替人类进行思考。在《控制论》一书中,Wiener 将机械系统的控制机制与现代生物学所发现的生物机体中某些控制机制加以类比,指出"自动控制系统的特点在于它能根据周围环境的某些变化来决定和调整自己的运动"(Wiener,1985:vi)。在 Wiener 创立控制论学说后,各种冠以控制论名称的边缘科学如雨后春笋般地涌现出来,控制论迅速渗透到众多领域之中,对科学革命以及人类认识世界能力的提高有着不可磨灭的作用(周勇,2015)。

控制论是一个循环的过程,包括四个组成部分:输入、标准、比较器、输出(刘朝,2015:24)。输入是指从外部感知信息并将其带入循环,类似人们对当前状态或行为的感知;标准代表个人努力达到的目标;比较器是一种机制,用于匹配输入和标准,以确定二者之间是否存在差异。如果检测到偏差,则调整输出。如果没有检测到偏差,则自然输出。Diefendorff & Gosserand(2003)基于控制论对情感劳动过程进行了阐释:情感展现规则(display rules)相当于标准,个体情感表现的自我认知便是输入,二者共同经过比较器进行检测。当输入(情感表现认知)与标准(情感展现规则)存在差异时,可以采用情感调节策略(emotion regulation strategies)进行调整,使情感表现与展现法则相一致,也可以通过认知改变,用不同的标准来代替原来的标准,使新标准与情感表现保持一致。基于此,Diefendorff & Gosserand(2003)提出了基于控制论的情感劳动模型(见图 2-1)。整个模型的出发点是情感事件,当个体经历某一情感事件后,会体验到积极或消极的情感,并展现出来,随后,在对情感表现的认知以及组织中要求的情感展现规则相比较后,如果发现偏差,则要采取相对应的情感调节策略,以达到最终的情感表达目标。

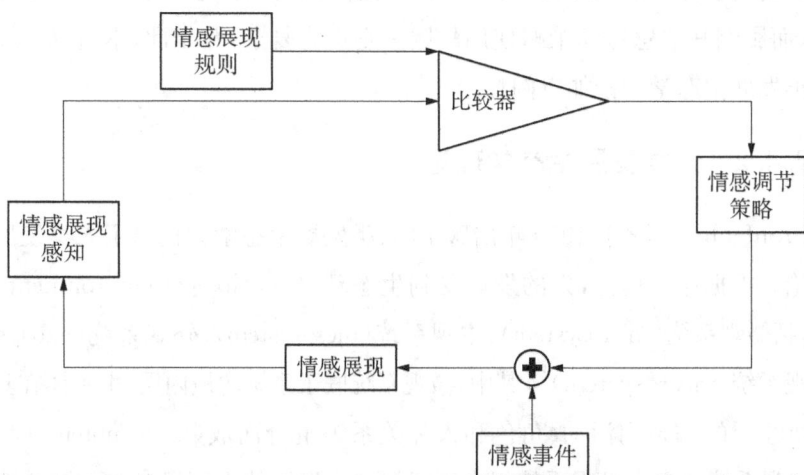

图 2-1　基于控制论的情感劳动模型(Diefendoff & Gosserand, 2003)

Diefendorff & Gosserand(2003)的基于控制论的情感劳动模型凸显了情感劳动的动态性,很好地解释了个体在情感劳动过程中情感调节的内部机制。但这一模型过多地关注个体外在的情感展现,忽略了内在的情感感受。此外,该模型所使用的情感展现(emotion display)在国内外相关文献中(如 Grandey,2000; Yin, 2005;高晓文、盛慧,2018)大多被情感表达(emotional expression)所替代,但情感展现规则(emotional display rules)却广泛地存在于诸多文献中,可能出于两个原因:一方面,情感表达更多地突出情感的面部特征,我们往往更多地从人的面部特征来判断其情感状态;另一方面,展现(display)相对于表达(expression)而言,更具有客观性,在情感劳动过程中,个体往往会隐藏、抑制或伪装其真实的情感感受,故用情感表达更为合适。而情感展现规则正好体现了行业组织所要求的客观情感状态。鉴于此,本研究在术语的使用中,选择了情感表达和情感展现规则。

　　具体到教师情感劳动研究领域,我们不仅关注教师外在的情感表达,而且更加重视教师的内在情感感受,因为长期的消极情感体验终究不利于教师身心健康的发展。此外,从中国传统文化中的"尊师重教"来看,教师具有一定的权威,他们无论是在课堂教学中,还是在课余生活中,也会采用自然行为策略,真实地表达积极或消极的情感,不需要做过多的情感调节。

　　对高中英语实习教师而言,由于他们的身份比较特殊,同时充当"教师"和"学生"的角色,因此,相比在职教师而言,他们在使用情感劳动策略方面会更加谨慎,而影响其情感劳动策略使用的因素则更为复杂,鉴于此,本研究将充分结合人类发展生态学理论加以阐释。

2.4.2　人类发展生态学理论

　　Bronfenbrenner 于 1979 年出版了《人类发展生态学》,提出了人类发展生态学理论。根据这一理论,人的发展受到生态环境(ecological environment)的影响,包括微观系统(microsystem)、中观系统(mesosystem)、外观系统(exosystem)和宏观系统(macrosystem)。其中,微观系统嵌于系统的最内层,由个体在具体环境中所经历的一系列活动、角色和人际关系等组合而成(Bronfenbrenner,1979:22);中观系统由多个微观系统组合而成,是"由发展的人积极参与的两个或多个情景之间的相互关系"(Brofenbrenner,1979:25);外观系统是中介系统的延展,是"发展的人虽然没有参与,但却影响或受其中所发生的一切所影响的一个或多个环境"(Bronfenbrenner,1979:25);宏观系统涉及更广泛的社会系统,是指"各种较低层次的生态系统在整个文化或亚文化水平上存在的内容和形式的一致性,以及与此相联系并成为基础的信念系统或意识系统"(Bronfenbrenner,1979:26)。

　　人类发展生态学理论"较好地揭示出教师情感在个人与生态环境互动中的形成过程,对教师情感研究具有重要启示和指导作用"(古海波,2016)。近年来,国内外从事教师情感研究的学者也逐渐采用人类发展生态学的理论来解释环境互动中的教师情感。如 Cross & Hong(2012)采用质性研究方法,基于人类发展生态学理论对 2 名美国教师的情感体验进行探究,具体探讨了教师的内在心理特征如何与外部环境相互作用,从而产生情感,并以此构建了教师"个人-环境"交互的生态系统模型(见图 2-2)。

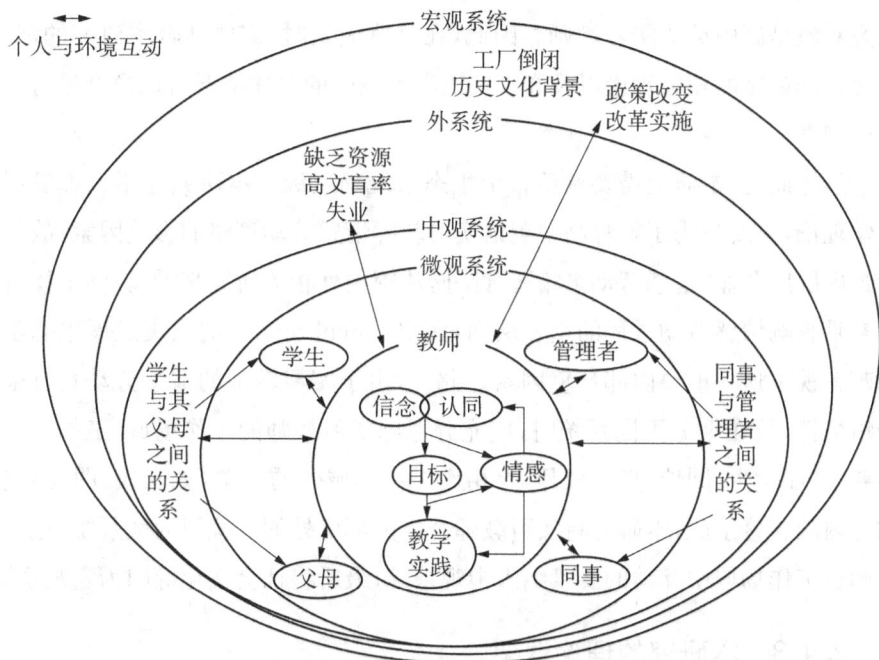

图 2-2 "个人-环境"教师情感生态系统模型(Cross & Hong, 2012)

该模型为我们探究教师情感如何在社会文化环境背景之下产生,以及促使教师情感劳动的机制问题提供了较好的研究框架。由图 2-2 可以看出,微观系统处于整个模型的最内层,体现了教师与学生、家长、同事以及行政人员的互动关系,教师个体内部也存在各种互动关系,其情感与信念、目标、认同以及教学实践相互影响。微观系统各要素之间的互动(学生与家长、同事与行政人员)构建了中观系统。在处于最外层的外观系统和宏观系统中,虽然教师并没有直接参与,但仍受系统中各要素的影响。

在国内,古海波(2016)在研究高校外语教师的科研情感时,也运用人类发展生态学理论,认为高校外语教师科研情感形成于教师不断地对其个人科研信念和目标与外界科研生态系统环境交互的评价过程中。其研究表明,微观环境中的重要他人和科研活动,以及外观环境中的学校环境和学术界环境对教师情感形成具有主要影响。

但需要注意的是,与这两项研究相比,本研究有两点特别之处:首先,这两项研究都止于情感,而本研究则聚焦情感研究的具体领域——情感劳动策略;其次,这两项研究的研究对象都是在职教师,而本研究则聚焦于职前教师,选取的研究对象是高中英语实习教师。因此,在具体应用时,需要结合本研究的需要、情感劳动策略的相关理论以及高中英语实习教师的具体情况对该模型进行本土化的调整。

具体而言,本研究需要调整整个生态系统的层级。本研究运用人类发展生态学理论,主要是为了解释高中英语实习教师情感劳动策略的影响因素,故生态圈最内层应凸显"情感劳动策略"。此外,从国内外相关研究来看,教师个体内部因素是影响情感劳动过程的重要层面,而 Bronfenbrenner 的人类发展生态学理论却忽视了这一重要内部环境因素。此外,由于实习教师的情感劳动具有很强的情境性,故在划分不同系统时,应充分考虑实习教师的工作场域,工作场域内的要素(如学生、同伴、指导教师等)相比工作场域外的要素(如家人、朋友)应更靠近内圈。鉴于此,本研究将实习教师个体内部所处的环境视为微系统,把实习教师在工作场域中互动的要素纳入中观系统,最后将社会文化等归为宏观系统。

2.4.3 本研究的理论框架

本研究主要依据控制论和人类发展生态学理论,探究高中英语实习教师的情感劳动策略内涵、现状以及影响因素。研究者基于相关文献综述,并结合控制论和人类发展生态学理论,尝试建构本研究的理论框架图,具体如图 2-3 所示。该理论框架图主要由两大部分组成。首先,最内层是情感劳动策略的运行机制,充分体现了控制论的思想,但又弥补了 Diefendorff & Gosserand(2003)基于控制论的情感劳动模型的不足。相比而言,本研究在运用控制论建构情感劳动模型时,增加了情感感受,而且增加了情感劳动策略对情感感受与情感表达的调整环节,更具体地描述了情感劳动策略的发生机制。当实习教师感受到积极或消极的情感,欲将其表达出来时,通过参照情感展现规则,选择情感劳动策略,对情感感受或情感表达进行调整,以表达出教育教学中所要求的合适情感。在由情感劳动策略到情感感受和情感表达的箭头指示中,实心箭头代表改变,空心箭头代表不改变。其次,围绕最内层的各环圈分别代表了微观系统、中观系统和宏观系统,充分体现了人类发展生态学的理念。其中,微观系统主要涉及影响实习教师情感劳动策略的个体因素,中观系统主要涉及组织因素(此处指实习学校),宏观系统主要涉及社会文化因素。

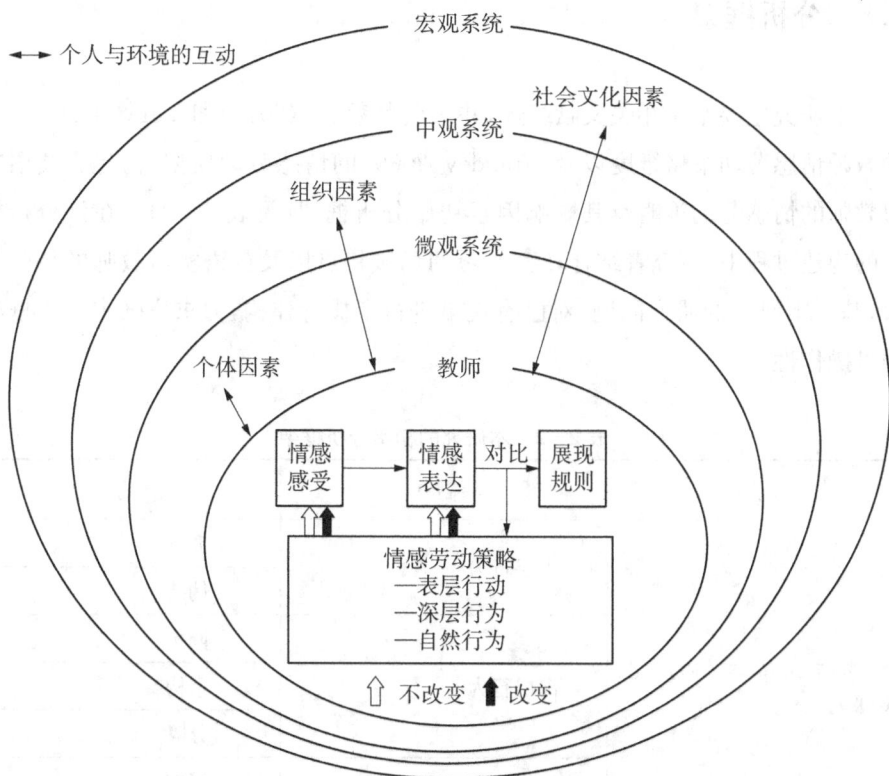

图 2-3　本研究的理论框架

　　值得注意的是,在本研究的理论框架中,研究者未提及原有人类发展生态模型的外观系统,主要出自两点考虑:首先,外观系统主要强调外部环境对个体发展只有间接影响,而无直接影响,本研究在对情感劳动进行操作性定义的时候,强调了情感劳动的目标性、情境性、互动性和过程性,单纯强调其间接影响无法体现出情感劳动的这些特征。其次,外观系统的要素具有不可确定性。Cross & Hong(2012)在教师情感生态系统模型中,将缺乏资源、高文盲率、失业等三个要素纳入外观系统,有其情境的合理性,但并不一定适用于中国情境,且这三个要素并不能完全包含间接影响,如父母的工作场所、家庭的经济条件都可能会间接影响教师的情感。事实上,本研究在尝试构建外观系统时,发现不少要素实际上已经在中观系统和宏观系统中有所体现。

2.5 分析框架

本研究主要基于相关文献综述,并重点参考 Yin(2015)和 Yin & Lee(2012)的教师情感劳动策略维度以及 Grandey(2000)的情感劳动模型,构建了英语实习教师的情感劳动策略及其影响因素初始分析框架(见表 2-2)。在该分析框架的构建过程中,研究者结合教育实习的场域特点以及英语实习教师的特殊身份,基于本研究的研究问题,对已有文献进行了概念建构,力求增强本分析框架的可操作性。

表 2-2 本研究的初始分析框架

范畴	维度	类别
情感劳动策略(RQ1 & RQ2)	表层行为	抑制
		伪装
	深层行为	调焦
		重构
		分隔
	自然行为	释放
		宣泄
情感劳动策略使用的影响因素(RQ3)	微观系统—个体因素	性别
		情感表现力
		情感智力
		易感性
		身份认同
	中观系统—组织因素	工作自主性
		学生
		指导教师
		实习同伴/同事
	宏观系统—社会文化因素	权威、关系等

如表 2-2 所示,该分析框架对应本研究的三个研究问题。第一,针对情感

劳动策略,本研究基于已有文献,确定了情感劳动策略的三个维度,分别是表层行为、深层行为以及自然行为。这三个维度主要基于 Yin & Lee(2012)关于教师情感劳动策略的划分,各维度下的类别主要参考了 Yin(2015)关于教师情感劳动策略的具体划分,即中国教师通常在课堂教学中使用的三类七种策略:第一类,表层行为,包括伪装(pretending)与抑制(restraining)两种策略;第二类,深层行为,包括调焦(refocusing)、重构(reframing)和分隔(separating)三种策略;第三类,真实表达(即本研究所指的自然行为),包括释放(releasing)和宣泄(outpouring)两种策略(Yin, 2015;尹弘飚,2017)。第二,情感劳动策略的个体和组织因素主要采用 Grandey(2000)的情感劳动模型中关于个体与组织因素的描述,但针对实习教师的情况进行了适当的更改。根据 Grandey(2000)的模型,影响情感劳动的个体因素(individual factors)包括性别(gender)、情感表现力(emotional expressivity)、情感智力(emotional intelligence)以及易感性(affectivity),影响情感劳动的组织因素(organizational factors)包括工作自主性(job autonomy)、主管支持(supervisor support)、同事支持(coworker support)。Grandey 的情感劳动模型是针对所有服务行业员工的,但本研究的对象主要为高中英语实习教师,故在运用相关概念时进行了两处适当修改:一是在微系统——个体因素层面,增加了身份认同类别,因为相关研究表明教师情感与其身份认同密不可分(Yuan & Lee,2016; Zhu *et al.*, 2017),对实习教师而言,其身份的复杂性和特殊性可能会在一定程度上影响其情感劳动策略的选择;二是在中系统——组织因素层面,根据实习教师工作场域的特点,把主管换成了指导教师,并增加了学生和实习同伴两个类别。第三,在社会文化因素层面,研究者充分考虑中国传统文化中对教师形象的认识,重点关注权威、关系等因素对实习教师情感劳动策略的影响,因为中国教师不仅强调要关心学生,和学生保持良好的师生关系,还会有意识地"通过和学生保持适当距离确保自己在这种关系中的权威地位"(尹弘飚,2017)。

2.6 小结

本章先对情感劳动、教师情感劳动、教师情感劳动策略等核心概念进行了界定,试图寻找和提出本研究关于这些概念的操作性定义。接着,研究者围绕教师情感、实习教师情感以及情感劳动策略等三个主题进行文献综述,从理论视角、研究内容与研究方法等角度梳理相关文献,尝试寻找本研究的理论价值和实践意义。此外,本研究还基于控制论和人类发展生态学理论提出了理论框架,以便为后续研究提供理论关照。最后,基于 Yin(2015)关于教师情感劳动策略的分类以及 Grandey(2000)的情感劳动模型,本研究构建了分析框架,以方便后续研究中资料的分析和处理。

第 3 章

研究设计

3.1 导言

第 2 章系统回顾了教师情感研究以及情感劳动策略的相关研究,确定了本研究的理论框架和分析框架,提出了英语实习教师的情感劳动策略是由表层行为、深层行为、自然行为三个维度构成的,包含个体层面、组织层面以及社会文化层面三个影响因子的理想结构。

在第 2 章文献综述的基础上,研究者将在本章对本研究的研究设计进行详细介绍,并重点介绍研究方法以及数据处理与分析的过程。本章共分为八节。3.1 为本章导言,介绍章节的总体结构。3.2 提出了本研究的三个研究问题。3.3 介绍了本研究的研究方法,阐释了本研究采用混合研究法的选择理据,并就本研究中的质性和量化研究方法的选择作了适当说明。3.4 介绍了研究对象的抽样。3.5 从资料收集、资料的初步整理以及资料分析三个方面详细介绍了质性研究过程。3.6 详细介绍了本研究中的量化研究过程,包括初始问卷的编制与试测、正式问卷的构成与信效度检验。3.7 介绍了研究质量及研究伦理。3.8 对本章进行了回顾性小结。

3.2 研究问题

本研究的研究问题为:①高中英语实习教师劳动策略的内涵要素有哪些?

②高中英语实习教师情感劳动策略的使用现状如何？③影响高中英语实习教师情感劳动策略使用的因素有哪些？

在以上三个问题中,研究问题①属于探索性问题,旨在探讨高中英语实习教师劳动策略的维度。研究问题②属于描述性问题,旨在描述英语实习教师在教育实习过程中倾向于使用哪些情感劳动策略,这些情感劳动策略是否在性别、实习学校类别以及实习生学历(主要指本科生和研究生)上存在差异。研究问题③属于解释性问题,主要从个体、组织以及社会三个层面探索影响英语实习教师情感劳动策略使用的因素。针对不同的研究问题,本研究将选取相对应的研究方法来收集数据,下一节将介绍本研究的研究方法,并阐明研究方法的使用理据。

3.3 研究方法

3.3.1 混合研究法的选择理据

从研究范式来看,本研究采用质性研究为主、量化研究为辅的混合研究路径。根据 Johnson, Onwuegbuzie, & Turner(2007)的观点,混合研究法是指研究者将质性和量化研究方法结合起来的研究类型(如使用质性或量化手段进行数据收集、分析和推理),旨在使研究结果在理解和证实方面达到一定的广度和深度。混合研究法可能涉及在某一研究中混合两种不同的研究方法,也有可能涉及一个研究项目中的方法混合,即在组成这个项目研究的一系列密切相关的研究之中采用混合法。运用混合研究方法具有两点优势:一是可以弥补单一采用一种研究方法所存在的问题;二是可能既需要概括出有关总体的结果,又要充实个体对某一现象或概念的详细观点。"在这一过程中,研究者可以先调查大量的个体,然后选取其中的一部分进行深入访谈和观察,以获得他们关于研究主题的具体说法和想法"(张绘,2012)。Johnson, Onwuegbuzie, & Turner(2007)描述了从质性研究到量化研究的连续体,如图 3 - 1 所示:

混合研究法可以被看作质性与量化两种研究方法的重叠,图 3 - 1 中央向外两个方向移动的区域是混合研究法的落点,图 3 - 1 的中心代表最强或"纯"(pure),即质性和量化研究地位相等(equal status)。以质性研究为主

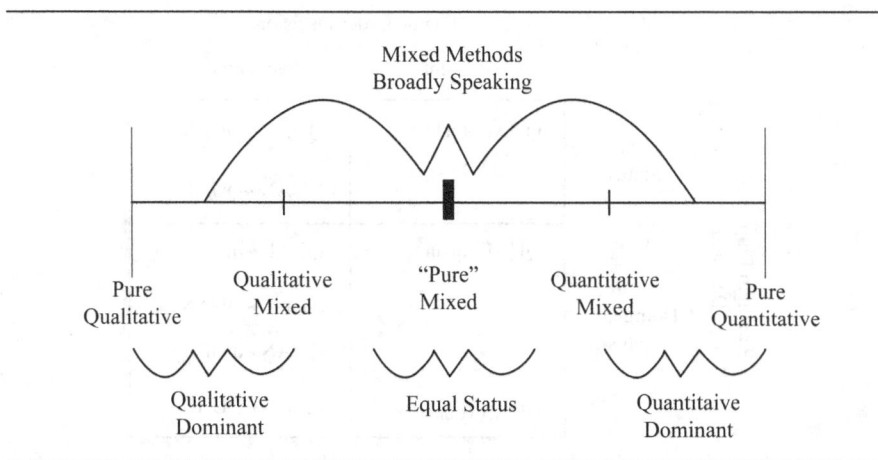

图 3 - 1 三种主要的研究范式图(含混合研究法的子类别)(Johnson *et al*., 2007)

(qualitative dominant)或以量化研究为主(quantative dominant)决定了混合研究属于质性混合(qualitative mixed)还是量化混合(quantitative mixed)。

本研究主要探讨英语实习教师的情感劳动策略,更侧重于实习教师的情感劳动策略的内涵和影响因素,采用了质性为主的研究范式,属于质性混合。

此外,Johnson & Christensen(2014)把混合研究法分成两个基本维度,即时间指向(time orientation)和范式侧重(paradigm emphasis)。时间指向是指质性研究和量化研究几乎同时进行还是先后完成;范式侧重是指质性和量化研究是否同样重要,还是主次分明。根据这两个基本维度,产生一个 2(共时和序时)× 2(同等和侧重)的矩阵图,包含 4 个单元格,总共有 9 种混合研究范式,如图 3 - 2 所示。为了厘清混合研究法的具体类别,Johnson & Christensen(2014)使用了一些符号加以说明:单词缩写 qual 或 QUAL 代表质性研究;单词缩写 quan 或 QUAN 代表量化研究;大写形式意指在研究中处于优先、权重增加或占据核心地位;小写形式意指在研究中处于次要位置或充当补充角色;加号代表同时收集数据;箭头代表按先后顺序收集数据。比如 QUAL+QUAN 意指研究中所运用的质性和量化方法同等重要且同时进行,又如 QUAL→quan 意指研究中更侧重质性研究范式,同时表明在数据收集的时间方面,先采用质性研究,然后采用量化研究作为补充。

Johnson & Christensen(2014)还指出,除了这九种混合研究范式外,研究者

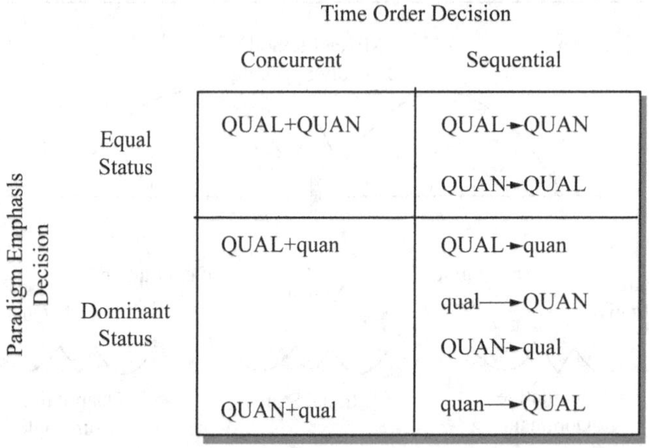

Time Order Decision

	Concurrent	Sequential
Equal Status	QUAL+QUAN	QUAL→QUAN QUAN→QUAL
Dominant Status	QUAL+quan	QUAL→quan qual——→QUAN QUAN→qual
	QUAN+qual	quan——→QUAL

Paradigm Emphasls Decision

图 3-2　混合研究法的各种研究范式(Johnson & Christensen, 2014)

可以根据需要设计自己的混合研究范式,尤其提到一点:先有研究问题,然后才有研究方法。通过充分考虑本研究的三个研究问题,研究者认为,以上研究范式均无法满足本研究的需求。本研究需要先确立情感劳动策略的维度,然后基于维度进行量表编制,了解英语实习教师的情感劳动策略现状,并在此基础之上采用访谈等研究手段进行深入分析。由此可见,本研究突破了质性到量化或量化到质性的简单二维模式,要求选择"质性—量化—质性"的三维混合模式。具体思路如下:首先,对英语实习教师的情感劳动策略维度分析,采用质性研究方法。由于本研究中有关英语实习教师的情感劳动策略维度此前没有学者专门探讨,研究者拟基于有关情感劳动策略以及教师情感劳动策略的相关研究,深入实习学校,主要采用收集实习情感日志、辅之以焦点团体访谈的质性研究手段来对英语实习教师的情感劳动策略维度进行分析。其次,对英语实习教师的情感劳动策略使用现状,采用量化研究方法。为了在更广泛的情境中找到英语实习教师情感劳动策略的普适性,适宜采用问卷调查等量化手段进行数据收集。除此之外,对英语实习教师情感劳动策略使用的影响因素分析,又采用质性研究方法。鉴于情感劳动策略的影响因素具有一定的复杂性,仅仅通过量化研究方法,可能很难发现隐藏在现象背后的本质,故在此阶段,研究者根据需要主要运用访谈,辅以情感日志以及其他实物来收集和分析数据。依据以上对本研究研究方法的设计,如果要采用上述符号来描述,本研究的混合研究范式应该是 QUAL→

quan→QUAL。在这种研究范式中,质性为主,量化为辅,先采用质性研究方法,然后再基于质性研究结果进行量化研究,最后在前两者的研究基础之上,再一次进行质性研究。

3.3.2 质性研究的选择理据

质性研究是"以研究者本人作为研究工具,在自然情境下采用多种资料收集方法对社会现象进行整体性探究,使用归纳法分析资料和形成理论,通过与研究对象互动对其行为和意义建构获得解释性理解的一种活动"(陈向明,2000:12)。质性研究方法强调在自然情境下进行,通过自己亲身的体验,对被研究者的生活故事和意义建构作"解释性理解",其研究过程具有变化性和流动性。质性研究往往采用归纳的方法,研究的结果需要通过相关检验等方法进行证伪,其效度来自研究过程中各个部分之间的相互关系,与特定的时空环境密切相关(同上,8-9)。

在本研究中,研究者作为带队老师,于 2019 年 3 月带领某省属师范大学外国语学院的 30 名英语实习教师前往该省某市高中开展为期两个月的教育实习。在抵达实习学校的第一天,研究者给大家介绍了自己的研究课题,提示大家不要有任何顾虑,并口头承诺收集的所有相关资料尊重"自愿原则"和"保密原则"(同上,95)。鉴于研究者一直是该班的班主任,平时和这些实习教师关系非常不错,他们平时管研究者叫"朱哥",彼此之间互相信任。研究者作为实习带队教师,既是"局内人",又是"局外人"。一方面,研究者作为实习带队教师,实习教师遇到任何自己解决不了的困难,研究者便成为他们的求助对象;另一方面,研究者平时尽量不干预他们的实习生活,包括他们与指导教师以及学生的交往。这种双重身份可以使研究者处于一种十分有利的位置,所形成的张力为研究者创造了一定的空间,为研究者获得灵感和创造力提供了一个丰富的刺激源(同上,145)。本研究主要采用的资料收集方法为日志反省和访谈(含焦点团体访谈)以及实物收集。

(1)日志反省。

反省(introspection)是研究对象观察和报告自身思考、情感、动机及推理过程和思维状态的一种方法,目的是帮助研究人员确定这些思维过程和状态如何对研究对象的行为产生影响(Nunan & Bailey,2009)。尽管问卷调查和访谈有助于我们了解研究对象的认知和行为,但由于问卷调查或访谈的时间与事件发生的时间存在一定的差距,在进行研究时,研究对象可能因为记忆模糊,无法准确描述事件发生时他们的真实想法或行为,从而导致资料收集的不准确性,而反省研究方法(introspective methods)恰好增加了研究人员得到研究对象真实想法的可能性(杨鲁新等,2013:90)。根据反省活动发生的时间,反省可以分为当时反省(concurrent introspection)、即刻反省(immediate retrospection)以及延迟反省(delayed introspection)。当时反省与要研究的活动或现象同时发生;即刻反省是研究对象完成某研究任务或活动后立刻进行的反省;延迟反省是研究对象完成某研究任务或活动数小时后或更长时间后进行的反省(杨鲁新等,2013:90)。

　　日志是一种较为常用的反省研究方法。相比其他研究方法,日志研究至少有三种优势:一是日志研究可以描述动态的发展过程;二是可以为其他研究方法提供三角验证;三是日志的即时性可以确保研究资料收集的准确性。根据撰写日志的主体,日志可以分为两大类:一类是研究人员在研究过程中所做的研究日志,另一类是研究对象的教学或学习日志(Casanave, 2012)。本研究所搜集的日志属于第二类,主要搜集研究对象在教育实习过程中的情感日志。为了确保所搜集的日志与研究者的研究问题密切相关,保证日志数据的质量,同时便于研究对象撰写日志,研究者应提前对研究对象进行一定的指导。在本研究中,日志研究旨在探讨高中英语实习教师的情感劳动策略维度,故研究者事先告知研究对象日志撰写的三要素,即发生了什么情感事件? 内心的真实感受如何? 外在的情感表达如何? 由于实习生活较为繁忙,实习教师并不能确保随时可以写下日志,但根据研究者与研究对象的协商,每天晚上12点前务必完成日志的撰写。具体见表3-1。

表3-1　本研究的日志反省类型与目的矩阵表

研究阶段	日志反省类型	目的
第一阶段质性研究	即刻反省	确定英语实习教师情感劳动策略的维度,为问卷调查提炼维度和因子项。
	延迟反省	

（2）访谈。

访谈是质性研究最常用的资料收集方法，可以按照访谈的结构、访谈的正式程度、接触方式、受访者的人数以及访谈的次数等不同的标准进行分类（陈向明，2000：171）。从结构来看，访谈分为封闭型访谈、开放型访谈和半开放型访谈。在封闭型访谈中，研究者按照事先设计好的流程进行，特别强调标准化操作，无论是访谈对象的选择，还是所提的问题以及记录方式，都需要标准化。在开放型访谈中，研究者不设固定的问题，而是让受访者自由发表自己的看法。在半开放型访谈中，研究者往往先基于研究设计准备一个访谈提纲，在访谈过程中可以根据具体的情境对问题进行调整。从访谈的正式程度来看，访谈可以分为正式性和非正式性。就正式性访谈而言，访谈者和受访者一般事先约定好访谈的时间和地点，然后按照访谈的程序严格执行；就非正式性访谈而言，访谈者并不提前和受访者约定好具体的时间和地点，而是按照受访者的日常作息时间进行随机访谈。二者各有优点，正式访谈往往更"深入""细微"，非正式访谈往往更"贴切""自然"。二者的结合"可以提高研究结果的丰富性和可靠性"（陈向明，2000：172）。从访谈的接触方式来看，访谈可以分为直接访谈和间接访谈。直接访谈强调访谈者与被访谈者面对面的交流，间接访谈则侧重使用电话、语音或视频聊天软件等通讯媒介进行远程沟通。从受访者的人数来看，访谈可以分为个别访谈和焦点团体访谈。个别访谈只涉及一个受访者，访谈会更细微。焦点团体访谈同时涉及多名受访者，访谈会更具有互动性。二者的结合可以使研究结果"相互充实、相互验证，从多重角度对研究的现象进行透视"。此外，从访谈的次数来看，还可以分为一次性访谈和多次性访谈。"如果不是特殊情况，研究者都提倡进行多次访谈"（陈向明，2000：173）。

按照上述分类，本研究所采用的访谈类型包括开放型访谈、半开放型访谈、正式性访谈、直接访谈、间接访谈、个别访谈、焦点团体访谈及多次性访谈，具体见表 3-2。在第一阶段质性研究中，主要采用了焦点团体访谈、直接访谈、间接访谈，旨在确定英语实习教师情感劳动策略的维度，为了解我国英语实习教师情感劳动策略使用现状的调查奠定基础，为问卷调查的设计提炼维度和因子项。在第二阶段质性研究中，采用了开放式访谈、半开放式访谈、正式性访谈、直接访谈、个别访谈、多次性访谈，探讨英语实习教师情感劳动策略使用的影响因素。

表 3-2　本研究的访谈类型与访谈目的矩阵表

研究阶段	访谈类型	访谈目的
第一阶段质性研究	焦点团体访谈	确定英语实习教师情感劳动策略的维度，为问卷调查提炼维度和因子项。
	直接访谈	
第二阶段质性研究	开放式访谈	寻找适合本研究的个案研究对象。
	半开放式访谈	探讨影响英语实习教师情感劳动策略选择的因素。
	正式性访谈	
	直接访谈	
	个别访谈	
	多次性访谈	

（3）收集实物。

收集实物是本研究采用的另一种质性资料收集手段。任何实物都是"在一定情境下某些人对一定事物的看法的体现"（陈向明，2000:258）。实物资料的分类包含多种，如按照实物所产生的时间可以分为研究开始之前已经存在的实物和研究开始之后产生的实物；按照收集实物的方式可以分为偶然发现和特意收藏类实物；按照正式程度可以分为正式官方类和非正式个人类实物。正式官方类实物通常包括由正规机构或团体出具的证明或文件，非正式个人类实物主要指与被研究者相关的非官方材料，如被研究者的备课教案、教学视频、活动照片以及在微信朋友圈里所发表的个人感想等。鉴于本研究所涉及的情感主题更多反映的是个人内心活动，故在实物收集时，以非正式个人类实物为主，以正式官方类实物为辅。选择收集实物这一方法有两条理据：一是通过收集实物，可以了解英语实习教师真实的情感体验与情感表达，并窥见隐藏在表面现象背后的情感冲突，为揭示其情感劳动策略提供解释依据；二是相比访谈，实物的真实性更强，可以从一定程度上弥补访谈的不足，还可以对访谈所收集的资料进行三角验证，确保研究更客观、更科学。本研究所使用的实物主要包括教学视频、微信朋友圈信息、数码照片、实习手册、课程安排等，具体见表 3-3。就本研究而言，实物资料的收集有利于更进一步了解英语实习教师情感劳动的情境，更充分揭示其情感事件以及情感劳动策略，深度挖掘其情感劳动策略的影响因素。

表 3-3　本研究的实物收集类型

实物类型	具体实物	实物收集目的
非正式个人类实物(主)	教学视频	与其他资料或数据进行三角验证;了解英语实习教师情感劳动的情境;揭示英语实习教师的情感事件以及情感劳动策略;挖掘英语实习教师的情感劳动策略的影响因素以及后效。
	微信朋友圈	
	活动照片	
正式官方类实物(辅)	实习手册	
	课程安排	

3.3.3　量化研究的选择理据

　　鉴于质性研究所呈现的数据更侧重典型性,其研究结果的代表性问题一直备受争议,本研究为了更广泛地揭示高中英语实习教师所使用的情感劳动策略,有必要利用大规模样本对所确定的情感劳动策略维度进行验证。具体而言,本研究主要采用的量化研究手段为问卷调查。"由于问卷具有易于设计、节省时间和精力、便于收集大范围的数据、能够较准确地反映受试者的真实情况及便于统计分析的特点,问卷数据尤其适用于检验研究者提出的研究假设"(秦晓晴,2009:3-4)。此外,问卷分析的标准化和可操作化范式为广大研究者提供了便利,因此在社会科学领域中问卷调查受到广泛欢迎和认可。本研究采用问卷调查作为量化研究方法收集手段,主要有两条理据:一是要全面了解高中英语实习教师的情感劳动策略,仅仅依据来自个别区域的少量样本进行数据收集,会产生以偏概全的研究结果。基于此,本研究需要通过来自不同区域、不同群体的大样本研究当前英语实习教师的情感劳动策略使用现状。二是本研究所采用的混合研究范式是 QUAL→quan→QUAL,其中,第二阶段的质性研究关乎英语实习教师情感劳动策略的影响因素,因此在量化研究阶段,可以根据已有条件尽可能得出一些描述性统计数据,并将其和情感劳动策略进行相关分析,尽可能提炼或排除一些影响因素,使第二阶段质性研究更为客观和科学。

3.4　研究对象的抽样

　　抽样是从总体中抽取样本的过程。无论是量化研究还是质性研究,都要对研究对象进行抽样。常见的抽样方法主要包括概率抽样和非概率抽样。概率抽样是指在被限定的研究对象中,每个单位都具有同等可能性被抽中的几率。非概率抽样是指研究者根据方便原则或主观判断,按照非概率标准抽取样本的方法。

本研究中的质性研究部分主要采用非概率抽样中的"方便抽样"(convenience sampling)和"目的性抽样"(purposeful sampling)。方便抽样是指根据研究者的研究需要,利用工作中、生活中或者对外交流中的便利条件,从易于获得的调查对象中抽取足够的样本量的一种方法(秦晓晴,2009:143)。目的性抽样是指按照研究的目的抽取能够为研究问题提供最大信息量的研究对象(Patton,1990:169)。在第一阶段质性研究中,研究者先采用方便抽样,然后采用目的性抽样。首先,研究者充分利用自己作为实习带队教师的身份,抽取了自愿参与本研究的 30 名英语实习教师作为研究对象,邀请他们每天撰写情感日志,持续时间为 2019 年 3 月 12 日到 4 月 25 日。其次,研究者通过阅读英语实习教师的情感日志,对其进行了焦点团体访谈。焦点团体访谈是对研究问题进行集体性探讨,并集体建构知识,在焦点团体访谈中,参与者被鼓励相互之间进行交谈,而不仅仅是和研究者谈话(陈向明,2000:213)。实施焦点团体访谈的具体时间为 2019 年 5 月 5 日、5 月 7 日、5 月 9 日,每次持续时间约 90 分钟。

本研究中的量化研究部分主要采用非概率抽样中的方便抽样及滚雪球抽样,结合研究问题,充分考虑不同地区、不同年级、不同教育背景以及学校所在的区域差异等众多因素,尽量体现差异最大化原则。在正式施测前,研究者随机向 255 名高中英语实习教师发放预测问卷,以检验《高中英语实习教师情感劳动策略问卷》的科学性。在对初始问卷进行修正后,研究者于 2019 年 10 月 6 日-10 日对 413 位高中英语实习教师正式发放了调查问卷。由于所使用问卷以网络平台发放,已将题项全部设定为必答题,因此不存在缺失数据的现象。研究者依据题项选择重复率超 90% 的标准剔除无效问卷 34 份,最终获得有效问卷 379 份,有效回收率达到了 91.78%。经分析,无效问卷与有效问卷在人口统计变量学上不具有显著差异。研究对象所在地域的分布具有一定的广度,涵盖了北京、吉林、辽宁、江苏、湖北、云南、广东、广西等省、自治区、直辖市的城镇重点高中和普通高中。全体 379 名研究对象中,男性为 26 名

（6.86％），女性为 353 名（93.14％）。正式施测对象的人口统计学变量分布情况见表 3 - 4。

表 3 - 4　正式施测对象人口统计学变量分布表

变量	分类	人数	百分比（％）
性别	男	26	6.86
	女	353	93.14
最高学历	本科生	282	74.41
	硕士研究生	97	25.59
实习学校所在地	乡镇	60	15.83
	县城	73	19.26
	市区	246	64.91
实习学校类别	普通高中	222	58.58
	重点高中	157	41.42
实习时间	少于 1 个月	24	6.33
	1-2 个月	201	53.03
	3-4 个月	138	36.41
	4 个月以上	16	4.22

此外,本研究中的第二阶段质性研究主要采用叙事探究法。研究者需要收集有关研究对象的相关信息,并且要清晰地理解研究对象的生活环境。研究者需要有一双敏锐的眼睛,能从丰富的数据中找出研究对象生活经历的脉络和主题(杨鲁新等,2013:9 - 10)。本研究的叙事探究抽样主要考虑以下四个因素:①参加教育实习的时间在 1 个月以上;②实习学校所在区域;③实习学校层次;④研究参与者的教育背景。具体抽样情况见表 3 - 5。

表 3 - 5　叙事研究阶段研究对象抽样

实习教师	性别	实习时间	实习学校所在区域	实习学校层次	教育背景
Lily	女	约 45 天	地市	示范高中	本科生
Jerry	女	约 60 天	地市	示范高中	硕士研究生

实习教师	性别	实习时间	实习学校所在区域	实习学校层次	教育背景
Amy	女	约 45 天	县城	示范高中	本科生
Cherry	女	约 85 天	地市	普通高中	硕士研究生
Sally	女	约 45 天	地市	示范高中	本科生
Henry	男	约 45 天	地市	示范高中	本科生
Tony	男	约 45 天	县城	普通高中	本科生

3.5　质性研究过程

3.5.1　第一阶段质性研究

1. 资料收集

本研究主要采用收集情感日志以及焦点团体访谈两种手段进行第一阶段质性研究,旨在探讨英语实习教师情感劳动策略的内涵要素,并为后续调查问卷的编制以及访谈提纲的确立提供科学、可行的依据。如前文 3.4 所述,第一阶段质性研究分为两个步骤,首先,收集了 30 名英语实习教师的情感日志并进行分析;其次,针对情感劳动策略维度实施焦点团体访谈。研究者作为实习带队教师的身份,告知所有实习教师有关本研究的基本情况,包括研究目的、研究背景、研究意义以及在此阶段所要收集的资料,并告知他们如何撰写实习情感日志,然后采取自愿报名参加的方式招募参与者。由于研究者曾担任这些实习教师的班主任,和他们建立了深厚的师生情谊,彼此具有一定的信任基础,大多都表示非常乐意参与本研究。在研究者和实习教师进行真诚沟通以及反复确认后,最后 30 名实习教师均愿意参与本研究,并表示坚持撰写实习情感日志,于每周周末将日志发到研究者的电子邮箱。研究者对这些情感实习日志进行整理,主要提取他们的情感故事,并对其情感劳动策略进行分析和编码。在对情感日志进行分析时,研究者尽量"选择日志中所提到的典型经历或案例,寻找具有代表性或典型性的主题"(杨鲁新等,2013:176)。

表 3-6　英语实习教师情感日志基本数据

研究对象	日志篇数	字数	研究对象	日志篇数	字数
ST 1	13	22 147	ST 16	24	22 555
ST 2	24	6 705	ST 17	32	10 452
ST 3	30	16 061	ST 18	20	7 743
ST 4	28	8 095	ST 19	25	6 281
ST 5	30	4 433	ST 20	36	8 389
ST 6	42	13 254	ST 21	32	4 136
ST 7	33	6 361	ST 22	29	6 377
ST 8	34	7 707	ST 23	42	20 253
ST 9	23	6 292	ST 24	20	5 795
ST 10	31	10 092	ST 25	22	7 704
ST 11	18	5 066	ST 26	39	16 702
ST 12	30	10 742	ST 27	23	16 189
ST 13	12	5 433	ST 28	23	10 042
ST 14	32	12 062	ST 29	31	4 867
ST 15	28	4 529	ST 30	24	9 688

总计:830 篇,196 152 字

　　为了进一步准确确定情感劳动策略的维度,研究者先后 3 次组织撰写日志的实习教师进行焦点团体访谈,每次访谈的人数确定为 8-10 人。访谈结合日志分析中碰到的具体问题,要求受访者针对实习教师情感劳动策略使用展开公开交流。在收集完资料后,研究者要对资料进行整理和分析,即"根据研究的目的对所获得的原始资料进行系统化、条理化,然后用逐步集中和浓缩的方式将资料反映出来,其最终目的是对资料进行意义解释"(陈向明,2000:269)。

　　2. 资料的初步整理

　　收集完 30 名英语实习教师的情感日志,研究者对日志进行了横向和纵向的整理,以便为后续的资料分析提供清晰的脉络。首先,研究者按照日期进行文档的横向排序,即同一日期的情感日志放在一个文档,此种整理方法有利于研究者更容易定位情感故事所发生的情境,同时也易于研究者比较相同情境下不同实习教师的情感劳动策略；其次，研究者按照姓名进行日志的纵向排序，即同一姓名的情感日志放在一个文档，此种整理方法有利于研究者更充分了解每位实习教师的动态发展，管窥实习教师个人情感的变化。由于日志内容较多，研究者在进行情感日志的数据处理时，以行号进行标注，以便在对资料分析时准确定位关键词。与此同时，在文档右边设置了一定的边距，"有利于在后期的数据分析时添加编码和注解"(杨鲁新等，2013：136)。

表 3-7　以行号对情感日志进行标注示例

ST30－190313

47	2019.03.13　星期三
48	这是实习的第二天。怎么形容呢，好像在稍微熟悉之后，他们开始暴露自己的本
49	性了？昨天听课的时候觉得他们非常乖巧。上课安静听老师授课，该回答问题就回
50	答，可能稍显有点闷，但都是非常听话的孩子。不过，今天去听课的时候，他们颠覆了
51	我的印象。他们上课非常活泼。老师在讲解 Pre-reading 的句型时，有同学一直在说
52	话，甚至有盖过老师的声音。但最令人欣慰的是，尽管老师没有开口维持秩序，他们也
53	很快就安静下来了。

3. 资料分析

本研究对英语实习教师情感日志的资料分析主要包含三个具体的步骤：阅读原始资料、登录以及编码。

首先，研究者反复阅读 30 名高中英语实习教师的情感日志。在阅读这些日志的时候，一方面，研究者采取一种主动"投降"的态度，把自己先前有关教师情感劳动策略的预设和价值判断暂时悬置起来，"让资料说话"(陈向明，2000：277)；另一方面，研究者结合自己的教育实习经历，深切体会实习教师所描述的真实情感体验与表达，在思想碰撞中"产生新的意义火花"(Eco, 1992:121)，如日志中反复出现的"纠结""迷惘""失落"多次引起研究者的共鸣，使研究者联想起自己在教育实习期间的一些类似经历，在反复与资料的互动中进一步加深了自己对资料的理解。

其次，对资料进行登录。在反复对日志资料进行阅读后，研究者开始结合本阶段质性研究的目的，将收集的资料打散，提炼出一个个情感故事，具体聚焦情感劳动策略的使用，旨在得出英语实习教师的情感劳动策略维度。研究者试图对所收集的资料进行"目的性抽样"，抽取那些能够最有力地回答研究问题的资料(陈向明,2000:279)。

最后,对资料进行编码。编码是资料分析中非常关键的环节,一般分为描述性编码、主题编码以及分析性编码。描述性编码是对原话或基于原话作出的总结进行编码;主题编码是对资料中所暗示的其他内容进行探索,研究者不仅需要对文本进行描述,还需要使用更加主题化和更具分析力和理论性的编码层次;分析性编码是研究者对原始数据的初步诠释,这种诠释一部分来源于理论概念架构,另一部分来自于研究者本身对原始数据的解读(杨鲁新等,2013:154-155)。在本研究中,研究者对日志资料主要采用分析性编码,对焦点团体访谈文本资料主要采用主题编码,具体理据为:①根据本研究的分析框架,情感劳动策略主要包括表层行为、深层行为和自然行为策略,各策略又包括具体的子策略,如"表层行为—抑制"、"深层行为—认知改变"、"自然行为—宣泄"。基于分析框架对日志进行分析性编码,有助于研究者更好地把握研究方向,在理论与资料的互动中对框架不断进行修正。②焦点团体访谈资料主要是基于情感日志对各种情感劳动策略的维度进行概念挖掘,需要探索英语实习教师在情感管理方面的共性,故采用主题编码,一方面检验已有的情感劳动策略维度,另一方面探索概念框架中所未提及的情感劳动策略维度。

3.5.2 第二阶段质性研究

1. 资料收集

第二阶段的质性研究手段主要为深度访谈,辅之以日志分析和实物收集方法获取相关资料,旨在回答第三个研究问题,即影响高中英语实习教师的情感劳动策略使用的因素是什么? 采用访谈来收集英语实习教师情感劳动策略的影响因素信息,主要出于以下考虑:首先,鉴于每个情感事件都具有一定的情境性,且考虑到实习教师缺乏一定的突发事件处理经验,其情感劳动策略可能会具有不稳定性,故在回答第三个研究问题时,采用量化研究方法难以真实揭示情感劳动策略的真实影响因素。而深度访谈需要受访者讲述自己在教育实习期间的情感故事,并就情感故事展开情感劳动策略的深入探讨,有利于研究者捕捉到基于情境的情感劳动策略影响因素。其次,由于学术界对英语实习教师的情感劳动策略关注较少,尽管本研究在分析框架里根据国内相关研究提出了一些影响因素,但由于实习教师这一群体的特殊性,将普通员工和教师的情感劳动策略影响因素强加于高中英语实习教师身上,缺乏科学性。因此,对研究者而言,无法提前确定影响高中英语实习教师情感劳动策略使用的因子,用于量化研究探讨。而深度访谈刚好可以弥补这一不足,研究者可以基于已有研究成果,"自下而上"为本研究提供丰富的"证据",有效回答第三个研究问题。

　　研究者基于问卷调查结果,采取方便抽样和目的抽样的原则,选取了7名英语实习教师进行深度访谈。访谈内容包括基本信息、情感劳动策略及其影响因素等三个方面。基本信息包括教育实习的时间、所开展的工作、与他人的关系、实习前的准备、行为举止的变化等;在情感劳动策略部分,研究者让受访者回顾其在教育实习过程中所体验到的积极情感(如快乐、幸福、感动等)和消极情感(如紧张、生气、失望、无奈等),并邀请受访者分享这些情感故事,包括谈谈当时真正的内心感受和外在的情感表达情况。在影响因素部分,研究者结合受访者所谈及的具体情感事件和受访者一起进行分析,分析的视角主要基于第二章中的理论框架,从微观到宏观逐层分析。最后,研究者还邀请受访者补充其他未被谈及的重要信息,结束访谈。

　　深度访谈进行两次,每次持续时间约为60-100分钟,研究者在征得受访者同意的前提下对访谈进行了录音,然后采用讯飞听见软件将音频文件转换成文字,转写后由研究者逐字逐句进行听音核对。具体访谈数据参见表3-8。

表3-8　深度访谈基本数据

实习教师	第一次访谈		第二次访谈	
	录音时间（时:分:秒）	访谈文本(字)	录音时间（时:分:秒）	访谈文本(字)
Lily	01:39:08	21 365	01:15:26	16 282
Jerry	01:30:19	20 078	01:09:18	13 654
Amy	01:02:26	14 633	01:09:37	15 089
Cherry	01:27:58	19 301	01:13:09	16 522
Sally	01:22:37	19 835	01:18:23	18 356
Henry	01:18:55	16 926	01:03:08	13 571
Tony	01:20:35	18 254	01:08:11	15 316
总计	09:41:58	130 392	08:17:12	108 790

除了深度访谈外,研究者还收集了所有受访者的教育实习手册,收集了部分同学的教学视频、活动照片以及实习期间在微信朋友圈发布的记录截图,以便对访谈资料进行进一步验证和补充。

2. 资料的初步整理

研究者参照杨鲁新等(2013:130 - 131)的建议,通过电脑建立文档,首先对零散的原始数据进行归类整理,然后对每个文件进行科学命名,包括研究参与者的化名、使用的研究方法、研究地点、数据收集的日期,如文件名"Amy-interview1-school413-190515"表示该文件是 2019 年 5 月 15 日在学校 413 办公室对 Amy 进行的第 1 次访谈。

针对所收集的纸质版的文档复印件,研究者对其贴上标签,并在标签上注明该份纸质文档与电脑中的某份文档之间存在关联。如在 Lily 的教育实习手册上贴上标签,标注"Lily-material-190608,表示在电脑文档里存在一个命名为"Lily-material-190608"的文件夹(意思是 2019 年 6 月 8 日收集的关于 Lily 的实物)。

在对访谈文本进行整理时,以话轮进行标注,"有利于在数据处理后期对数据进行编码,也有利于论文写作阶段对访谈内容进行追踪和引用"(杨鲁新等,2013:136)。表 3 - 9 是研究者与 Lily 的访谈记录中的一个话轮。

表 3 - 9   以话轮对访谈文本进行标注示例

Lily - 190510
025　Z:那讲讲一些心里不平的事情,委屈的事。
026　L:现在我觉得已经没那么生气了,但我可以义愤填膺地描述一下,那时候监考,我对监考特别期待,你知道吗。因为我自己觉得虽然不能玩手机,但是能看着他们写作业也挺开心的,我就提前了半个多小时就起床了,然后我就想我得快点去领试卷,发现不认识路,赶紧去问同学,然后找到办公室,老师问我来干什么的,我说我是来领试卷的,她说你怎么来那么早,我说差不多到时间。老师说,你再等一会,然后老师都能体会到那种开心之情,知道吗? 然后我就在那里等,然后终于领到试卷了,屁颠屁颠地去找教室,你知道吗? 满心欢喜。然后不开心的事情就发生了,他们班的英语老师突然走进来,问我怎么还没有发卷? 我把监考流程看了好多遍了,还特意圈了重点,那时确实没有到发试卷的时间。
027　Z:是有两个老师监考?
028　L:不是,就我监考。那个老师不是监考老师,他就是他们班的英语老师而已,但是他不是监考,他就想来看情况,然后他又来……

3. 资料分析

对访谈资料进行整理后,研究者先认真阅读原始资料,熟悉资料的内容,思考其中的意义和相关关系,"在语言层面寻找重要的词、短语和句子及其表达的有关概念和命题;在话语层面探寻资料文本的结构以及段落之间的联系;在语义层面探讨有关词语和句子的意义;在语境层面考查语词出现的上下文以及资料产生时的情境;在主题层面寻找与研究问题有关的、反复出现的行为和意义模式"(陈向明,2000:278)。具体而言,本阶段质性研究的访谈资料分析主要分为三步:

第一步,提炼研究参与者的情感故事。本研究的关键主题是高中英语实习教师的情感劳动策略,相关分析需要以一个个鲜活的情感故事为基础。针对访谈资料进行故事转写,主要包含三个步骤:①研究者反复阅读涉及每位实习教师的相关材料,初步确定情感主题;②结合故事发生的情境写出情感故事;③基于分析框架凸显故事中的情感劳动策略,并交由实习教师本人进行核对、修改和完善。

第二步,基于分析框架对文本资料进行编码。"资料编码过程是一个不断在分析框架和访谈资料之间循环往复地进行归纳与演绎并在其他材料中进行核实和验证的过程"(陶伟,2016:50),"在分析过程中,一些新的码号可能出现,某些旧的码号可能需要修改或抛弃"(陈向明,2000:287)。此环节包含两个步骤:创建编码和初步编码。首先,以概念为导向创建编码。研究者基于已有的文献,围绕研究问题构建了本研究的分析框架,初步预设了一些类别和概念,并为其创建了编码;随后,研究者带着分析框架反复阅读文本资料,并对这些资料进行编码。在此环节中,研究者并不完全被原先构建的编码所限制,秉持开放的态度,对于分析框架中较好的类别和概念予以保留,对无法概括的内容做好记录"并尝试基于资料给出本土化编码"(陶伟,2016:51)。

第三步,对分析框架不断进行修正,丰富和完善资料分析的编码表。通过初步编码,研究者发现:一方面,分析框架中有些类别和概念并不适合资料分析;另一方面,资料中所呈现的维度在原有的分析框架中并不存在。比如,在初步编码后,研究者发现原分析框架中的"工作自主性"类别在资料分析中并没有得到充分的体现,故在进行跨案例分析时删除了这一类别。又如在初步编码后,研究者发现原分析框架中的权威和关系并不能完全概括影响情感劳动策略使用的社会文化因素,因此在编码过程中增设了"面子"和"情感展现规则"两个类别。研究者基于对分析框架的不断修正,得出了用于指导所有资料分析的编码表(见附录5),并重新对 7 名英语实习教师的访谈资料进行了编码。下面以附录 6 为例,详细展示本研究对访谈资料的编码过程。该示例以新编码中涉及英语实习教师情感劳动策略的编码代码为依据,对涉及 Amy 的情感劳动策略及其影响因素进行编码。如以下这一段体现了 Amy 选择表层行为的情感劳动策略。

　　有一次没有充分备课就去上课了,PPT 上存在明显的严重的低级错误,也被老师发现,当时我是脸红心跳,非常难受,觉得怎么自己那么粗心,不应该犯下如此低级的错误,又因为一些意外的情况,比如材料不足,分发不当,听力的材料顺序凌乱等等。上课的时候,尽管我看上去镇定自若,好像各方面都把握得很好,但我内心忐忑不安。(I1 - Amy - 5)

　　以上是 Amy 的一则情感故事,她在备课不充分的情况下给学生上课,心里感受到不安,但在课堂上保持镇定自若,整堂课表现出来的是从容与自信。内在的情感感受与外在的情感表达明显不一致,属于典型的表层行为策略。具体来说,作为上课教师,Amy 本能地隐藏了其内心的忐忑不安,其使用的情感劳动策略属于表层行为策略中的"隐藏",被编码为 SA1。研究者按照类似的方法,参照修正后的编码表对所有访谈材料进行编码。

3.6　量化研究过程

3.6.1　初始问卷的编制与试测

1. 初始问卷概述

本研究的问卷编制主要基于第一阶段质性研究的结果。研究者通过对高中英语实习教师情感劳动策略内涵的探讨,并结合相关文献验证,正式确立了高中英语实习教师情感劳动策略的维度,并在此基础上自编《高中英语实习教师情感劳动策略问卷》。初始问卷、初测问卷和正式问卷皆以李克特五级量表进行正向计分,从"从未如此"到"总是如此"分别计 1 至 5 分。问卷共包括了表层行为、深层行为、自然行为和蓄意不同步四大维度,题项的来源和编制过程将在第 3.6.2 小节中作详细阐述。

本研究的初始问卷包含 46 道题。各题项所描述的皆是高中英语实习教师在实习过程中具体的情感劳动表现,且语言表述上尽可能言简意赅,符合实习教师的表达习惯。随后,研究者邀请了 2 名教师专业发展研究领域的专家对由 46 道题项构成的初始问卷的概念和构成进行分析和探讨。接着,研究者征集了 53 名高中英语实习教师(本科生 33 名、硕士研究生 20 名)对初始问卷进行试测。根据反馈意见,研究者对问卷中表述模糊或语义不明的题项进行了修改或删除。最终将表层行为维度中的第 1、14 题、深层行为维度中的第 21、31 题,以及蓄意不同步行为维度中的第 46 题删除,由此得到由 41 道题项构成的初测问卷(详见附录 1)。以下将对初测问卷的维度构成、题项编制、探索性因子分析结果,以及最终正式问卷的形成过程作详细介绍。

2. 初测问卷编制

在对初测问卷进行编制之前,研究者对现有国内外研究所确立的情感劳动维度和量表进行了汇总。针对员工情感劳动的研究可追溯至 20 世纪 80 年代,Hochschild(1983)开创性地提出"情感劳动"的概念,并将情感劳动划分为"表层行为(surface acting)"和"深层行为(deep acting)"两个维度。随后,对情感劳动概念和维度的研究引起了越来越多学者的关注。例如,在 Hochschild 提出的"二维度论"的基础之上,还有研究者认为真实的情感表达(expression of naturally felt emotions)也是情感劳动的维度之一(Diefendorff *et al.*, 2005)。与之相似的,Zapf(2002)提出了自动情感调控策略(automatic emotion regulation);尹弘飚(2017)则将此类维度命名为真实表达(genuinely expressing)。除此之外,Zapf(2002)还提出了"蓄意不同步行为(deliberative dissonance acting)",进一步丰富了情感劳动的结构维度。在各类维度确立的基础之上,研究者们进一步对情感劳动测量工具进行了编制(如 Yang *et al.*, 2019; Diefendorff *et al.*, 2005; Glomb & Tews, 2004; Morris & Feldman, 1997)。虽然以上量表已在国内外的情感劳动研究中得到广泛应用,但它们并非专门针对教师群体所设计,因此难以深入、全面地探究教师情感劳动的特点。在此研究背景之下,研究者运用质性研究方法,结合相关文献对资料进行分析,确定了高中英语实习教师情感劳动策略维度,并在参考前人研究工具(如 Yin,

2015;李红菊,2014;刘衍玲,2007)的基础之上,编制了《高中英语实习教师情感劳动策略问卷》。此份问卷的研究对象为高中英语实习教师,目的是检测英语实习教师情感劳动的维度及现状。在问卷题项的设计环节中,主要遵循以下编制路径:通过对前期质性研究材料的整理,总结出了实习教师情感劳动策略的主要维度,具体涵盖了表层行为、深层行为、自然行为和蓄意不同步行为 4 大类策略。具体而言,表层行为包含伪装、抑制、隐藏等 3 种子策略,深层行为包括认知改变、注意力转移以及分离等 3 种子策略,自然行为包括释放与宣泄 2 种子策略,蓄意不同步行为不包括任何子策略。问卷题项具体分布情况和样题见表 3 - 10。

表 3 - 10　初测问卷的维度构成、题项分布及题目样例

维度		数量	题项分布	题目样例
表层行为	伪装	4	Item1 - 4	Item 2. 即便我感到心烦,我在课堂上都会假装很快乐。
	抑制	6	Item 5 - 10	Item10. 当学生不配合我的工作时,我会尽量克制心中的不快。
	隐藏	4	Item 11 - 14	Item11. 在和指导老师交往中,我不流露出负面情感。
深层行为	认知改变	4	Item15 - 18	Item15. 受指导教师批评时,我会客观地反思自己的问题,坦然且积极地面对。
	注意力转移	5	Item 19 - 23	Item 20. 正式上课时,我会尽量把注意力集中到课上,就感觉不到紧张。
	分离	4	Item 24 - 27	Item 24. 当我和朋友争吵后,一旦走进课堂,我仍然能心情愉快地上课。
自然行为	释放	5	Item 28 - 32	Item32. 当学生上课状态很好时,我讲起课来更有激情。
	宣泄	5	Item 33 - 37	Item 35. 当学生上课迟到或无故旷课时,我会在其面前表现出不悦。
蓄意不同步行为		4	Item 38 - 41	Item 40. 我对犯错误的学生表面上生气,但不会真动肝火。

3. 初测问卷探索性因子分析

　　进行因子分析有助于我们准确把握问卷的结构效度。在进行探索性因子分析时,需遵循样本量应至少达到项目数的 5 倍的要求(Tabachnick & Fidell,

1989)。本研究所使用的调查问卷在初测时随机抽取了来自某省属师范大学的255名高中英语实习教师(含本科和硕士研究生)进行了探索性问卷调查,问卷全部回收。且如上文所述,经过前期的项目分析后,共剔除了5道题项,保留的初测问卷共包含了41道题项,因此样本量已符合标准,可用于探索性因子分析。

　　首先,使用SPSS 21.0软件对初测问卷的相关矩阵进行检测。KMO系数最低不能低于0.6,0.7以上为一般,0.8以上为较好,达到0.9便为非常好(秦晓晴,2009)。将255份样本数据导入软件,输出结果见表3-11。其中KMO值为0.879,且Bartlett球体检验结果达到显著水平($p<0.001$),由此表明该问卷适合进行因子分析。采用Varimax正交旋转对研究数据进行旋转,以此探究出因子与各题项之间的对应关系。进而对题项进行筛选,筛选标准为:①因素载荷值$\alpha<0.4$;②共同度<0.3;③对应多个因子的项目;④归类结果与预期不符的项目。由表3-12可见,所有题项对应的共同度值皆高于0.4,由此表明各题项与因子之间具有较强的关联性,从因子中可有效提取信息。在此基础之上,可进而分析因子和各题项之间的对应关系。

表3-11　第一次初测问卷探索性因子分析结果

KMO和Bartlett的检验		
KMO值		0.879
Bartlett球形度检验	近似卡方	5 437.299
	df	820
	p值	0.000

表3-12　第一次初测问卷各题项的因子载荷

名称	因子载荷数									共同度
	1	2	3	4	5	6	7	8	9	
28	0.697									0.601
29	0.834									0.794
30	0.846									0.771
31	0.840									0.815
32	0.816									0.731

续 表

名称	因子载荷数									共同度
	1	2	3	4	5	6	7	8	9	
33		0.731								0.604
34		0.814								0.687
35		0.845								0.754
36		0.852								0.754
37		0.740								0.644
38		0.460					0.585			0.580
17			0.546						0.478	0.663
18			0.685							0.614
19			0.648							0.564
20			0.741							0.647
22			0.515							0.476
23			0.505							0.545
24			0.400			0.493				0.583
1				0.765						0.732
2				0.809						0.780
3				0.742						0.708
4				0.687						0.616
5					0.747					0.667
6					0.620					0.546
7					0.742					0.657
11					0.522					0.429
13					0.569					0.541
25						0.789				0.745
26						0.705				0.726
27						0.704				0.654
39							0.854			0.794
40							0.833			0.766
41							0.776			0.664

名称	因子载荷数									共同度
	1	2	3	4	5	6	7	8	9	
8								0.598		0.635
9								0.871		0.794
10								0.828		0.763
14								0.403		0.583
12									0.472	0.616
16									0.601	0.579

通过表 3-12 的析出结果可见,初测问卷中 41 道题项大部分已囊括进了 9 个维度,但部分题项因进入了多个因子或因子的对应结果与预期不符,故考虑作删减或修正。以下对析出结果中各维度的构成作具体介绍。

第一个维度包含了第 28、29、30、31、32 题,这五道题项主要检测的是实习教师情感劳动策略的自然行为中积极情感的表达,因而将维度命名为"自然行为—释放"。

析出的第二个维度包括了第 33、34、35、36、37、38 题,其中可明确归纳出第 33—37 题检测的是实习教师自然行为中消极情感的表达,因而将此维度命名为"自然行为—宣泄"。此外,因第 38 题对应了双重因子,经对比其在第 7 项因子中得分较高,因此考虑将其归入第七类维度中再做分析。

析出的第三个维度包括第 17、18、19、20、22、23、24 题,依照理论预设可发现它们皆属于深层行为范畴,进而归纳出第 17、18 题属于实习教师在情感劳动中对某一情境下具体情感的重新定义,因而将此子维度命名为"深层行为—认知改变"。除此之外的第 19、20、22、23、24 题虽同属深层行为,但由于其未能与其他子维度相区分,且第 24 题对应了多个因子,因此考虑对这五道题项作进一步修正或判断其应具体属于哪一因子后再做检验。

第四个维度包含了第 1、2、3、4 题,因这四个题项全部检测的是实习教师通过假装展现不真实的情感或强化情感体验来展现工作所需的情感表达的现状,属于表层行为策略,因此将其命名为"表层行为—伪装"。

第五个维度包含了第 5、6、7、11 和 13 题,根据理论预设的划分其皆属于教师情感劳动中的表层行为维度。具体来看，第 5、6、7 题检测的是实习教师对所产生的可能影响其教学工作的情感进行克制或中止的能力，归属于表层行为，因此将该子维度命名为"表层行为—抑制"。此外，第 11 和 13 题虽同属于表层行为维度，但由于未能明显地与抑制维度相区分，因此将对其进行修正后再做检验。

第六个维度所包含的题项为第 24、25、26、27 题，其中第 24 题进入两个维度，其在第六维度的因子负荷较高，因此考虑保留。这四道题项全部检测实习教师将"个人情感"和"工作情感"相区分的能力，属于情感劳动中的深层行为，因而将其命名为"深层行为—分离"。

第七个维度包括了第 38、39、40、41 题，其中第 38 题进入了两个维度，鉴于其在第七维度的因子负荷较高，因此考虑保留。从理论预期来看这四道题项全部检测的是实习教师在教学工作中所会出现的对学生假装生气，但实际上内心里并不生气的情况，这种情感劳动策略即为"蓄意不同步行为"，因此该维度便以此命名。

第八个维度包含了第 8、9、10、14 题，这四道题项皆属于情感劳动中的表层行为，其中第 8、9 和 10 题检测的是实习教师对消极情感进行克制的行为，应归属至第五个维度中的"抑制"策略。此外，第 14 题在理论预期中应归属于另一子维度，因此需对其进行修正后再作检验。

第九个维度仅包含了第 12、16 题，在理论预设中其并无法设立出一个新的维度，因而同样将对其进行表述上的修正后再作检验。

此外，这 41 道题项中仍有两道题项未被囊括进任何一个因子中，即第 15、21 题，考虑对其进行剔除。研究者将进一步对以上所出现的未能满足理论预设的题项进行完善后再进行第二轮检验。

随后通过 Varimax 正交旋转的析出结果归纳并命名了表层行为—伪装、表层行为—抑制、深层行为—认知改变、深层行为—分离、自然行为—释放、自然行为—宣泄，以及蓄意不同步行为 7 项维度。

研究者对部分题项在语义表述上进行修正，并在剔除了第 12、15 和 21 题后，再次对由 38 道题项构成的问卷进行了探索性因子分析，析出结果详见表 3 - 13、表 3 - 14。

表 3 - 13　第二次初测问卷探索性因子分析结果

KMO 和 Bartlett 的检验		
KMO 值		0.931
Bartlett 球形度检验	近似卡方	10 080.685
	df	703
	p 值	0.000

表 3 - 14　第二次初测问卷各题项的因子载荷

名称	因子载荷数									共同度
	1	2	3	4	5	6	7	8	9	
28	0.728									0.680
29	0.834									0.815
30	0.859									0.809
31	0.852									0.835
32	0.822									0.781
33		0.758								0.663
34		0.827								0.723
35		0.837								0.763
36		0.845								0.763
37		0.756								0.714
38		0.449			0.620					0.631
16			0.449						0.429	0.566
17			0.638						0.403	0.691
18			0.735							0.695
19			0.711							0.697
20			0.728							0.694
22			0.524							0.552
23			0.554							0.609
1				0.804						0.774
2				0.823						0.817

名称	因子载荷数									共同度
	1	2	3	4	5	6	7	8	9	
3				0.769						0.763
4				0.641						0.668
39					0.860					0.810
40					0.826					0.768
41					0.782					0.722
24						0.587				0.633
25						0.755				0.760
26						0.695				0.754
27						0.675				0.713
5							0.759			0.731
6							0.705			0.708
7							0.745			0.745
8							0.435	0.615		0.702
9								0.882		0.847
10								0.809		0.807
11									0.628	0.664
13									0.567	0.639
14									0.418	0.571

对经修正后的 38 道新题项进行第二次探索性因子分析,以此检测问卷维度结构的稳定性。由表 3-13 可知,KMO 系数为 0.931,Bartlett 球形检验值 $x^2 =$ 100 80.685,$df = 703$,$p < 0.001$,因而该问卷适宜做探索性因子分析。进行 Varimax 正交旋转后析出结果见表 3-14,其中有 7 个因子的含义与第一次探索性因子分析结果基本一致,但次序稍有不同。此外,第二次因子检测析出结果显示两项新的维度。首先,是包含了第 19、20、22、23 题的第三项因子。从理论预期可见,这四道题项所检测的皆是实习教师通过调整自身注意力,特意忽略可能影响他们情感和教学工作的事件的能力,这属于情感劳动策略中的深层行为,因而将其命名为"深层行为—注意力转移"。而被归类至统一因子中的第 16、17 和

18题虽在理论意义上同属深层行为,但具体而言应归属至认知改变这一子维度。其次,析出的第九项因子中囊括了第11、13和14题,依据理论预设,这三道题项皆考查了当实习教师的内在情感与情感表达相悖时,对其消极情感进行掩藏的行为,此属于表层行为维度,因此将其命名为"表层行为—隐藏"。

通过两次探索性因子分析,可确立《高中英语实习教师情感劳动策略问卷》共囊括了四大维度,分别是表层行为、深层行为、自然行为和蓄意不同步行为。在此基础之上,可再细化归纳每一维度的具体分支,即表层行为中的伪装、抑制和隐藏;深层行为中的认知改变、注意力转移和分离;以及自然行为中的释放和宣泄。总体而言,经过对初测问卷的数据分析,所析出的情感劳动策略问卷结构与本研究质性研究中所得出的实习教师情感劳动策略维度基本一致。图 3-3 为上述四大维度在高中英语实习教师情感劳动策略中的组织架构图。

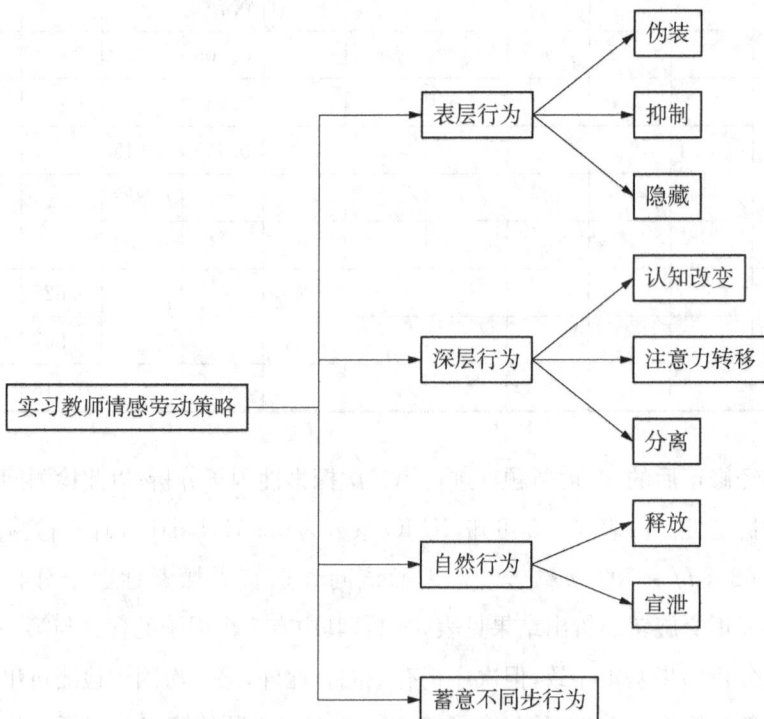

图 3-3　高中英语实习教师情感劳动策略基本维度架构图

本节详细介绍了对自编的《高中英语教师情感劳动策略问卷》的初始问卷进

行前期专家效度检验、对部分语义不明的题项进行剔除,再对初测问卷进行探索性因子分析并对个别题项进行修正,最终形成正式问卷的一系列过程。下一小节中将对正式问卷的维度建构和信效度检测结果作详细介绍。

3.6.2　正式问卷的构成与信效度检验

1. 正式问卷的维度建构

通过对初测问卷的检测分析,研究者对初测问卷进行了修正、删减、重新编号,最终确立了由 38 道题项构成的《高中英语教师情感劳动策略问卷》(正式版)(详见附录 2),涵盖 4 大维度。其中第一个维度为表层行为,包含了伪装(第 1、2、4、11 题)、抑制(第 5、7、13、14、17、20 题)、隐藏(第 32、35、37 题)三类子维度;第二个维度为深层行为,囊括了认知改变(第 16、30、38 题)、注意力转移(第 3、6、9、12 题)和分离(第 29、33、34、36 题);第三个维度为自然行为,包含了释放(第 8、10、15、18、19 题)和宣泄(第 22、24、26、28、31 题)两项子维度;最后一个维度为蓄意不同步(第 21、23、25、27 题)。

正式问卷主要由两大部分组成,其中第一部分为被试实习教师的基本信息,包括了实习教师的性别、学历、实习学校所在地、实习学校类型,以及实习时间;第二部分为"情感劳动策略量表",详细构成见表 3 - 15。

表 3 - 15　正式问卷维度构成

维度		操作定义	数量	题项分布	题目样例
表层行为	伪装	实习教师为顺利实行教学工作而有意展现出的与内心情感不相符的积极情感(如愉悦、淡定等)。	4	T1 T2 T4 T11	T1. 即便我感到疲倦,我在课堂上都会假装很有精神。 T2. 即便我感到心烦,我在课堂上都会假装很快乐。
	抑制	实习教师为达到教学目标而特意压制消极情感的行为。	6	T5 T7 T13 T14 T17 T20	T5. 当跟指导教师发生意见冲突时,我尽量忍住心中的不快。 T20. 当学生上课违反纪律时,我会抑制自己的不满。
	隐藏	实习教师为表现出符合教学工作需求的情感而将内心消极情感进行掩饰。	3	T32 T35 T37	T32. 当和学生相处不愉快时,我并不表露出心中的不悦。 T37. 当受到他人的指责时,我会隐藏自己的委屈。

维度		操作定义	数量	题项分布	题目样例
深层行为	认知改变	实习教师在教学工作中遇到困难或压力时通过转换自身对现状的认知而调节情感的行为。	3	T16 T30 T38	T16.当我面临巨大压力时,我会把它当作一种动力。 T30.当学生违反学校规章制度时,我会从他的立场去考虑当时的情况,就不生气了。
	注意力转移	实习教师在遇到不会对其教学工作造成太大影响的问题或困难时,通过采取忽视的方式来避免对其情感的干扰。	4	T3 T6 T9 T12	T6.在正式上课时,我会尽量把注意力集中到课上,就感觉不到紧张。 T9.当我感到很受挫折的时候,我会去找其他人聊天,保持愉快的心情。
	分离	实习教师通过划分"个人情感"和"工作情感"来避免两者之间相互干扰的行为。	4	T29 T33 T34 T36	T33.当我和朋友争吵后,一旦走进课堂,我仍然能心情愉快地上课。 T36.当我心情不好时,我依然能和学生愉快地交流。
自然行为	释放	实习教师向学生表达自身真实的积极情感的行为。	5	T8 T10 T15 T18 T19	T8.当学生取得进步时,我表现得非常开心。 T19.当学生上课状态很好时,我讲起课来更有激情。
	宣泄	实习教师为解决教学中出现的问题而向学生表达出真实的消极情感的行为。	5	T22 T24 T26 T28 T31	T22.当学生没有按时完成作业时,我会向他们表现出我的气愤。 T24.当学生上课纪律涣散时,我会在他们面前表现出自己的失望。
蓄意不同步行为		实习教师为了教学工作而向学生假装生气,但内心并不感到生气。	4	T21 T23 T25 T27	T21.对不遵守课堂纪律的学生,我会假装生气,但其实已习以为常。 T25.我对犯错误的学生表面上生气,但不会真动肝火。

2. 正式问卷的信度效度检验

在确立了正式问卷的维度构成之后,研究者采用目的性抽样和滚雪球抽样的方式向来自全国 9 省市的 413 名实习教师正式发放了问卷。因在问卷初测环节已选择某省属师范大学的部分高中英语实习教师作为被测,本次特地排除来自该校的样本。经筛除选项重复率超过 90% 的样本共 34 份,最终保留 379 份有效样本,有效率达到 91.78%。随后对正式问卷各维度的信度进行了检验,检测结果详见表 3 - 16。

表 3 - 16 正式问卷各维度信度系数统计结果

维度	题项数量	内在一致性系数(α系数)	Cronbach α 系数
表层行为—伪装	4	0.802	
表层行为—抑制	6	0.799	
表层行为—隐藏	3	0.794	
深层行为—认知改变	3	0.798	
深层行为—注意力转移	4	0.797	0.824
深层行为—分离	4	0.797	
自然行为—释放	5	0.813	
自然行为—宣泄	5	0.826	
蓄意不同步行为	4	0.827	

鉴于本研究的问卷试测为单次调查,因此仅进行了内部一致性检验。内部一致性检验是指测量同一概念的不同项目是否能产生类似的结果。本研究中采用 Cronbach α 系数来对问卷的内部一致性进行检测。秦晓晴(2009)认为可接受的 Cronbach α 系数应高于 0.7。由表 3 - 16 可见,由 38 道题项组成的《高中英语实习教师情感劳动策略问卷》的总体信度 Cronbach α 系数为 0.824,表明该问卷总体具有较高的信度。随后,研究者对 9 个维度的信度进行检测,结果显示各项维度的 α 系数均超过了 0.7,这也进一步证实了研究工具的信度水平较高。

此外,对正式问卷的效度检测方面,本研究主要通过观察 KMO 值(Kaiser-Meyer-Olkin Measure of Sampling Adequacy)进行判断。KMO 值达到 0.9 左右为非常好,0.8 以上为好,0.7 为一般,最低不能低于 0.6(秦晓晴,2009)。在本研究的 3.6.1 小节中针对问卷设计的两轮探索性因子分析过程中已对该部分数据作了具体阐述,相关数据结果显示问卷效度良好,在此不再赘述。

3.7 研究质量及研究伦理

3.7.1 研究质量

本研究采用的是量化研究和质性研究相结合的混合研究方法。

量化研究方面,本研究在总结前人相关研究的基础之上,先通过质性研究中的日志反省法和焦点团体访谈法确定了调查问卷中所涉及的高中英语实习教师情感劳动策略维度,并基于这些维度,结合国内外相关问卷,设计了英语实习教师情感劳动策略问卷。在问卷设计环节,邀请了相关人员反复对问卷的每个题项进行理解性阅读,一方面确保问卷具有可理解性,另一方面确保问卷文字表达的准确性。研究者通过对 255 名高中英语实习教师进行问卷初测,对初始问卷进行了修正,并形成了最后的正式问卷。正如前文所述,在选取正式研究对象时,采用非概率抽样中的方便抽样及滚雪球抽样,发放正式问卷 413 份,充分考虑不同地区、不同教育背景、实习学校类别及所在的区域差异等众多因素,尽量体现差异最大化原则。从地区来看,既兼顾了发达地区与欠发达地区,又兼顾了地域差异,覆盖华东、华中、华南、东北以及西南等地区;从教育背景来看,既有英语专业本科生,又有英语学科教学专业硕士研究生;从实习学校类别来看,涵盖了省、市、县乃至城镇各类级别的高中。在对量化研究数据的处理时,采用 SPSS 统计软件进行分析,按照统计学相关指标对数据进行解释。因此,无论是在问卷设计上,还是在调查的实施以及分析中,本研究的量化研究部分都遵循科学性和客观性原则。

在质性研究方面,本研究采用了最常见的"三角验证(triangulation)""参与者核实(member check)""同伴检验(peer review)"等方法来保证研究质量。首先,在数据收集和分析方面采用"三角验证"。除了深度访谈外,本研究还通过收集非正式个人实物(如情感日志、教学视频、微信朋友圈图文信息、活动照片)以及正式官方类实物(如实习手册、课程安排)来确保所收集数据的真实性和可靠性。在分析时,反复比较各种资料,力图寻找解释质性数据的最佳视角。例如,为检验 Lily 所提及的情感事件"一次让我觉得特别难受的监考"中使用的情感劳动策略,研究者再一次翻看了她的情感日志,发现她在深度访谈中提到的内心感受与外在情感表达与其在日志里所写的内容具有高度一致性。由此可以判断,Lily 在访谈中所提描述的情感劳动策略具有真实性。其次,在转写访谈文本并对其进行分析时,主动邀请参与者进行核实。在核实过程中如果出现偏差,研究者立即对相关表述进行调整。例如,Amy 对某个情感事件中所体验的内心感受重新做了说明;Jerry 对情感劳动策略分析中的一个影响因素提出了自己的想法。参与者核实数据后的反馈有利于提高研究者理解和分析质性研究数据的准确性。最后,在对资料进行编码时,采用了同伴检验的方法。由于本研究所涉及的具体情感劳动策略相差非常细微,需要反复阅读相应文本,并反复参照各策略的理论定义和操作性定义,如果单靠研究者本人进行编码,容易出现理解上的误差。鉴于此,本研究在对资料进行编码时,邀请了 5 名硕士研究生同时阅读质性文本,先给他们介绍相关情感劳动策略的概念,并举例加以说明,然后研究者与他们在理解情感事件的基础上,针对英语实习教师使用的具体情感劳动策略展开讨论,以确保编码的准确性。

3.7.2 研究伦理

对于任何一项研究而言,研究伦理始终是研究者时刻铭记在心的道德准则。在量化研究中,研究者在调查问卷中明确将匿名原则告知了参与调查的所有实习教师,并告知他们调查结果仅为研究之用。在质性研究中,本研究遵循三个原则来确保研究伦理。

首先,遵循"自愿参与"的原则。自愿参与是保证质性研究伦理的首要前提。在本研究中质性研究的第一阶段,作为实习带队教师,研究者将自己的研究计划告知所有的实习教师,并表达了撰写情感日志对自身情感调节以及今后专业发展的种种好处,鼓励大家坚持撰写情感日志。在与学生反复确认后,所有实习英语教师均表示自愿参与本研究。在本研究的第二阶段,研究者选取了 7 名英语实习教师进行深度访谈,访谈前先通过微信给他们发送短信,确认是否愿意参与本研究,得到同意许可后,研究者和被访者双方确定具体的访谈时间。

其次,遵循"知情同意"的原则。知情同意具体指"潜在研究参与者获得了关于该项研究的所有必要信息并充分理解了这些信息后,在没有强迫、不正当压力和引诱的情况下,自愿做出是否参与科研以及在科研过程中是否退出的决定"(黄盈盈、潘绥铭,2009)。知情同意是保证质性研究伦理的必要环节。在本研中,无论是情感日志的收集,还是深度访谈文字的转写,研究者都以手机微信短信的形式告知研究参与者相关事宜。

再次,遵循"隐私保密"的原则。隐私保密是指不泄露研究参与者的信息,包括文字、照片、音频以及视频等。隐私保密是获得研究参与者信任的关键。在本研究中,由于情感是非常敏感的话题,不少研究参与者都多次提及他们的担忧。如一位提交情感日志的英语实习教师在最后一页这样写道:"请朱哥不要把我的日记给他人看,如用作研究,一定不要写出我的名字。"为了消除研究参与者的顾虑,研究者以微信短信的形式向所有参与研究的实习教师提交了一份正式的电子版隐私保密书,保证不外传相关信息,且在使用相关资料时,不留名字,避免能够辨认出研究参与者身份的个人信息。

最后,遵循"尊重与平等"的原则。尊重和平等是确保研究伦理的重要保障。尊重研究参与者,让他们感受到获得平等对待,既要体现在外在表现,还要发自内心深处。研究者需要用一种"平常心",尽量做到"移情地理解"(黄盈盈、潘绥铭,2009)。在本研究中,当研究参与者在谈及自己的消极情感以及真实想法时,研究者很容易将其与教师职业道德批判联系在一起。基于此,在进行深度访谈中,研究者一直保持微笑,以朋友的姿态不断向受访者传递一种信息,即无论他们说什么,研究者都认为很正常。与此同时,研究者时刻审视自己的态度和立场,不要对和自己不同的态度持有任何偏见。

3.8 小结

本章介绍了本研究的研究设计。首先,提出了三个研究问题,分别探讨英语实习教师情感劳动策略的内涵要素、现状和影响因素。然后,研究者介绍了本研究所采用的研究方法,汇报了选择混合研究法的理据,指出本研究所采用的混合研究法属于质性为主、量化为辅的 QUAL→quan→QUAL 研究范式。为了更具体说明质性研究与量化研究两种方法在本研究中所发挥的作用,还具体说明了混合研究中质性研究以及量化研究方法的选择理据,质性研究资料的收集方法主要有日志反省、个体访谈、焦点团体访谈以及实物收集。量化研究数据收集主要采用问卷调查法。接着,研究者介绍了研究对象的抽样,指出本研究的质性研究部分主要采取"方便抽样",量化研究部分主要采取方便抽样和滚雪球抽样。

研究者还重点介绍了质性研究过程和量化研究过程。质性研究过程主要包括资料收集、整理与分析三个方面。在量化研究过程部分,研究者主要介绍了高中英语实习教师情感劳动策略问卷的编制与实施。最后,研究者介绍了本研究的研究质量与研究伦理。本研究采用了三角验证、参与者核实以及同伴检验来确保研究质量,通过遵循"自愿参与""知情同意""隐私保密""尊重与平等"四个原则来确保本研究的研究伦理。

第4章

高中英语实习教师情感劳动策略的内涵

4.1 导言

在第 3 章中,研究者主要从研究问题、研究方法、研究对象、研究过程、研究质量与伦理等方面对本研究的研究设计进行了详细汇报。本章将基于情感日志和焦点团体访谈的文本,使用理论驱动和资料驱动相结合的方法提取高中英语实习教师情感劳动策略的内涵。本章共分五节,除了导言与小结,主要呈现了高中英语教师的情感劳动策略,主要包括表层行为、深层行为、自然行为以及蓄意不同步行为等。

4.2 表层行为

表层行为是指"通过改变可以察觉的外部表情以表现出组织所要求的情感"(Hochschild, 1983),即当个体感受与组织所要求的情感表达规则不相符时,通过调整情感的外在表现,如手势、声音和面部表情等,使情感行为按照组织规则要求表现出来(李红菊,2014:39)。当使用表层行为策略时,个体只是外在表达组织所要求的情感,而内心并没有主观体验到这些情感。表层行为侧重个体对环境的反应,需要抑制更多的消极情感,强化或伪装更多的积极情感(Totterdell & Holman, 2003)。高中英语实习教师在使用表层行为策略时,他们努力调节自己的外在情感表达,以满足教师职业所期待的情感要求。其表现出的基本特征是内在的感受与外在的情感表达不一致。Yin(2016)的研究表明,中国教师在课堂教学中的表层行为包括伪装(pretending)和抑制(restraining)策略。其中,伪装策略是指教师通过假装一些未被感受到的情感或放大情感的强度来表现他们在工作中被期望的情感表达方式;抑制策略是指教师压抑或暂时搁置可能妨碍其教学目标实现的内在情感的策略。通过抑制,教师尽量显得冷静或中立,以避免不良情感感受所带来的负面影响。

本研究通过英语实习教师的情感日志分析发现,高中英语实习教师在情感劳动过程中采用的表层行为策略包括隐藏、抑制和伪装三个子策略,这与研究者基于文献总结的表层行为策略分类高度一致。相比 Yin(2016)的研究,本研究中的表层行为策略增加了"隐藏"这一子策略,究其原因,主要表现为三点:首先,Yin 的情感劳动策略局限于课堂教学中,而本研究的情感劳动策略置于课堂内外。从某种程度上来说,随着情境扩大,所使用的情感劳动策略也更为丰富。其次,Yin 的关注对象主要是在职教师,而本研究关注的是实习教师。相比在职教师,实习教师的自主性和话语权都处于弱势,故他们往往不敢于表现和表达,而隐藏真实的情感感受。最后,本研究者为了更深入挖掘英语实习教师的情感劳动策略,在隐藏、抑制、伪装的字面含义理解上更加具体。Yin 在定义抑制策略时,使用了"冷静"(calm)或"中立"(neutral),而根据《现代汉语词典》(第 7 版)对"抑制"的描述,抑制是指"受刺激后,组织或机体活动减弱或变为相对静止",显然抑制并不是完全消失,故对情感的抑制并不代表原来情感的消失。从这一层面来说,"隐藏"这一策略正好弥补了"抑制"策略和"伪装"策略的语义不足。

4.2.1　隐藏

隐藏情感是指情感劳动者有意识地避免消极的情感表达,以使自己的外在情感表现不违背教育教学的情感表达要求。由于实习教师在教育实习学校扮演着教师和学生的双重身份,相对正式教师而言,他们缺乏一定的话语权。因此,当他们体验到一些消极的情感事件时,他们往往会选择隐藏自己的真实情感。

"连续几天的宿舍扣分,让我非常无奈。就怕连续几周来的周佳班级就这样拱手相让出去。自己心里也不好受,但又不太想严肃教训他们,毕竟自己只是个实习老师。说多了怕他们会烦,久而久之就会觉得我多管闲事。可能放任不管

会是保持现状的最好方法。但这样，会不会显得不负责任呢？"(D-ST9-0320)

实习教师因为宿舍扣分，感到无奈、不好受，又不想给学生留下严肃、刻板的形象，故在情感表达时，有意识隐藏自己的真实感受。他们试图跟学生做朋友，在学生面前表现出友好、随和的一面。但与此同时，他们又想在学生心中树立威信。在实习教师看来，他们最担心的便是在学生心中失去威信。这种权威和朋友角色之间的冲突，使得实习教师在管理学生时陷入两难境地：如果没有权威作为前提，实习教师"镇"不住学生，不利于班级管理，但若严厉批评，实习教师虽然可以暂时"管"住学生，可又容易造成师生关系疏远。正因为此，当他们碰到可能不利于师生关系的事件时，往往会隐藏真实的情感表达，但内心深处却伴随有自责、难过等消极情感。

根据焦点团体访谈的结果，大多数实习教师认为教师树立威信最好的方式并不是对学生严格管制，而是让学生从心底真正地佩服自己。因此在与学生相处的过程中，英语实习教师会通过帮助学生解答英语学科专业知识的问题来"立威"，当遇到自己不确定的知识点时，为了维护他们的威信，他们会隐藏"心虚"的感受。

"今天第二次上课，上的课型是讲评课和复合式听写。头一天晚上听说隔壁班的课代表只花了十分钟做完整张晚练试题，让我十分震惊。但目前为止，我都不能做到高中试题十分钟做完的境地，让我自愧不如。为了防止自己被学生的刁钻问题难住，精心准备了一晚上，各种可能出现的问题都进行了预估。但猝不及防的是，学生问了我预估之外绕得我不知如何解释的问题。虽然进行了解释，但<u>心里很虚</u>，连自己都并不认可自己的说法解释，最后<u>面不改色脸不红</u>、贼快地掠过该题。"(D-ST9-0326)

由此看来，英语实习教师既想和学生成为"好朋友"，又想在学生心目中树立"权威"的形象，在面对自己不确定的英语学科专业知识时，通过采用隐藏"心虚"的表层行为策略，以使其不在学生面前丧失面子。另外，当心情不好的时候，实习教师会考虑到教师职业的情感展现规则，使用表层行为策略，隐藏真实的感受，努力使自己的负面情感不被学生发现。

"了解了这些问题后,我的心情直接受到了影响,我感觉我已经没有多大心情再去上课了,所以第二节课我基本是硬着头皮上的,我尽量不让学生看出来我的心情,受我的情绪影响。"(D-ST14-0322)

英语实习教师 ST14"硬着头皮上"反映了其无奈的情感状态,本来没有心情上课,为了不让学生受到自己的影响,这位实习教师使用表层行为策略,隐藏了自己的真实情感。

在管理学生的时候,实习教师自认为不是正式的教师,往往表现出一种纠结的状态,既想好好管一下,又担心"越权"。因此在学生管理过程中,他们会隐藏自己真实的情感,尽量避免和学生的正面冲突。

"他们会在上课的时候搞小动作,会在听写的时候喝饮料,也会在你没有紧盯着他们的时候不停的摸头发、弄首饰。但是为了维持整堂课的效率,还有安静的纪律,我只能用一种很温和的态度提醒他们保持安静。我们没有更多的权力管教学生,但是看着他们不全身心的投入学习的状态确实很着急。"(D-ST17-0313)

由此可见,实习生在教育实习中担心自己并没有权力对学生进行管教,正是这种担忧,使得他们在管理学生的组织纪律时,不能向普通教师那样完全释放自己的真实情感,而是选择了隐藏的表层行为劳动策略。

据此,研究者对英语实习教师在情感劳动中的隐藏策略进行如下操作性定义:英语实习教师在工作场域与他人交往时,考虑到自己的实习生身份以及作为教师的职业标准,有意识地避免消极情感的表达,不表现出内心的真实感受。

4.2.2　抑制

抑制情感是指情感劳动者按照组织规则要求压抑某些不合适的情感(李红菊,2014:41)。抑制与隐藏有着细微的区别。隐藏关乎有无,抑制关乎程度。对于实习教师来说,无论是课堂教学,还是班级管理,都可能会出现触碰到他们情感底线的突发事件。在处理这些事件时,他们往往会表现出轻微的消极情感,但同时会努力克制这种情感程度的升级。

"学校搞了一个英文歌比赛,叫班长快点决定要哪首歌,她就不耐烦了,说又不是她叫同学们不选,是他们自己不选,我就很生气,但是我努力控制我自己不发脾气骂人,就回办公室了。"(D-ST2-0412)

很显然,实习教师 ST2 的面部已经流露出生气或不开心的情感了,但这并不完全是她内心真正的感受,在她内心深处,其生气程度远远高于所表现出来的情感程度,几乎到了"发脾气、想骂人"的地步。根据教师职业道德和行为规范,教师是不能打骂学生的,当消极情感水平达到了一定的极端,教师往往会采用抑制的情感劳动策略来维护自己的正面形象,满足教师职业道德和情感表达规则的要求。

"之前举办的单词比赛时,我叫他们放假回家看单词他们也不看,结果最高分才 51 分,最低分 3 分,别的班得奖的人有很多,我们才有一个人得奖。作为重点班考这个分数,我感到很失望,而且还有人在试卷上写脏话,我真的很想骂他们一顿,让他们清醒一下。我就想是不是我平时对他们太像朋友一样没有威严,所以他们从来不会忌讳对我说话的态度。还有我印给他们的 50 篇改错很多人都不写,感觉他们对我们实习生搞的东西一点都不在乎,叫他们背单词不背,说比赛没有奖金,叫他们参加合唱比赛说想弃权,叫他们写改错又不写。他们的态度很有问题,做什么事情都不上心,我真的对他们很失望。"(D-ST2-0412)

想骂,但不能骂。这种对情感的抑制正反映了"中国人的'忍'文化、面子观、自己人和外人等观念"(李红菊,2014:41)。对实习教师来说,骂学生,等于和学生直接发生了正面冲突,以后无法与学生和谐相处,所以他们只能选择"隐忍",努力维护自己的"面子"。另外,实习教师与学生彼此只不过是"过客"而已,实习教师无法像正式教师那样真正把学生当自己人,而在中国的传统文化里,对自己人往往会毫不留情,对外人往往更多表现出客气和礼让。

据此,研究者对英语实习教师在情感劳动中的抑制策略做了如下操作性定义:英语实习教师在工作场域与他人交往时,压抑自己内心所感受到的消极情感,以免出现失态而影响自身作为教师的形象。

4.2.3　伪装

伪装情感是指当情感劳动者察觉到自己的情感体验与职业所要求的情感表现法则不一致时,对外在的情感表达进行调整,表现出积极的、组织所需要的情感。比如在内心感到愤怒的时候,却表现出开心;内心感到失望的时候,却表现出充满希望。伪装与隐藏和抑制有一定的联系,但又有其特殊性。伪装更强调对情感表达的调整,使外部的情感表达和内在的真实感受形成鲜明的对比。

英语实习教师由于教学经验不足,刚走上讲台,难免会感到紧张。但与此同时,他们又急切希望得到指导教师和学生的认可,所以在实践教学中,他们往往会增加积极情感的强度,国内学者李红菊(2014:39)把这种策略称为"激发或加强积极情绪"。

"今天将是我第一次以教师身份站上讲台的日子。虽然课堂教学内容仅是讲解上一周周练的测试卷,温柔的指导教师XX姐也为我打气,我依然觉得十分紧张。我手忙脚乱地安装好小蜜蜂扩音器的话筒,急吼吼挎上肩头,一手抓着教材,一手握卷子,深深吸两大口夹杂着潮味的空气,这才装出一副胸有成竹的样子,雄赳赳气昂昂迈着故作沉稳的八字步推门进教室。"(D-ST1-0317)

上例反映了实习教师 ST1 在第一次上课时的情境,因为第一次上课,感到十分紧张,但当其真正面对课堂教学时,他并没有将紧张的情感表现出来,而是装作非常自信、胸有成竹。对实习教师而言,这种通过加强积极情感的伪装,可以缓解紧张的情感状态。

在和学生的相处中,实习教师往往为了照顾学生的感受,而采用伪装策略,表现出积极的情感。

"之前指导老师在课堂上布置了一篇英语作文,让大家今晚交。因为今晚第二第三节是给学生看电影的,所以我交代课代表让她收齐后第一节下课的时候拿给我,我正好晚上的时候看一看。没想到坐到了第二节,也没等来作业,我就去教室问了课代表,课代表说还没收齐。又坐了一节课,我还是没等来作业,于是我又去问了课代表,课代表这才把作业拿了来。<u>其实我的心里此时有点不愉</u><u>悦,但还是告诉自己应该宽容一点</u>。"(D-ST12-0321)

由这一则案例,我们不难发现,实习英语教师 ST12 在课代表迟收作业的情况下,心里感到不愉悦,但真正面对学生的时候,选择了宽容,没有表达出内心的不愉悦。

除了在紧张、不愉快的情感事件中进行伪装外,实习教师还会在内心难过甚至崩溃的情况下选择伪装策略。

"今天第七天了,<u>心累,想哭</u>。精心准备的班会材料,效果没有达到预想中那样好。整节课下来,虽然大部分反应是挺热烈的,<u>但我就是玻璃心,学生一个冷</u><u>漠的表情都能让我在乎死,难过死。脆弱敏感的实习老师啊,我真的好难过</u>。个别学生还在写作业。下课的时候,最后的视频还有一分多钟没看完,有学生直接拿起包就走了,也不打招呼,然后我就很配合地说,"下课了都可以走啦!"<u>我的心</u><u>态有点崩了,我觉得一切好像都是我在自导自演,一厢情愿,我热脸贴了冷屁股,</u><u>我好酸</u>。但其他同学跟我打招呼说再见的时候,<u>我仍然保持微笑,假装很开心的</u><u>样子</u>。"(D-ST14-0319)

上述这一段情感故事揭示了实习教师的"脆弱"一面。他们很渴望得到学生的正面反馈,受到学生的认可和尊重。当他们无法获得这一切的时候,内心会感到难过,而为了和学生保持良好的师生关系,还要假装开心,保持微笑。

据此,研究者对英语实习教师在情感劳动中的伪装策略做了如下操作性定义:英语实习教师在工作场域与他人交往时,假装自己内心没有体验到的积极情感,以便维护自己的教师形象或与对方保持良好的关系。

国内学者的研究结果表明,教师采用表层行为相对来说比较少(刘丹等,2018;刘衍玲,2007;田学红等,2009)。但本研究者从实习教师的情感日志来看,发现表层行为策略的使用并不少见,这可能与实习教师的特殊身份有关。实习教师在教育实习学校的角色较为尴尬,一方面,他们既想树立威信,又想表现出友好;另一方面,无论对学校还是对学生而言,他们并不属于真正的"自己人"。这种身份尴尬导致其在情感劳动中频繁使用表层行为策略。

4.3　深层行为

深层行为指个体"通过改变内心的情感状态以真正体验到组织所要求的情感"(Hochschild, 1983)。当使用深层行为策略时,个体为了表达组织所要求的情感,努力去调节内在的感受,以使真实的情感体验与外在的情感表达保持一致。深层行为是一种经过内心调节的情感表达(Diefendorff *et al*., 2005)。"教师和学生的关系是更深入的关系,所以教师在工作中进行情感劳动的时候更多用的是深层行为"(李红菊,2014:43)。Grandey(2000)将情感劳动过程中的深层行为策略细分为注意力转移(attentional deployment)和认知改变(cognitive change)。Yin(2015)归纳了中国教师课堂教学中的深层行为策略,主要包括调焦(refocusing)、重构(reframing)和隔离(separating)。其中,调焦意指教师调整注意力,只专注于教学,故意忽略那些可能干扰或影响他们的感受和教学过程的不可预见的事件;重构是指教师通过改变对情境的理解来创造工作所需的情感表达策略。隔离是指教师将工作场域的情感与私人情感进行分离,以使工作场域的情感不受私人情感的影响。相比 Grandey 提出的深层行为策略,Yin 基于中国教师课堂教学提出的深层行为策略增加了"分隔",体现了中国文化推崇的"公私分明",在中国语境下具有一定的合理性。

本研究通过分析高中英语实习教师的情感日志发现,高中英语实习教师在情感劳动过程中采用的深层行为策略基本涵盖了 Grandey(2000)和 Yin(2015)提出的维度。但通过具体分析本研究所收集的资料,研究者发现英语实习教师的深层行为策略主要表现为注意力转移、认知改变以及分离。从所涵盖的内容看,本研究的发现与 Yin 的研究结果基本保持一致,但在表述上,研究者作了适当的改动:用"注意力转移"代替"调焦",用"认知改变"代替"重构",用"分离"代替"分隔"。首先,相比"调焦","注意力转移"所涉及范围更广,Yin 从课堂教学角度用"调焦"一词具有一定的情境适切性,但本研究的资料分析显示,对于英语实习教师来说,不少课堂外的丰富情感事件并没有很明确的"焦点"。其次,相比"重构","认知改变"的内涵更为丰富。从资料分析结果来看,本研究的不少案例除了体现"重构"策略(如换位思考)外,还反映了对原有认知的"升华"。最后,相比"分隔","分离"更具有弹性。本研究的资料分析显示,对英语实习教师而言,尽管他们会努力不把私人情感带入工作场域,但由于缺少人生阅历和经验,很难做到私人情感与工作情感的"隔绝"或"断绝"。

4.3.1 注意力转移

注意力转移是情感劳动者察觉到内在感受与组织所需要的情感不一致时,试图对注意力进行调整,忽略那些影响积极情感表达的事件。就教师而言,教师在课堂教学中通过使用注意力转移策略,可以"调整注意力,全身心专注于教学,故意忽略那些可能产生干扰、对其感受和教学过程有负面影响的事件"(Yin,2015)。当然,注意力转移策略不仅仅局限于课堂,在课外的专业生活中,教师也时常使用这一策略进行情感调节。由于实习教师一般都还是在校大学生,他们有着广泛的兴趣爱好,在感受到消极的情感时,往往也通过注意力转移的策略来改变内在的感受。

"教这些水平那么高的学生真的好难,我自己的水平不够,喂不饱他们,压力真的好大。我觉得实习最好还是按照能力来分配,让有能力的人教尖子班,别按照学号顺序来分配教哪个班,像我这种能力不够的人让我教重点班对我来说是一种折磨,每天都感到压力前所未有的大。唯一能让我暂时忘掉烦恼的就是和班里一个叫 XXX 的学生聊天,她们一下课我就喜欢去教室找她聊天,她整天乐呵呵的,性格大大咧咧,有点"疯疯癫癫",和她聊天我很开心。"(D-ST2-0314)

从上述案例可以看出,实习教师 ST2 感到自己的教学能力和语言能力不能胜任该班的教学,压力较大,在情感劳动中,她使用了转移注意力的深层行为策略,通过和某位性格外向的学生聊天来减缓压力。此外,有些实习教师在感到不开心或难受时,可能会通过体育、音乐等兴趣爱好来转移注意力。

"下午遇到了不开心的事情,具体就不说了。吃完晚饭,我在宿舍拿着吉他,边弹边唱,心情好多了。"(D-ST23-0325)

无论是通过和学生聊天,还是通过兴趣爱好来转移注意力,都属于一种主动的注意力转移策略,需要情感体验者主动采取具体的行为来得以实现。在对实习情感日志的分析中,研究者发现,除了主动的注意力转移策略外,还存在着被动的注意力转移策略。

　　"今天早上灰蒙蒙的,让人感觉很压抑。但是高一高二的学生却格外开心,因为高三举行成人礼,作为观众的他们就不用上课了。看着高三学生走过成人门、高考门、成功门,*我想起了自己也曾像他们一样*,带着父母老师的期望踩着红毯穿过这三道红门,*我内心很有感触*,为他们感到开心。真心地祝愿他们能在六月金榜题名。"(D-ST18-0413)

　　从实习教师 ST18 的情感故事来看,本来压抑的心情最终转变为开心,主要中介因素是"学生的成人礼",ST18 透过成人礼想到了自己曾经的岁月,在情感劳动过程中,尽管没有采取任何行为,但却使用了被动的注意力转移策略,最终体验到开心的情感。

　　据此,研究者对英语实习教师在情感劳动中的注意力转移策略做了如下操作性定义:教师在教育实习过程中通过调整注意力,努力减缓或消除内在的消极情感,从而真正感受到积极情感,调整后的内在感受与外部情感表达保持一致。

4.3.2　认知改变

　　认知改变是指情感劳动者通过改变对某个情境的认识,从而达到调节内在感受,并使其符合组织所要求的情感表现法则。在此过程中,内在感受与外在行为都朝积极的一面发生了改变。

　　由于我国缺乏充分的外语运用环境,对广大英语教师而言,语言能力发展并非易事。对英语实习教师而言,尽管他们都是英语专业背景出身,但因为缺乏英语教学知识的积累,且缺乏梳理语言知识点的经验,在教育实习过程中往往会遇到一些模棱两可的英语知识问题。当学生问及此类问题的时候,实习教师因无法准确回答学生的问题而感到尴尬和内疚。

　　"今天第一次有学生问我问题,综艺节目用英语怎么说,我原本想说 TV shows 的,但是我不敢确定,感到心虚,我就跟学生说我也不知道,我先回去查了再告诉你。唉,*太尴尬了*,这得多影响我在学生心目中的形象啊,他们肯定觉得这老师水平怎么那么低,这么简单都不会。我也没办法,不会就不会了,脸皮厚点,放过自己,别给自己太大压力。毕竟自己还是实习生,没有经验,脱离高中太久了,词汇语法不记得了很正常。"(D-ST2-0317)

上例是实习教师 ST2 在无法准确回答学生所提出的语言问题时的情境。ST2 刚开始到很尴尬,后来通过认知改变,即把自己定位成没有经验的实习生,脱离高中太久,改变了内心尴尬、心虚的情感感受。其内在的情感体验与外在的情感表达都呈现出"正常"的状态。

除了尴尬、心虚的感受改变外,高中英语实习教师在使用认知改变策略时,还涉及对着急和担心的情感改变。以下是实习教师 ST25 的一则情感日志:

"看到别的同学已经开始上课,甚至有人已经上了三四节课,自己的课要下周才开始。心里还是很着急的。主要是因为,自己看了同伴们上的课,听了同学们对一些老师的吐槽,担心自己讲得不生动,没有趣。担心自己串不好词,掌握不好学生们的学习进程。请你不要紧张,站上讲台也不要慌。在备课的时候理清了思路,明确了自己课上要给学生带来什么。在讲台上上课时,就把自己当做学生的朋友,和他们交流。以学生的视角想问题。"(D-ST25-0320)

从实习教师 ST25 的情感日志,不难发现,ST25 在情感劳动过程中使用了认知改变策略,通过安慰自己,鼓励自己,改变了自己对正式上课的认识,从而调整着急和担心的情感,让自己变得更加镇定自若。从 ST25 的描述来看,实习教师都非常在乎自己的课堂教学表现,担心课上不好会给指导教师以及同学们留下不好的影响。然而,当真正上完一堂课后,如果感觉不好,或受到指导教师的负面点评时,不同的实习教师会选择不同的情感劳动策略。以下是实习教师 ST12 在此类情境中所使用的认知改变策略。

"今天是我的指导老师第一次来听我的课,让我特别紧绷,上课的时候眼神总是不自觉地扫过指导老师那里,看看她在干什么,一看到她在做笔记的时候就会感觉很慌。上完课我的自我感觉不是特别好,相较于之前的几节课。下课的时候很忐忑地走到指导老师那里听讲评。老师的点评是:指令语不够清晰,在每个环节之间应该有一个过渡语,或者是对前一阶段的小总结,以及我总是不自觉地蹦出口头禅"对不对"。我真的有种醍醐灌顶的感觉! 十分地一针见血。哈哈哈在点评完后,老师还问我们"这么说能接受吗?",当然可以! 其实老师是害怕伤害了我们的自尊吧,对于我来说真的不会,反而特别期待听到这些指导,觉得特别珍贵,因为在学校的时候,大部分教案交上去就犹如石沉大海,毫无回应,我们不知道自己是哪里不足,哪里需要改进,所以我听到老师这样的指导觉得特别好。在聊天过程中,我们的指导老师也跟我们提到了她以前的实习经历,她们以前是三个人带一个班,能上课的机会只有 2—3 节课,特别少,所以老师也跟我们说,我们这样能锻炼的机会比以前多多了,也觉得自己比较幸运。"(D - ST12 - 0322)

实习教师 ST12 由上课前的"紧绷"到上课中的"心慌"以及下课后的"忐忑",可以看出她对自己教学能力的不自信,但她非常乐意接受指导教师的批评指正,很快调整了内在的情感,因为她将来自指导教师的点评视为其教学成长的契机。正是这种认知改变使得实习教师 ST12 很快能从"紧绷""心慌""忐忑"中走出来,感受到"幸运"。

据此,研究者对英语实习教师在情感劳动中的认知改变策略做了如下操作性定义:教师在教育实习过程中通过改变对某一情境的认识,使内在感受和外在的情感表达都朝积极的一面发展。

4.3.3　分离

分离是指情感劳动者将私人情感与工作情感严格区分开来。教师通过使用分离策略,"将个体自我(personal self)与教师职业所规定的专业角色(professional role)分开,避免职业情感(professional emotion)与私人情感(personal emotion)互相影响"(Yin, 2015)。相比其他职业,教师职业的情境性和规范性较强,当走入课堂的时候,教师往往会尽量不把自身的负面情感带入。实习教师尽管缺乏教学经验,在真正融入教师角色之后,他们往往也能做到公私分明,不让自己的私人情感影响到课堂教学。以下是实习教师 ST29 的情感日志选摘:

"今天一大早收到妈妈的短信,爸爸昨天晚上不小心摔了一跤,膝盖骨折,比较严重，现在正在医院住院治疗。和妈妈通完电话，我心里非常难受，眼泪哗哗流出来。第三节课是我的英语课，我想，作为老师，我不能把这种负面的情绪带到我的课堂上，我把教学内容认真熟悉了一遍，微笑面对同学，比较顺利地上完了这堂课。"(D-ST29-0327)

　　从这一案例，我们不难看出，实习教师 ST29 充分考虑到教学情境，很好地处理了自己的私人情感，避免了私人情感对教学的不良影响。实习教师 ST26 也描述了类似的经历：

　　"今天中午和宿舍的同学发生了一点小争执，心里感到很不爽，不就是点小事情嘛，至于吗？下午去上英语课，这是我第三次上课了。当我走进教室，走上神圣的讲台，我心中的不悦立马烟消云散，开始很投入地给学生上课。"(D-ST26-0411)

　　由上例可以看出，实习教师 ST26 在情感劳动过程中，也使用了分离策略，将私人情感与职业情感区分开来，调整了原来不悦的情感，在踏上讲台的那一刻，感受到了与组织要求相符的积极情感。

　　在焦点团体访谈中，实习教师们对工作中的情感与私人的情感展开了激烈的讨论：

　　我觉得作为教师一定要把工作情感和私人情感分开，比如在实习学校生活很不适应的那种负面情绪，最好不要在学生或指导教师面前表露出来。(FGI-ST6-2)

　　我觉得我们哪怕今天很不开心，但在面对领导、老师或学生的时候，不要把不开心的情绪卷入其中。(FGI-ST27-2)

　　因为我们是实习生，到实习学校实习代表的是师大的形象，别人对我们期待的是积极阳光和努力工作的一面。(FGI-ST26-3)

　　有时候我们难免会有一些疲惫，但在学生面前表现出来真的会传染给他们。(FGI-ST23-4)

　　由焦点团体访谈资料的分析可以看出,高中英语实习教师会充分考虑自己作为实习教师的身份,结合具体的教育实习情境,在情感劳动过程中采用分离的深层行为策略。

　　据此,研究者对英语实习教师在情感劳动中的分离策略做了如下操作性定义:教师在教育实习过程中通过区分私人情感与职业情感,使内在感受以及外在的情感表达都与组织所要求的情感展现规则保持一致。

4.4　自然行为

　　自然行为是指情感劳动者内在的情感感受与组织所要求表达的情感一致,是个体真实、自然的情感表达。国内外学者大多使用"真实情感表达"来描述这一策略(如 Ashforth & Humphrey, 1993; Dahling & Perez, 2010; Diefendorff & Gosserand, 2003; Yin, 2015;刘兵等,2018;杨林峰、胡君辰,2010)。本研究采用"自然行为"的表述,理据如下:第一,相比"真实情感表达",使用"自然行为"这一表述更有利于研究者在对情感劳动策略进行分析时,将其与"深层行为"的"真实"区分开来。"深层行为"策略强调调整内心的感受,以真正体验到组织所要求的情感,使内在的真实感受与外在的情感表达保持一致。基于这一理解,"深层行为"策略也蕴含了"真实",只不过它是一种调节后的"真实"。第二,相比"真实情感表达",自然行为更强调情感表达的"自动性",恰如其分体现了内在真实的情感感受、组织所要求的情感表达以及外在情感表达三个层面的一致性。第三,本研究的资料分析结果显示,当高中英语实习教师内在的情感感受与教育教学的情感目标高度一致时,往往会"自然"流露出真实的情感,且这种情感表达往往是情不自禁的、不由自主的。

　　以往针对服务业员工的情感劳动研究中很少涉及自然行为,但本研究发现,对于英语实习教师来说,尽管在自主权和话语权方面处于弱势,但他们在教育实习过程中,也会使用自然行为策略表达真实情感。正如尹弘飚(2017)所指出的:"和服务业雇员通常面对成年顾客不同,教师在教学中面对的是未成年人的、在权力关系中处于劣势的学生,这种权力关系中的优势地位为教师的情感劳动策略提供了更多选择。"根据对所收集的情感日志进行分析,研究者发现高中英语实习教师在情感劳动中所使用的自然行为策略也包括释放与宣泄,这一研究结果与 Yin(2015)提出的释放(releasing)与宣泄(outpouring)完全一致。

4.4.1 释放

释放是指教师自觉遵循教学职业中蕴含的关爱伦理期望,向学生真诚地表达自己的积极情感的策略(Yin, 2015)。对于实习教师而言,释放不仅仅体现在实习教师与学生的互动中,也体现在实习教师与指导教师的交往之中;它不仅体现在教学中,也体现在教学外。在收集的情感日志中,研究者发现高中英语实习教师非常频繁地使用"释放"策略。以下两段选摘于实习教师 ST14 的两篇实习日志。

"今天的阅读课上得很顺利,老师也说我上得很好。<u>感动,开心,激动</u>,终于得到老师的肯定了! 我要再接再厉! 善始善终,上完这个单元!"(D-ST14-0325)

"今天上完了第三单元最后一节课了,一切顺利,<u>我觉得越来越上手了</u>,指导老师也给了好评,<u>真的好开心</u>。"(D-ST14-0329)

从 ST14 的实习日志可以看出,当实习教师的课堂教学表现得到指导教师的认可后,他们往往会释放出自己的积极情感。对实习教师而言,教育实习期间所取得的教学进步无疑会增加他们的自信,使他们体验到成就感,自然流露出开心、快乐等积极情感。

除了教学方面外,实习教师在课余的实习工作中也会自然体验到积极的情感。这种积极的情感体验往往与学生的表现密切相关。以下是实习教师 ST18 在观看学生做早操时的情感体验。

"看高一的学生们做早操<u>真的是一件很开心很享受的事情</u>,一操场的人排着整整齐齐的队伍,齐刷刷地穿着一样的校服,<u>看着就很舒服</u>。而且这第三套广播体操《放飞理想》的音乐也很悦耳,给人一种很优美、清新青春又向上的感觉。我们早上都是站在队伍的后面看他们,有一些学生的姿势很搞笑,说他做错吧好像又没错,没法扣分,说对吧,又奇奇怪怪的,<u>看着想笑。哎,其实我们以前读高中不也是这样子的嘛</u>。"(D-ST18-0410)

达出所需要的情感，而蓄意不同步行为侧重的是一种主动表达，即情感劳动者为了"达到"教育教学的目标或效果而"故意"表达出符合教育教学情境的情感。蓄意不同步行为既有利于教师身心健康的发展，又有利于促进学生的学习。

以下是实习教师 ST25 在处理学生不记单词时的情感体验与表达：

"今天有几个同学单词完全写不出来，我假装很生气的样子批评了这几位同学，其实我心里并不生气。要是天天生气，还要被他们气死。我只是想让他们知道单词的重要性，单词不会写，怎么学英语啊？可怜为师的关爱之心啊。"（D-ST25-0410）

面对学生不记单词的情况，教师本应该感到生气。但实习教师 ST25 认为生气不利于其身心健康，所以并不为此感到生气。但为了学生的未来发展，提高学生成绩，ST25 在学生面前假装生气，让学生意识到不记单词的严重性。由此看来，ST25 所表现出来的生气情感并不是其真正的心理感受，这种假装生气既不危害其身心健康发展，又有利于教学，是一种典型的蓄意不同步行为策略。"中国文化背景下，教师具有一定的权威性，这种师道尊严、权威性在情感要求上体现在严肃和蓄意不同步生气上，不同于西方文化中更强调教师的同情和直接情感表达。"（李红菊，2014：42）

通过对实习教师的情感日志分析，研究者还发现，对仅仅实习一个半月左右的实习教师来说，使用蓄意不同步行为策略的频率相对较低，这一点在随后的问卷调查中也有所体现。

据此，研究者对高中英语实习教师在情感劳动中的蓄意不同步行为策略做了如下操作性定义：高中英语实习教师在教育实习过程中为了促进学生的学习和教学目标的达成，假装表现出消极情感（如生气、失望等），但心里并没有体验到这种消极情感。

4.6　小结

综上，我们可以用图 4-1 描述高中英语实习教师在教育实习过程中的情感劳动策略。横坐标代表情感体验，纵坐标代表情感表达。当英语实习教师内在

在这则案例中，实习教师 ST18 的积极情感体验来源于学生的课余生活。在我国的中小学校，统一穿校服已经成为学生的一种行为规范，做早操也是一直以来的传统。然而这些在中小学看似司空见惯的现象，在大学里几乎不存在。整齐划一的做早操情景使实习教师既感到新奇，又感到回味无穷，仿佛回到了曾经的高中时代。

开心、快乐是实习教师释放最多的情感，除此之外，在和学生以及指导老师的交往过程中，实习教师还会体验到感动的情感。ST12 描述了她在结束实习的前一个晚上的情景：

"和他们离别的前一个晚上，同学们给我的是巨大的惊喜。唱歌跳舞游戏样样不少，开场第一首歌曲我就掉下了眼泪，确实完全没想到，也太惊喜了吧。给我送了巨大的洋娃娃，给我做了一本手账。因为下雨，我东西比较多，班主任开车送我回去，并且把我的东西帮我扛上了我的宿舍，这一晚，是完完全全被感动的一晚，有很多爱，有很多幸福。

晚上看着每个人亲手做的手账，我的眼泪哗哗地往下流。她们写到"20：55是我们见到你的第一刻。"我也多希望地球是圆的，让我走着走着，还能遇见你们。"（D-ST12-0424）

大部分实习教师在离别时都会经历"感动"的场面。ST12 离别时的感动直接来源于指导教师的关心以及学生的特殊礼物。尤其是学生亲手做的"手账"，里面充满了师生之间的关心、肯定和爱，让 ST12 的眼泪"哗哗地往下流"，流露出当时真实、自然的情感。

据此，研究者对英语实习教师在情感劳动中的释放策略做了如下操作性定义：教师在教育实习过程中的投入、成就感以及师生情感交流所带来的真实的、积极的情感体验与表达。

4.4.2　宣泄

宣泄是指教师真诚地向学生表达愤怒或焦虑等负面情感的策略（Yin，2015）。对教师而言，真诚地表达这些情感可能有助于实现他们的教学目标，比如教师对反复违反课堂纪律的学生表现出不悦，并进行严厉的批评。通过对情

感日志的分析,研究者发现,部分高中英语实习教师在情感劳动中使用了宣泄策略。以下是实习教师 ST4 维护课堂纪律的一次情感经历:

"我在窗外巡视时发现班上闹哄哄一片,走进教室让他们安静,学生们也没有听进去,最后我有点生气了,直接坐在班里,严肃地提醒他们不要说话,这时纪律才稍有好转。"(D-ST4-0316)

从这一则案例来看,当 ST4 发现班上纪律不好,温馨提醒学生,但纪律并没有好转,后来为了让同学们安静下来,ST4 直接表露了自己真实的情感,起到了很好的效果。显然,ST4 使用了宣泄策略,通过真诚地向学生表达生气的消极情感,最终实现了课堂纪律的好转,有助于创建良好的学习氛围,促进学生的学习。

实习教师使用宣泄策略既体现在平时的课堂纪律管理中,也体现在常规教学的课堂管理中。以下是实习教师 ST25 的一次课堂教学情感经历:

"今天是我第五次上课了,上课的时候发现最后一排的两个同学总是你推推我,我推你,不知道他俩在干什么,我真的有点生气了,朝这两个同学瞪了几秒钟,我在给他们传送一个信号:"你们的违纪行为已经让老师不开心了",其中一个同学似乎意识到了,用手推了推另外一个同学,在随后的上课中,我又时不时对他们进行扫视。"(D-ST25-0412)

ST25 在课堂教学中为了提醒后排的两位同学认真听课,直接表露出对其违纪行为的不满,维护了课堂纪律,有助于课堂教学的顺利进行。由此看出,ST25 在体验到生气的情感后,直接表露出真实的情感,在情感劳动中运用了宣泄的策略。

在焦点团体访谈中,实习教师们围绕是否可以直接宣泄心中的消极情感发表了看法,以下是实习教师 ST30 发表的观点:

有时候不能以一种很轻松或很随意的心态跟那些违反纪律的学生交流,跟他们来点硬的,也就是说,直接表露出内心的生气,可能效果会更好。(FGI-ST30-4)

大部分参与者表示同意 ST30 的说法,但也有少部分参与者认为,实习直接宣泄心中的不悦、愤怒等负面情感可能会带来严重的后果。

现在的孩子经不起老师的批评,倘若我们作为实习教师,直接跟学生发他们跟我们顶撞怎么办? 跳楼怎么办? 所以我个人认为在实习过程中尽量 直接宣泄内心的负面情感,我们当然是为了他们好,但后果谁来负? (FG ST25)

由此看来,关于是否可以采用宣泄策略,自然表达内心的消极情感,参与点团体访谈的高中英语实习教师持有不同的观点,但无论怎样,这种情感劳动略在本研究中客观存在。

据此,研究者对高中英语实习教师在情感劳动中的宣泄策略做了如下操性定义:教师在教育实习过程中为了实现教育教学目标,真诚、自然地表达生不满、失望等情感的策略。

4.5 蓄意不同步行为

蓄意不同步行为是指情感劳动者有意识地让外在情感表达独立于内在心感受的情感劳动策略。Zapf(2002)认为,情感劳动存在"蓄意不同步行为",个既要表现出组织所期望的情感规则,同时又要保持内心处在中性的状态之中从文献分析来看,很少有学者将蓄意不同步行为单独列为与表层行为、深层行等相并列的策略,如 Yin(2015)在对中国教师课堂教学的情感劳动策略进行分类时,将蓄意不同步行为所反映的策略(如"刀子嘴,豆腐心")归为表层行为策略。但也有研究者(如胡君辰,2010;李红菊,2014)将蓄意不同步行为视为与表层行为和深层行为并列的情感劳动策略,认为蓄意不同步行为与表层行为和深层行为有本质的区别。对教师而言,蓄意不同步行为是指教师假装生气,但是心里并不生气,既有利于健康,也有利于教学,是利益最大化行为(李红菊,2014:42)。从字面理解上来看,蓄意不同步行为与表层行为策略较为相似,即都是外的情感表达与内在的真实感受不一致。但从行为侧重来看,表层行为侧重的是一种被动表达,即情感劳动者为了"迎合"组织的情感展现规则而"不得不"表

情感表达

不一致　　　　　　　　　　　　　一致

①

表层行为　　　　　　　　深层行为
·隐藏　　　　　　　　　·注意力转移
·抑制　　　　　　　　　·认知改变
·伪装　　　　　　　　　·分离

情感体验 ──────────────────────── 情感体验

③　　　　　　　　　　　　　　④

蓄意不同步行为　　　　　自然行为
　　　　　　　　　　　　·释放
　　　　　　　　　　　　·宣泄

情感表达

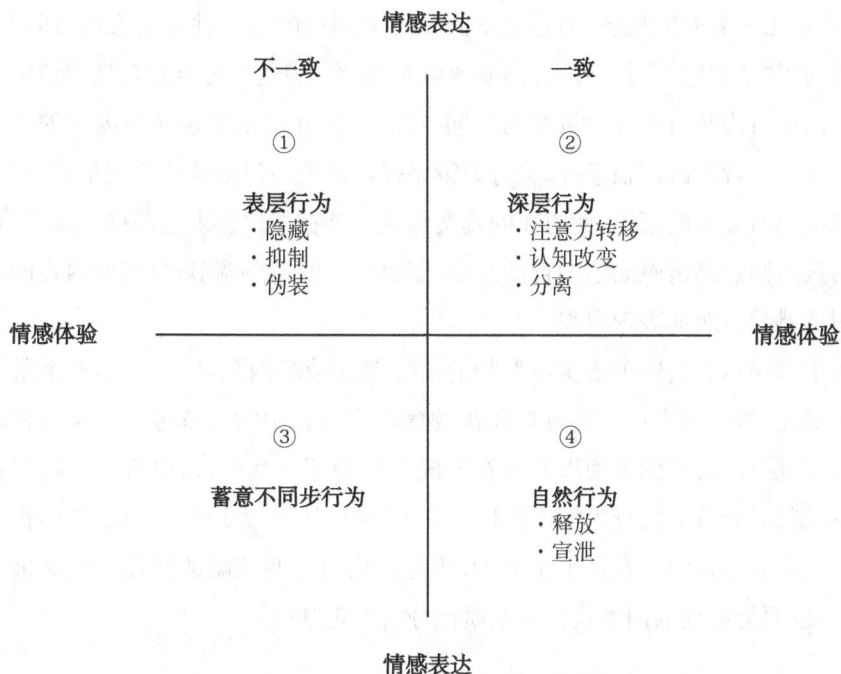

图 4-1　高中英语实习教师的情感劳动策略

的情感体验与外在的情感表达不一致时,所体现的情感劳动策略为表层行为和蓄意不同步行为;反之,当其内在的情感体验与外在的情感表达保持一致时,所体现的情感劳动策略为深层行为和自然行为。具体而言,当英语实习教师运用表层行为策略时,往往隐藏或抑制自己感受到的消极情感,伪装积极的情感,以满足教育教学情境中所要求的情感表达;他们运用蓄意不同步行为策略时,往往故意表达出消极情感,与此同时保持内心的中性情感或积极情感,以达到有效的教育教学目标;英语实习教师运用深层行为策略时,往往通过转移注意力、认知改变以及分离等途径努力调节自己内在的感受,使内在的情感体验与外在的情感表达保持一致,展现教育教学情境中所要求的情感;当他们运用自然行为策略时,往往通过释放和宣泄的途径自然地表达内心真实的情感,其情感感受与教育教学情境中所要求的情感具有一致性。

从纵向坐标来看,蓄意不同步行为与表层行为策略的共同点在于:外在的情感表达与内在的真实感受不一致。二者的区别在于:从行为侧重来看,表层行为侧重的是一种被动表达,即情感劳动者为了"迎合"组织的情感展现规则而"不得不"表达出所需要的情感,而蓄意不同步行为侧重的是一种主动表达,即情感劳动者为了"达到"教育教学的目标或效果而"故意"表达出符合教育教学情境的情感。深层行为与自然行为策略的共同点在于:外在的情感表达与内在的真实感受一致。二者的区别在于:深层行为策略强调对内在消极情感的调整,以真正体验到组织所要求的情感,使内在的真实感受与外在的情感表达保持一致,而自然行为策略则强调情感表达的自动性,不需要过多的情感调节过程,使内在的真正的情感感受自然地表现出来。

本章揭示了高中英语实习教师的情感劳动策略内涵,回答了第一个研究问题。研究发现,高中英语实习教师在教育实习过程中的情感劳动策略涵盖表层行为、深层行为、自然行为以及蓄意不同步行为等。其中,表层行为策略包括隐藏、抑制和伪装;深层行为策略包括注意力转移、认知改变以及分离;自然行为策略包括释放与宣泄。在每个小节后,研究者均对这些策略的操作性定义进行了界定,以便为后续的问卷设计以及质性分析奠定基础。

第5章

高中英语实习教师情感劳动策略的
使用现状

5.1 导言

在第3章中,研究者已对研究对象、研究工具、研究问题、研究路径,以及研究工具的数据检测等方面进行了详细阐述。其中,研究者主要对所使用的量化研究工具《高中英语实习教师情感劳动策略问卷》的编制、检测和正式问卷的形成以及信效度的检测过程进行了具体介绍。我们将在本章对量化研究数据的结果进行详细总结与分析。本章共分为4节,其中5.1作为本章的导言,对本章主要构成与内容进行概述;接下来在5.2中,将详细汇报情感劳动策略问卷的描述性统计、独立样本 T 检验、配对样本 T 检验和单因素方差分析等量化统计结果,以此深入探究高中英语实习教师情感劳动策略的现状;在以上统计结果的基础之上,5.3对高中英语实习教师情感劳动策略在性别、学历、实习时间等人口统计学变量上存在的差异性问题进行详细的分析与讨论,以此对第4章质性研究分析所得出的结论进行量化的验证;最后,5.4对本章研究结论进行简要回顾与总结。

5.2 量化研究结果

5.2.1 实习教师情感劳动策略的描述性统计

为具体描述高中英语实习教师情感劳动策略现状,研究者将在本节中对《高中英语实习教师情感劳动策略问卷》(正式版)的相关数据进行描述性统计。参与正式问卷调查的实习教师共 413 名,经筛查最终保留 379 份有效样本(正式问卷题项构成详见第 3 章表 3 - 15)。对情感劳动策略问卷各维度的描述性统计结果见表 5 - 1。

表 5 - 1　情感劳动策略各维度描述性统计

维度		样本量(N)	最小值(Min)	最大值(Max)	平均值(Mean)	标准差(SD)
表层行为	伪装	379	1.000	5.000	3.936	1.044
	抑制	379	1.000	5.000	3.726	0.914
	隐藏	379	1.000	5.000	3.846	0.923
深层行为	认知改变	379	1.000	5.000	3.900	0.866
	注意力转移	379	1.000	5.000	4.120	0.822
	分离	379	1.000	5.000	4.111	0.838
自然行为	释放	379	1.600	5.000	3.827	0.852
	宣泄	379	1.000	5.000	3.279	1.137
蓄意不同步行为		379	1.000	5.000	3.373	1.170
总问卷		379	1.316	4.895	3.773	0.615

表 5 - 1 是对高中英语实习教师情感劳动策略 9 项维度的描述性统计结果,通过观察各维度的均值有助于我们了解实习教师在情感劳动策略使用情况上的总体水平。本问卷的量表部分采用李克特五级量表计分,因此以 3 分作为理论上的中间值。首先,总问卷的平均分为 3.773,高于中间值 3 分,这意味着当前高中英语实习教师的情感劳动策略普遍处于较高水平。其次,从各维度的平均值来看,四大维度及其所包含的共 9 项子维度的均值皆高于中间值 3 分,尤其在注意力转移和分离策略的均值上超过了 4 分。具体而言,深层行为中的注意力转移维度得分最高(Mean = 4.120),其次为深层行为中的分离(Mean = 4.111)和表层行为中的伪装(Mean = 3.936)。而相对而言,宣泄策略的得分最低(Mean = 3.279)。以上数据表明实习教师在教育实习工作中所体验到的情感类别较为丰富,且为适应特定的教学需求和多样的情感需求,实习教师通常更倾向于通过努力调动积极情感,主动将生活情感与工作情感相区分,或是转移注意力的途径,以此来调节内在的情感体验,使之与教育教学所要求的情感表达保持一

致。此外,整体均值排名前三的分别为深层行为、表层行为和自然行为策略,其平均值依次为 4.063、3.819 和 3.553。这意味着实习教师除了善于对情感进行简要的修饰来达到适宜的状态,以此保证教学工作的顺利推进之外,也掌握了一定的深层行为能力,能有意识地主动感知教学工作所需要的情感。相比较而言,实习教师在蓄意不同步行为上的使用频率最低,均值仅为 3.373。教师在展现教育教学所需要的适当情感的同时,还常需要维持内心情感的中立以此避免受外在情感的影响,蓄意不同步行为作为能达到内外情感平衡最大化的调节策略,是国内中小学教师常使用的一种情感劳动策略。而以上数据分析结果表明高中英语实习教师在平衡内心情感与教学需求,实现利益最优化的能力方面还有待提升。

　　此外,表 5-1 还呈现了情感劳动策略各维度的标准差统计结果。通过观察标准差,有助于我们进一步了解有效样本数据的波动情况。标准差越大,表明数值与其均值之间的离散程度越大;反之,标准差越小,则表明数值与其均值之间的差异越小。由上表可见,总体来说,各情感劳动策略的标准差不存在明显差异,大部分策略的标准差集中在 0.822 至 0.923 之间,仅伪装(SD=1.044)、宣泄(SD=1.137)和蓄意不同步行为(SD=1.170)三种情感劳动策略的标准差较其他策略而言偏高。这表明样本数据在伪装、宣泄和蓄意不同步行为三类维度的值与均值之间平均差异的离散趋势较为明显,因此意味着实习教师在以上三类情感劳动策略上或许存在显著差异,这将在本章 5.2.2 部分作进一步验证与分析。

　　为检测表层行为、深层行为、自然行为和蓄意不同步行为四类策略两两之间的差异性,研究者对它们进行了配对样本 T 检验(paired sample T-test),结果见表 5-2。

表 5-2　情感劳动策略配对样本 T 检验

名称			配对(平均值±标准差)		差值(配对1-配对2)	t	p
			配对 1	配对 2			
表层行为	配对	深层行为	3.82±0.83	4.06±0.71	−0.24	−6.406	0.000**
表层行为	配对	自然行为	3.82±0.83	3.55±0.77	0.27	5.665	0.000**
表层行为	配对	蓄意不同步	3.82±0.83	3.37±1.17	0.45	7.017	0.000**
深层行为	配对	自然行为	4.06±0.71	3.55±0.77	0.51	13.600	0.000**
深层行为	配对	蓄意不同步	4.06±0.71	3.37±1.17	0.69	11.216	0.000**
自然行为	配对	蓄意不同步	3.55±0.77	3.37±1.17	0.18	3.278	0.001**

从析出结果可见，四类情感劳动策略维度两两之间皆呈现显著性差异（$t_{表层行为-深层行为} = -6.406$、$t_{表层行为-自然行为} = 5.665$、$t_{表层行为-蓄意不同步} = 7.017$、$t_{深层行为-自然行为} = 13.600$、$t_{深层行为-蓄意不同步} = 11.216$、$t_{自然行为-蓄意不同步} = 3.278$，$p < 0.001$），具体表现在深层行为>表层行为>自然行为>蓄意不同步行为。这表明高中英语实习教师在情感劳动过程中，更多地采用了深层行为策略，其次为表层行为和自然行为策略，使用最少的是蓄意不同步行为策略。这也意味着实习教师在实习工作过程当中所体验到的情感基本与师德或教学工作要求是相符的，当在教学工作中遇到困难或挫败时，实习教师也能主动对自身的内在情感作出调整，尽力表现出教育教学情境中所需要的情感。

为进一步把握被试在整体问卷和各维度上所呈现出的情感劳动现状，研究者基于正态分布数据中高低分组的标准将样本数据划分为高分组（Mean>4）、中分组（2<Mean≤4）和低分组（Mean≤2）（见表5-3），由此对高中英语实习教师的情感劳动策略使用水平进行探讨。

表5-3　情感劳动策略的分组水平(N=379)

策略	维度	组别	人数	百分比(%)
表层行为	伪装	低分组	33	8.70
		中分组	153	40.37
		高分组	193	50.92
	抑制	低分组	28	7.39
		中分组	211	55.67
		高分组	140	36.94
	隐藏	低分组	25	6.60
		中分组	191	50.40
		高分组	163	43.01
深层行为	认知改变	低分组	17	4.49
		中分组	200	52.77
		高分组	162	42.74
	注意力转移	低分组	9	2.37
		中分组	163	43.01
		高分组	207	54.62

续　表

策略	维度	组别	人数	百分比(%)
	分离	低分组	11	2.90
		中分组	163	43.01
		高分组	205	54.09
自然行为	释放	低分组	2	0.53
		中分组	227	59.89
		高分组	150	39.58
	宣泄	低分组	78	20.58
		中分组	201	53.03
		高分组	100	26.39
蓄意不同步行为		低分组	75	19.79
		中分组	194	51.19
		高分组	110	29.03
总问卷		低分组	4	1.06
		中分组	221	58.31
		高分组	154	40.63
总计		/	379	100

表 5-3 显示,379 位被试实习教师中,在各情感劳动策略子维度中被归为高分组人数最多的有伪装(N=193,占比 50.92%)、注意力转移(N=207,占比 54.62%),以及分离(N=205,占比 54.09%);相反地,在量表各项维度中被划分为低分组人数最多的前三项策略有宣泄(N=78,占比 20.58%)、蓄意不同步行为(N=75,占比 19.79%)以及伪装(N=33,占比 8.70%)。首先,以上析出数据显示在高分组人数和低分组人数前三位中皆有伪装策略,这在一定程度上意味着受试英语实习教师对于这一情感劳动策略的认同和使用情况上存在着差异,这或许与本研究中受试对象的构成情况有关。受试实习教师同时涉及本科和硕士研究生两类学历,且教师所在的实习学校类别、地域皆涵盖了国内从东北到华南各区域的城区与乡镇中的重点中学与普通中学。针对差异的具体表现与原因,本研究将在 5.2 和 5.3 小节中进行详细检测与分析。其次,通过高分组人数

的划分结果可见,当前高中英语实习教师在教育实习过程当中呈现出较多地通过伪装策略,即调节其外部表现(如肢体动作、声音、面部表情等)使得自身的情感表达符合教育教学需要,但此种状态下实习教师的内心情感通常不会发生改变。再次,我们还需看到当前实习教师也已能较多地使用深层行为,如注意力转移、分离等策略来调控自身情感表达。即在实习生活中,当英语实习教师们面对实习工作或生活中的困难与挫折时,他们能够通过转移当下的注意力,或者将"个人情感"和"工作情感"相区别等内部心理调节方式来使得自身情感表达符合教学要求,在此情况下教师的内部情感与外在行为皆发生了改变。最后,由对低分组人数的汇总可知,当前高中英语实习教师主要在宣泄、蓄意不同步行为这两大策略的使用上稍显不足,这意味着在未来的实习教师职前培训中从专业教师到指导教师需进一步完善对以上策略的指导。总体而言,当前高中英语实习教师的情感劳动水平虽在整体上达到中等以上水平,但其中仍存在一定的不均衡性,而针对导致以上现状的缘由我们可从影响实习教师情感劳动的宏观环境(如社会文化背景、情感展现规则等)、中观环境(如指导教师、学生等)和微观环境(如人格特质、教师信念等)三大因素进行探讨,这一部分我们将在下文结合差异分析作进一步探讨。

5.2.2　实习教师情感劳动策略的差异分析

1. 性别差异

在以往的情感劳动实证研究中已较为普遍地证实了个体的情感劳动存在着性别差异,即女性员工通常被认为情感体验更为丰富,更善于情感表达,因此比男性员工更善于进行情感劳动,也更能恰当地展现组织所期望的情感。同时还有研究者发现在情感劳动中,女性更倾向于使用表层行为(Brotheridge & Grandey, 2002; Kruml & Geddes, 2000; Totterdell & Holman, 2003)。为检测高中英语实习教师情感劳动策略的性别差异,研究者将 379 份正式问卷的析出数据分别从表层行为、深层行为、自然行为和蓄意不同步行为四大维度上进行男(N=26)、女(N=353)两组的独立样本 T 检验。详细数据见表 5-4～表 5-7和图 5-1。

表 5-4　表层行为策略各维度的性别差异

维度		性别（平均值±标准差）		t	p
		男（N=26）	女（N=353）		
表层行为	伪装	3.91±1.17	3.94±1.04	0.114	0.909
	抑制	3.90±0.87	3.71±0.92	−0.988	0.324
	隐藏	3.77±0.80	3.85±0.93	0.440	0.660

* $p<0.05$ ** $p<0.01$

表 5-5　深层行为策略各维度的性别差异

维度		性别（平均值±标准差）		t	p
		男（N=26）	女（N=353）		
深层行为	认知改变	3.96±0.93	3.90±0.86	−0.376	0.707
	注意力转移	4.04±0.76	4.13±0.83	0.521	0.602
	分离	3.97±0.93	4.12±0.83	0.885	0.377

* $p<0.05$ ** $p<0.01$

表 5-6　自然行为策略各维度的性别差异

维度		性别（平均值±标准差）		t	p
		男（N=26）	女（N=353）		
自然行为	释放	3.78±0.93	3.83±0.85	0.310	0.757
	宣泄	3.46±1.00	3.27±1.15	−0.849	0.396

* $p<0.05$ ** $p<0.01$

表 5-7　蓄意不同步行为策略的性别差异

维度	性别（平均值±标准差）		t	p
	男（N=26）	女（N=353）		
蓄意不同步行为	3.48±1.10	3.36±1.18	−0.488	0.626

* $p<0.05$ ** $p<0.01$

　　研究者基于情感劳动策略的四大维度对 379 份样本在男女性别上的差异情况进行了独立样本 T 检验。结果显示，各项维度的 p 值均高于 0.05，因而男女实习教师在情感劳动策略的使用情况上不具有显著性差异，这或许在于男女实

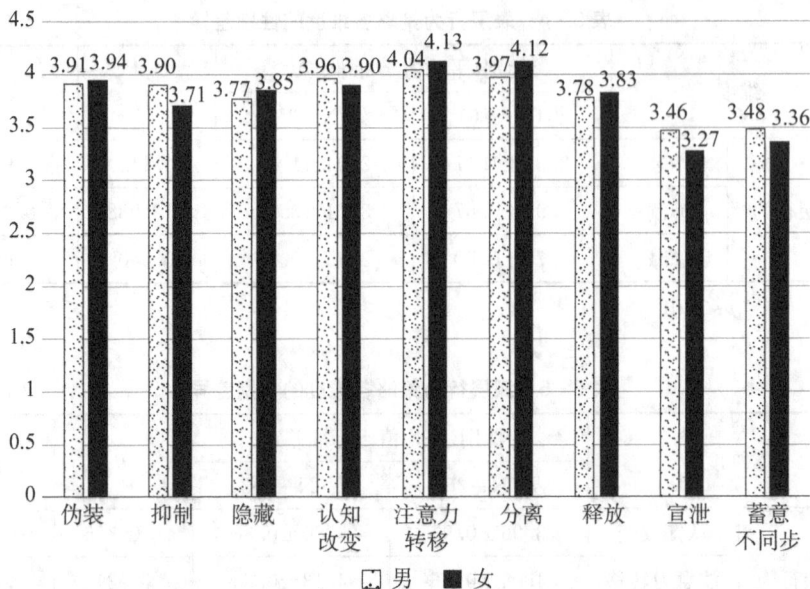

图 5-1　情感劳动策略的性别差异柱形图

习教师人数差异较大(男性实习教师仅为 26 人)从而对定量研究结果造成一定偏差导致的。这一差异也与我国当前高中英语教师性别构成现状相符。但从整体上来看,男性实习教师的均分稍高于女性实习教师。此外,无论是男性还是女性实习教师,在情感劳动策略的使用方面均呈现出深层行为高于表层行为、自然行为和蓄意不同步行为的现状,且男女实习教师在宣泄和蓄意不同步行为两个子策略的使用频率方面皆呈现较低水平。而在情感劳动策略的四大维度上,女性实习教师的深层行为得分最高(M=4.05)。由此可见,性别并不是影响实习教师情感劳动策略使用的主要因素,无论是男性实习教师,还是女性实习教师,他们为了能在学生和指导教师面前展现出自信从容或友善温和的状态,都更多地采用了深层行为策略对自身的情感进行调控。

2. 学历差异

为探究情感劳动策略的学历差异,研究者对高中英语实习教师的学历变量在四大情感劳动策略维度上的差异进行了单因素方差检验。检测结果详见图5-2和表5-8～表5-11。

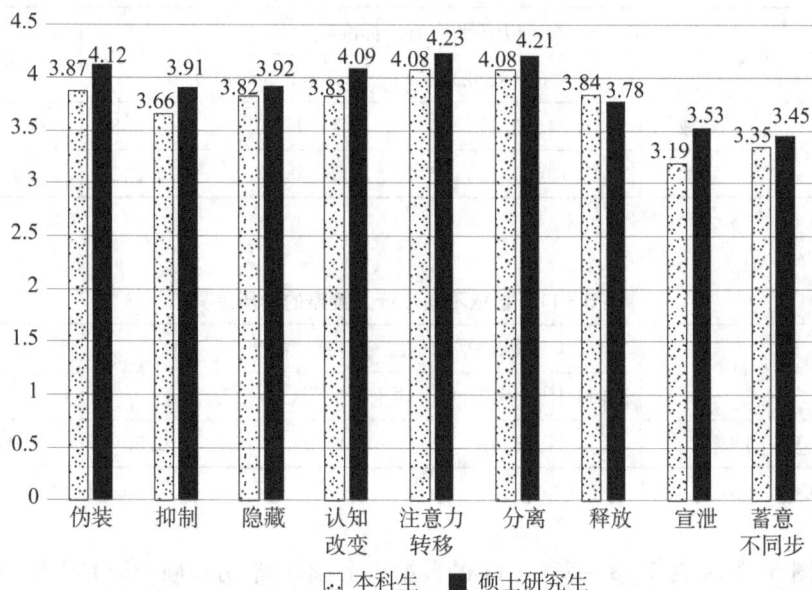

图5-2　情感劳动策略在学历上的差异性柱形图

表5-8　表层行为策略各维度的学历差异

维度		学历（平均值±标准差）		F	p
		本科生（N=282）	硕士研究生（N=97）		
表层行为	伪装	3.87±1.08	4.12±0.90	4.251	0.040*
	抑制	3.66±0.98	3.91±0.67	5.250	0.022*
	隐藏	3.82±0.96	3.92±0.79	0.858	0.355

* $p < 0.05$ ** $p < 0.01$

表5-9　深层行为策略各维度的学历差异

维度		学历（平均值±标准差）		F	p
		本科生（N=282）	硕士研究生（N=97）		
深层行为	认知改变	3.83±0.90	4.09±0.75	6.568	0.011*
	注意力转移	4.08±0.84	4.23±0.75	2.371	0.124
	分离	4.08±0.87	4.21±0.75	1.669	0.197

* $p < 0.05$ ** $p < 0.01$

表5-10 自然行为策略各维度的学历差异

维度		学历(平均值±标准差)		F	p
		本科生(N=282)	硕士研究生(N=97)		
自然行为	释放	3.84±0.87	3.78±0.80	0.338	0.561
	宣泄	3.19±1.18	3.53±0.97	6.242	0.013*

*p<0.05 **p<0.01

表5-11 蓄意不同步行为策略的学历差异

维度	学历(平均值±标准差)		F	p
	本科生(N=282)	硕士研究生(N=97)		
蓄意不同步行为	3.35±1.18	3.45±1.13	0.509	0.476

*p<0.05 **p<0.01

图5-2和表5-8~表5-11的数据显示,本科学历和硕士研究生学历的高中英语实习教师在表层行为、深层行为和自然行为维度上,皆呈现出显著性差异。具体来看,不同学历的实习教师分别在表层行为下的伪装($p=0.040$)和抑制($p=0.022$)、深层行为中的认知改变($p=0.011$),以及自然行为中的宣泄($p=0.013$)这四种子策略上存在着显著差异。以上结果表明,学历为硕士研究生的高中英语实习教师通常已掌握更为丰富的理论知识,甚至教学实践经验,因此在教学工作中遇到困难或挫折时,通常会比学历为本科的实习教师更倾向于通过采用多样化的情感劳动策略,如伪装、抑制或是宣泄来掩盖内心的消极情感,并向外展现出积极情感。与此同时,较高学历的实习教师由于在价值取向上比低学历者更为稳定,因而他们也更倾向于使用认知改变这类深层行为,及时转化对外界事物的观念。

3. 实习学校所在地差异

为进一步探究实习教师情感劳动现状在组织因素上的差异,研究者对实习教师情感劳动策略在实习学校所在地的差异现状进行分析。首先,图5-3显示的为九类情感劳动策略维度在实习学校所在地间的均值差异。整体看来,无论是乡镇、县城,还是在市区高中实习的英语教师,都在注意力转移、分离这两项维度中具有较高的使用率,并在宣泄和蓄意不同步行为策略中表现出较低的使用频率。

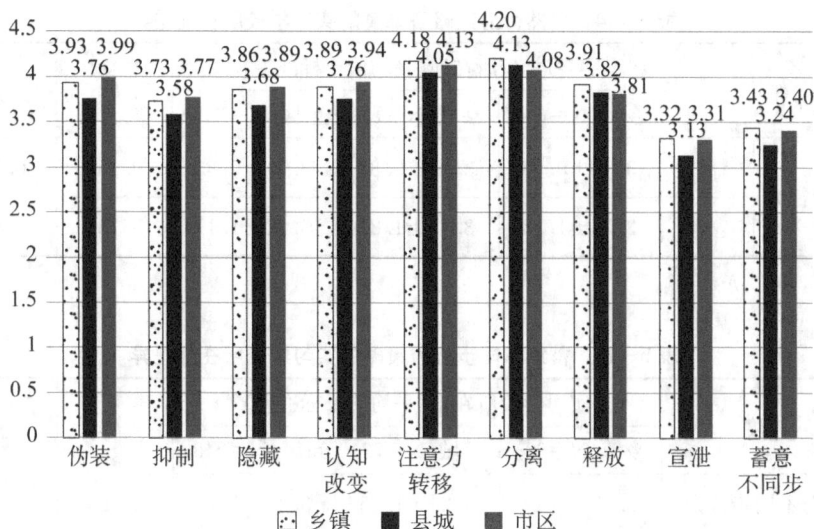

图 5-3　情感劳动策略在实习学校所在地上的差异性柱形图

　　为进一步探究高中英语实习教师情感劳动策略的使用在实习地域上的差异性,我们对 379 份样本的数据从伪装、抑制、隐藏、认知改变等九项维度上进行了单因素方差分析(One-Way ANOVA),析出结果见表 5-12~表 5-15。

表 5-12　表层行为策略各维度的实习所在地差异

维度		实习学校所在地(平均值±标准差)			F	p
		乡镇(N=60)	县城(N=73)	市区(N=246)		
表层行为	伪装	3.93±1.03	3.76±1.20	3.99±1.00	1.313	0.270
	抑制	3.73±0.97	3.58±1.13	3.77±0.82	1.244	0.289
	隐藏	3.86±0.95	3.68±1.13	3.89±0.84	1.587	0.206

* $p < 0.05$ * * $p < 0.01$

表 5-13　深层行为策略各维度的实习所在地差异

维度		实习学校所在地(平均值±标准差)			F	p
		乡镇(N=60)	县城(N=73)	市区(N=246)		
深层行为	认知改变	3.89±0.93	3.76±1.00	3.94±0.81	1.311	0.271
	注意力转移	4.18±0.84	4.05±0.90	4.13±0.79	0.456	0.634
	分离	4.20±0.86	4.13±0.88	4.08±0.82	0.481	0.619

* $p < 0.05$ * * $p < 0.01$

表 5-14　自然行为策略各维度的实习学校所在地差异

维度		实习学校所在地（平均值±标准差）			F	p
		乡镇（N=60）	县城（N=73）	市区（N=246）		
自然行为	释放	3.91±0.93	3.82±0.87	3.81±0.83	0.350	0.705
	宣泄	3.32±1.18	3.13±1.21	3.31±1.11	0.731	0.482

* $p<0.05$　** $p<0.01$

表 5-15　蓄意不同步行为策略的实习学校所在地差异

维度	实习学校所在地（平均值±标准差）			F	p
	乡镇（N=60）	县城（N=73）	市区（N=246）		
蓄意不同步行为	3.43±1.17	3.24±1.25	3.40±1.15	0.629	0.534

* $p<0.05$　* * $p<0.01$

从表 5-12~表 5-15 的单因素方差分析结果可知,不同实习地域的实习教师在各项情感劳动策略的使用中并未存在显著差异。这意味着实习学校所在地的差异并不是影响高中英语实习教师情感劳动的主要因素。但从整体的均分来看,三类实习地域的实习教师皆表现出了在深层行为中的较高使用率,即在注意力转移和分离中的均分较高。此外,无论是在乡镇、县城还是市区高中实习的英语教师,在宣泄和蓄意不同步行为上的得分均低于各自类别在其他维度上的得分。这再次印证了在教学工作经验上较为缺乏的实习教师,其在工作过程中更倾向于通过努力感受教学工作所要求的情感,或是投入较多的情感资源,以此来保证其情感表达是适宜的;而与此相反,他们通常不善于直接表露消极情感。

4. 实习学校类别差异

以下将详细探讨实习学校类别这一变量在高中英语实习教师情感劳动策略中的差异性问题。图 5-4 呈现了九类情感劳动策略在不同实习学校类别中的均值分布。为进一步把握不同实习学校类别下各类情感劳动策略的差异性,研究者针对各维度进行了单因素方差分析（One-Way ANOVA）,统计结果详见表 5-16~表 5-19。

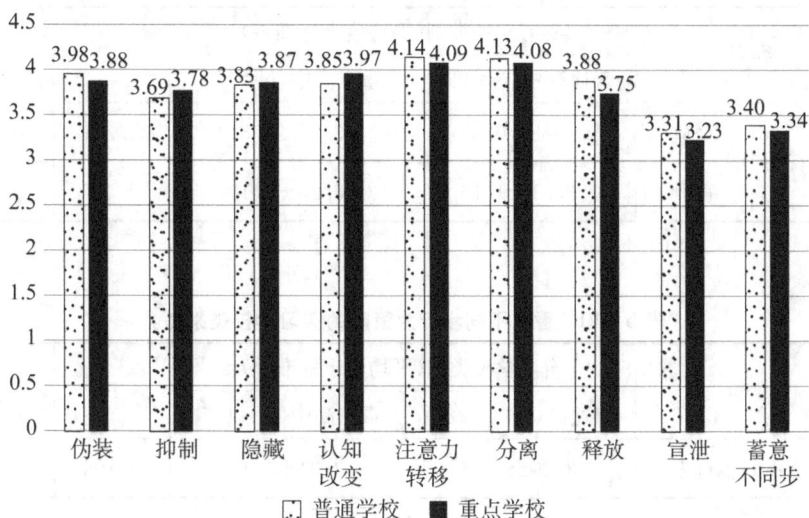

图 5-4　情感劳动策略在实习学校类别上的差异性柱形图

表 5-16　表层行为策略各维度的实习学校类别差异

维度		实习学校类别(平均值±标准差)		F	p
		普通高中(N=222)	重点高中(N=157)		
表层行为	伪装	3.98±1.06	3.88±1.02	0.800	0.372
	抑制	3.69±0.98	3.78±0.82	0.927	0.336
	隐藏	3.83±0.98	3.87±0.84	0.128	0.721

* $p < 0.05$ ** $p < 0.01$

表 5-17　深层行为策略各维度的实习学校类别差异

维度		实习学校类别(平均值±标准差)		F	p
		普通高中(N=222)	重点高中(N=157)		
深层行为	认知改变	3.85±0.91	3.97±0.80	1.890	0.170
	注意力转移	4.14±0.83	4.09±0.81	0.420	0.517
	分离	4.13±0.84	4.08±0.84	0.313	0.576

* $p < 0.05$ ** $p < 0.01$

表 5 - 18　自然行为策略各维度的实习学校类别差异

维度		实习学校类别（平均值±标准差）		F	p
		普通高中（N=222）	重点高中（N=157）		
自然行为	释放	3.88±0.87	3.75±0.81	2.321	0.128
	宣泄	3.31±1.16	3.23±1.10	0.405	0.525

* $p<0.05$ ** $p<0.01$

表 5 - 19　蓄意不同步行为策略的实习学校类别差异

维度	实习学校类别（平均值±标准差）		F	p
	普通高中（N=222）	重点高中（N=157）		
蓄意不同步行为	3.40±1.18	3.34±1.16	0.199	0.656

* $p<0.05$ ** $p<0.01$

由表 5 - 16~表 5 - 19 可知，针对各维度的单因素方差分析结果得出不同类别实习学校中的高中英语实习教师对于伪装、抑制、认知改变、注意力转移、分离等这九类维度均表现出一致性，不存在显著差异性。但从整体上来看，两类高中学校的英语实习教师皆在深层行为上表现出较高的使用率，即二者在认知改变、注意力转移和分离这三类子维度上的得分全部达到或接近 4 分。这表明无论是普通高中还是重点高中的英语实习教师在教学工作中已能采用一定的深层行为来调控自身情感。此外，普通高中和重点高中的英语实习教师在蓄意不同步行为策略上的得分均较低。

5. 实习时间差异

基于实习教师的发展同教师专业发展一样具有持续性、阶段性的特点，关注不同实习时间长度下实习教师情感劳动策略的使用情况和差异性对我们详细探讨实习教师在不同阶段下的内在情感体验和情感劳动水平是十分必要的。教育实习时间长度当前尚未有统一要求，综合普遍情况，本研究中将实习教师的实习时间划分为"少于 1 个月""1-2 个月""3-4 个月"和"4 个月以上"。单因素方差分析结果详见图 5 - 5 和表 5 - 20~表 5 - 23。

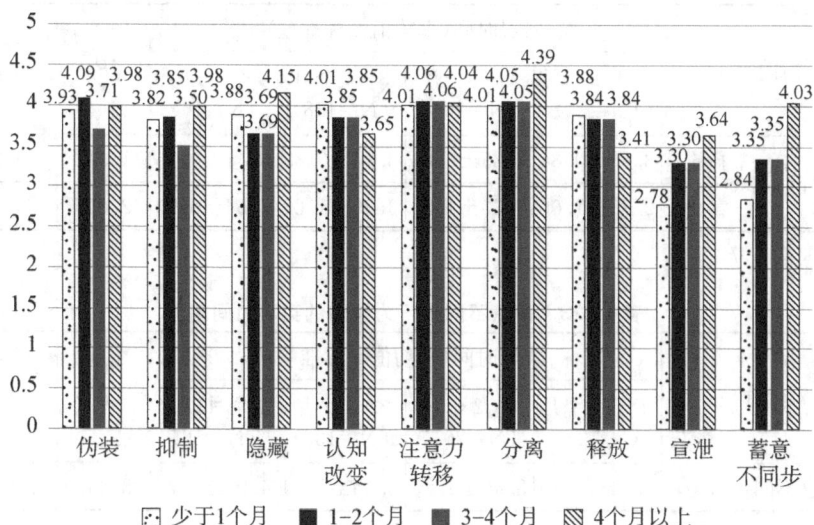

图 5-5　情感劳动策略在实习时间上的差异性柱形图

表 5-20　表层行为策略各维度的实习时间差异

维度		实习时间（平均值±标准差）				F	p
		少于 1 个月 （N=24）	1-2 个月 （N=201）	3-4 个月 （N=138）	4 个月以上 （N=16）		
表层行为	伪装	3.93±1.34	4.09±0.88	3.71±1.19	3.98±0.73	3.607	0.014*
	抑制	3.82±0.98	3.85±0.77	3.50±1.06	3.98±0.68	4.784	0.003**
	隐藏	3.88±1.07	3.93±0.85	3.69±1.00	4.15±0.72	2.458	0.063

* $p<0.05$　** $p<0.01$

表 5-21　深层行为策略各维度的实习时间差异

维度		实习时间（平均值±标准差）				F	p
		少于 1 个月 （N=24）	1-2 个月 （N=201）	3-4 个月 （N=138）	4 个月以上 （N=16）		
深层行为	认知改变	4.01±0.99	3.94±0.82	3.85±0.91	3.65±0.87	0.949	0.417
	注意力转移	4.01±1.07	4.18±0.75	4.06±0.88	4.04±0.75	0.809	0.489
	分离	4.01±1.04	4.14±0.79	4.05±0.89	4.39±0.63	1.003	0.391

* $p<0.05$　** $p<0.01$

表 5-22   自然行为策略各维度的实习时间差异

维度		实习时间（平均值±标准差）				F	p
		少于 1 个月 (N=24)	1-2 个月 (N=201)	3-4 个月 (N=138)	4 个月以上 (N=16)		
自然行为	释放	3.88±0.84	3.85±0.84	3.84±0.88	3.41±0.76	1.341	0.261
	宣泄	2.78±1.06	3.30±1.09	3.30±1.22	3.64±0.93	2.095	0.100

* $p<0.05$ ** $p<0.01$

表 5-23   蓄意不同步行为策略的实习时间差异

维度	实习时间（平均值±标准差）				F	p
	少于 1 个月 (N=24)	1-2 个月 (N=201)	3-4 个月 (N=138)	4 个月以上 (N=16)		
蓄意不同步行为	2.84±1.19	3.40±1.13	3.35±1.23	4.03±0.78	3.442	0.017 *

* $p<0.05$ ** $p<0.01$

由图 5-5 和表 5-20～表 5-23 析出的结果可以看出，在表层行为中的伪装、抑制，以及蓄意不同步行为策略上，不同实习时间长度的高中英语实习教师之间存在着显著差异。但在深层行为和自然行为策略上未呈现出显著差异。具体而言，从图 5-5 来看，在伪装策略得分上，实习时间 1-2 个月＞4 个月以上＞少于 1 个月＞3-4 个月，即得分呈现出先递增，随后在 3-4 个月降至最低，最后又再次增加的趋势。这说明实习时间较短的实习教师在实习过程中更倾向于使用伪装策略，即实习时间为 1-2 个月的高中英语实习教师更善于伪装自身的情感，并通过调整外在的情感表达来表现出适宜的情感。而随着实习时间的推进，实习教师使用表层行为的频率会出现短暂的下降趋势。此外，在深层行为方面，各个实习阶段的实习教师皆取得了较高的分值，这表明当前高中英语实习教师在出现所感受到的情感与教学工作需要的情感不相一致的情况时，能主动地对内心情感进行调控，以此表现出教学所需要的情感。

5.3　分析与讨论

5.3.1　实习教师情感劳动策略的总体现状

整体而言，在情感劳动策略问卷总体得分方面，有 40.63％的被试教师达到高分水平,58.31%的被试教师为中等水平。这意味着当前高中英语实习教师情感劳动已处于较高水平,同属于高情感劳动群体。在实习过程中他们需要较为频繁地根据教学需求调控自身情感,这同已有的教师情感劳动策略研究结果是相一致的(如 Hargreaves, 1998; Isenbarger & Zembylas, 2006; Li & Liu, 2021)。实习教师的工作性质虽与在职教师有所区别,但他们仍需每天同学生、指导教师、领导、实习同伴等产生互动。例如在面对不听话的学生时,他们通常需要克制自己的愤怒;当遭到指导教师的批评时,实习教师则需要通过改变认知,将批评化作动力;当在实习生活中遇到困难时,实习教师通常会向同伴寻求开导以此转移注意力等。因此总的来看,实习教师所需要感受的情感也是多元化的。而为了保证教学任务的顺利完成,维持"好教师"的形象,实习教师会通过采用不同的情感劳动策略来调控自身的情感。

　　实习教师的情感劳动整体水平虽然较高,但仍存在一定的优化空间,特别是在蓄意不同步行为策略的使用方面还有待进一步提升。在本研究中,通过进一步汇总高中英语实习教师在情感劳动策略各维度上的得分情况,可以了解到实习教师在情感劳动策略各维度的运用方面仍存在一定的差异性,对各项策略的调动能力呈现出一定的不均衡性。具体而言,实习教师普遍对于表层行为、深层行为和自然行为策略的使用频率较高,如释放、注意力转移、分离等。这表明在教学工作中,实习教师已普遍能使用一些较为常用的情感劳动策略,如自然流露内心的积极情感、转移关注点等来帮助自身调控情感;又或是将"个人情感"和"工作情感"相区分来尽可能地缓解二者之间的相互影响。尹弘飚(2017)指出,教师的情感智力同教师使用深层行为和自然行为之间具有显著正相关,这意味着教师的情感智力水平越高,其在教学工作中使用深层行为和自然行为的概率便越大。值得一提的是,通过本研究的量化数据分析结果可见,当前高中英语实习教师在深层行为上的得分较高(Mean=4.063),其中实习教师对认知改变策略的使用是较为频繁的。认知改变通常发生在情感反应之前,能影响情感产生的过程,即其不仅能影响情感的外部表达,还能影响情感的内部体验(龚少英等,2013)。Gross & John(2003)指出,与经常使用抑制策略的个体相比,善于采用认知改变策略的个体通常更乐于与他人分享自己的情感体验,以此获得较高的情感支持,因而也利于缓解抑郁,体验到较高的生活和工作满意度。所以认知改变策略是实习教师在面临情感事件时可使用的一种更为有效的情感劳动策略,而这也在一定程度上说明了实习教师具备了较高的情感智力。这一现象与国内部分已有研究中所提出的"新手教师更多地使用表层行为策略,而不具备调动深层行为的能力"这一结论有所差异(陈晓宁,2010;高晓文、盛慧,2017)。

首先,这一结果与当前各高校,尤其是师范类高校在教育实习前期对实习教师的系统培训是分不开的。"职前期"是师范生开启教师职业生涯的第一期,也是其教师专业发展的初始阶段。因此在此阶段中对实习教师的培养不仅需要理论的灌输,还需要教育实践将"公共知识"转换为"个体知识"(郭新婕、王蔷,2009)。以研究者所任教的某师范院校为例,学院会在英语专业大四学生参加教育实习前组织召开实习动员会议,期间会邀请中学优秀教师、学生代表等分享教学经验与心得,其中便包含了对情感调控策略的指导。通过一系列的实习前的辅导工作,能有效地提升实习教师的情感管理能力,以及恰当地进行情感表达的能力。此外,由于教育实习通常由实习教师所在学院统一安排,这便有助于为实习教师创造出规范、有序以及稳定的实习工作环境。总而言之,实习教师在教育实习中所获得的来自高校专业教师和实习学校指导教师的支持对于其职业认同、职业效能以及教师专业发展都发挥着不可替代的重要作用。除此之外,实习同伴之间的互帮互助也能在实习教师遇上困难时为其带来工作和情感上的支撑与抚慰。

其次,从数据分析结果中还可发现,高中英语实习教师在自然行为,尤其在释放策略(Mean=3.827)中同样具有较高的使用率,这在一定方面同实习教师的人格特质因素是相联系的。当前实习教师普遍为"90后",该群体的年轻人们通常具有非常鲜明的个性,其自我意识强烈,善于表达自己,彰显自己的态度,并推崇顺从自身真实感受,且有主见、有创意,天性开朗、大方。作为青年教师中的一类群体,"90后"实习教师对教学工作充满热情,并推崇积极向上的情感表达,且因年龄相仿,高中实习教师与教学对象们在沟通中通常不会产生较大的代沟。此外,经观察可见,实习教师在角色定位时通常倾向于将自己定位为中学生的"哥哥/姐姐",以此类"讨好型"的方式拉近与学生的关系。因而在教学工作中,实习教师除了使用抑制、认知改变等策略之外,还倾向于对学生直接表露其积极情感。

最后,我们还可了解到实习教师对蓄意不同步行为策略的使用频率并不高。蓄意不同步行为作为国内中小学教师常用的一种情感劳动策略,是传统理念中

"师道尊严"的体现。其具体表现为教师向学生假装生气,但实际上内心里并未真的动怒,是一种利益最大化的行为。这或许存在以下几点原因:第一,实习教师作为一类年轻教师群体,教育实习通常是他们第一次将先前经验运用于教学实践的经历,他们的情感体验总体上是较为积极、正面的,对于即将经历的实习生活也充满着较高的期望,所以他们通常更倾向于使用释放、注意力转移等深层或自然行为对情感进行调控;第二,英语作为高中课程中的一项重要学科,无论是对学生还是教师而言,皆面临着较大的教学压力。实习教师在教学实习过程中通常会承担一定的教学任务,在面对繁重的教学任务时,实习教师的情感投入也较为复杂,内心里很少能做到"置身事外",所以他们面临情感事件时便较少选择通过蓄意不同步行为来对情感进行调控。

5.3.2　实习教师情感劳动策略的性别特征

本研究发现,高中英语男女实习教师在情感劳动策略的表层行为、深层行为、自然行为和蓄意不同步行为上的差异性(p 值)分别为 0.729、0.447、0.650 和 0.626,因此皆不存在显著性差异($p>0.05$)。这一统计结果与国内现有部分研究成果基本相符(杨玲、李明军,2009)。但龚少英等(2013)的研究结论指出,男女实习教师在抑制策略上具有显著差异,表现为男性实习教师比女性教师更常抑制真实情感;而胡艳华等(2013)的研究结论显示,相较于女教师,男教师更倾向于采用表层策略。存在研究结论的差异可能与研究样本和具体测量内容不同有关。但从整体的均值上看,本研究中的男性实习教师在自然行为和蓄意不同步行为这两类情感劳动策略上的得分均稍高于女性实习教师。具体从细分的9 项子维度上而言,男性实习教师在抑制、认知改变、宣泄以及蓄意不同步这 4 项策略的得分上均略高于女性实习教师;而女性实习教师则在深层行为这一维度上均分稍高于男性教师,即女性实习教师相较于男性实习教师而言,更倾向于使用注意力转移、分离,以及自然行为中的释放策略。相较于女性实习教师而言,男性实习教师通常会在情感表达前考量更多的后果,避免冲动而导致懊悔等,因而便更倾向于采用抑制或改变自身内心感受的方式来调控情感;相反地,女性实习教师会更多地出于由衷而发或个性特质等原因,而比男性实习教师更擅长释放自身的积极情感。

总而言之,男女教师之间的情感劳动差异是不容忽视的,这主要源于以下几点原因:首先,基于社会规范和社会行为准则的角度,在大多数社会文化当中,男性角色通常被认为是理性、稳重的,女性则是感性、情绪化的。在这样的社会文化背景之下,男性通常会比女性更多地压抑自己的情感,而不随意地表露自身的情感。其次,现有研究结论已表明,情感劳动是性别化的(Heller, 1980; Akin *et al.*, 2014)。且先前的研究结论也指出,女性比男性拥有更高的情感表达能力,同时人们也通常期望女性能展示更多的微笑。这在于女性通常会以更为和善的方式与他人交往,并且她们具有更强的情感表达能力。除此之外,女性为了能获得更高的社会认可,通常需要表达更多的积极情感,并且即使在同一职业中,女性也常比男性进行更多的情感劳动(Hoffman, 1972; Wichroski, 1994; Akin *et al.*, 2014)。

5.3.3　实习教师情感劳动策略的学历特征

由前文的统计分析结果可见,在表层行为、深层行为、自然行为和蓄意不同步行为这四类维度中,本科生或硕士研究生学历的高中英语实习教师在大部分的情感劳动策略上并不存在显著性差异,仅在表层行为($p=0.028$)上学历差异达到显著差异水平。而从 9 项子维度上来看,不同学历的实习教师分别在伪装($p=0.040$)、抑制($p=0.022$)、认知改变($p=0.011$)和宣泄($p=0.013$)中呈现出显著差异,具体表现在硕士研究生学历的高中英语实习教师在以上 4 类策略中的得分均高于本科学历的实习教师。这一统计结果与刘衍玲(2007)在其研究中所得出的结论"在情感劳动各维度上教师的学历皆不具有显著性差异,因而教师学历对其进行情感劳动没有影响"有所不同。在实习教师群体中产生学历差异的原因可能在于,在教育实习之前,攻读了硕士研究生学位的英语实习教师通常相较于本科学历的实习教师而言已拥有了更为丰富的教学经验,同时经过研究生阶段的理论学习,他们具有更为丰富的知识储备、更强的胜任力,所以他们对自身的教学能力通常更有自信,同时其价值取向也更为稳定。此外,学历越高的实习教师,其学习能力越强。硕士研究生学历的实习教师在读期间还需进行科研工作、参与课题研究等,系统的专业训练为提升其自身的学习能力打下了较为坚实的基础,因此这一群体的实习教师能够更快地吸收新的教学理念和教学技能,在面对问题时也更能快速地结合理论知识作出处理。还有一点在于硕士学历的实习教师不仅对自我有更高的要求,其所获得的来自他人的期望值和信任值也越高,从而他们在实习工作中所获得的自我效能感、组织荣誉感等积极情感也更为丰富,所以在教学工作中,硕士研究生学历的实习教师在进行情感表达时更倾向于使用认知改变和宣泄行为。

除此之外,我们还能发现在深层行为方面,不同学历的实习教师之间并未呈现显著性差异,且两种学历的实习教师在此维度上的均分皆高于中间值 3 分。这表明无论是本科学历的高中英语教师,还是硕士研究生学历的实习教师,他们对于深层行为都较为关注。深层行为即指教师通过运用认知策略来改变其内在情感,从而产生组织所期望的情感表达的过程(Yin, 2015)。动用深层行为最主要的是将"个人情感"与"工作情感"相区分,而对于缺乏教学经验的新手教师而言,通常很难将这两者自如地分离开来。例如在面对指导教师的批评时,部分实习教师会将其视为对他们自我的一种指责,而非是对其工作的评价。教育实习作为本科或硕士毕业生所要经历的一次关键阶段,在此期间实习教师需要将已学得的教学理论知识与教学实践相结合。且作为初入教学一线的新人,实习教师面临着既是学生又是教师的双重角色互换的处境。一方面,实习教师在面对陌生、未知的实习环境时,内心会充满忐忑和焦虑;但在另一方面,他们对于即将经历的实习工作又会抱有很高的期待和热情。因此在实习过程中,当面对消极情感时,具有研究生学历的实习教师会更倾向于选择通过认知改变、分离等深层行为来使得自身的情感表达更适宜教学需求。

本研究中还得出两种学历的英语实习教师在蓄意不同步行为上并未呈现显著差异,且二者在该维度上的得分相对其他策略而言皆较低。由此可见无论是本科学历的实习教师,还是硕士研究生学历的实习教师,在面对教学工作中的状况时不太善于通过假装生气,而心里却能保持冷静的方式来处理学生的错误。正如李红菊(2014:42)所言,教师采用蓄意不同步行为策略主要有两方面的目的,一是为了达到教学目的,二是为了避免真的动气而伤了身体,这需要教师的情感卷入较轻,其内心要保持中立或冷静,但对于新手教师而言则很少能做到这一点。其原因主要在于对于大多数师范生而言,教育实习是他们第一次将理论知识转化为教学实践,以及第一次与学生接触的经历,他们大多怀揣着一定的追求和包袱,内在动机较强,迫切地期望在实习工作中加以实践,因此对实习生活的新鲜感和憧憬通常会使他们更为积极主动地融入其中,全身心投入且尽职尽责。然而角色冲突给实习教师所带来的疑虑、紧张等心态又常常会使得他们难以将个体与集体相区分。相较于已具有一定教学经验的在职教师而言,实习教师还无法轻车熟路地处理各类教学问题,所以更容易将自我与班级荣誉、学生发展紧密捆绑,由此导致实习教师在情感方面表现出较为明显的波动,且较易"陷入"此种矛盾和冲突所带来的困扰之中。

5.3.4　实习教师情感劳动策略的城乡特征

本研究数据分析结果显示,高中英语实习教师情感劳动策略中的表层行为、深层行为、自然行为和蓄意不同步行为在城区、县城和乡镇中皆不存在显著性差异。这一研究结果与以往教师情感劳动研究所得出的城市中学教师与乡村教师之间具有显著性差异的结论有所区别(莫拓宇,2014;张欣,2008)。但从整体而言,在乡镇高中实习的英语教师在情感劳动的各维度得分上均稍高于在县城或市区高中实习的英语教师。尤其在深层行为方面,虽然在三类区域实习的教师的得分皆超过了中间值3分,但乡镇高中实习的英语教师的得分相比另外二者而言是最高的。这一结果同梁茜(2019)通过质性研究所得出的结论相符,其指出乡村新手教师在"教育者"的身份背景之下更倾向于使用深层行为,通过改变其内心认知获得情感回馈,并提升其工作满意度。

城乡高中实习教师在深层行为上存在差异,其原因与当前依旧存在的城乡发展不均衡、乡镇文化弱化等现实因素存在一定联系。对于城区或乡镇高中实习的英语教师而言,工作环境、校园文化、规范制度、教师素质等方面的差距皆能成为影响不同实习地区英语教师情感劳动产生差异的主要原因。一般而言,城区中学在教学质量、生源构成、校园环境等方面皆优于乡镇中学,这使得城区中学实习教师所获得的专业发展支持普遍高于乡镇中学实习教师。新中国成立70周年至今,针对乡村教师的改革发展政策虽已取得了较为显著的成果,为乡村教师队伍的建设提供了良好的政策保障,但我们还需要看到,乡村教师的职业吸引力较低、教师专业发展水平受限、教师社会服务功能缺失等现状仍是困扰城乡教师资源均衡分配的问题(任胜洪、黄欢,2019)。在诸如此类的复杂工作环境下,乡村教师更容易出现角色冲突、情感衰竭等状况。陈邈、李继宏(2019)指出,城乡差异、理想与现实之间的差异、高社会期待同低社会地位之间的落差,以及高付出与低经济回报之间的差距等皆造成了乡村教师的角色冲突。除此之外,乡村中学在对英语学科的重视程度、教学材料和工具的丰富程度等方面不及城镇中学的现状也是极易造成高中英语实习教师角色冲突的原因之一。而角色冲突又正是引发教师职业倦怠等问题的重要因素之一(郑楚楚、郭力平,2018),同时教师对其工作的高期望也容易为其带来消极的情感体验(向祖强,2004)。因而在此背景之下,为了更好地融入实习生活,乡村中学的英语实习教师通常需要调动更多的情感投入,使用更多样化的情感劳动策略,尤其是当其情感体验与教学工作规则所需要的情感不一致时,他们更需要主动地对自身情感进行调控,以此保证其情感表达与师德和教学要求相符。

5.3.5　实习教师情感劳动策略的学校类别特征

运用教师情感劳动生态模型来分析实习教师的情感劳动现状问题,能更为全面、准确地反映实习教师与其所处的周围环境之间的关系,进而有助于我们提出更具有针对性的优化对策。本研究分析得出,高中英语实习教师对于表层行为、深层行为、自然行为以及蓄意不同步行为策略的使用在学校类别变量上并不存在显著性差异。这一研究结果同已有研究结果有所不同,例如刘衍玲(2007)通过实证研究发现重点中学的教师比普通中学的教师更擅长使用深层行为;杨满云(2008)也在研究中验证得出重点中学教师在情感劳动的深层行为上显著高于普通中学教师。但具体而言,本研究结果显示在情感劳动策略中的深层行为、自然行为和蓄意不同不调节三大维度上,普通高中实习英语教师的均分稍高于重点高中英语实习教师。其中原因可参照以上针对实习学校所在地区差异的解释。

而对于本研究针对实习教师的数据分析结果显示的无差异性,研究者认为这与教师情感规则的标准化、统一性具有一定联系。所谓教师情感规则,即指一整套对教师在教学工作中,面对学生或家长时,应该或不应该表达出什么情感的规则(田学红,2010)。在传统的师德规范中,教师通常被要求做到保持"和颜悦色",在大众面前要表露出积极向上、富有爱心的态度;同时,在面对家长或领导的质疑时,要能够"忍气吞声",维护着所谓的"人设"(江文慈,2009;柳海民、郑星媛,2021)。高中英语实习教师主要来自于国内的师范院校,在教育实习前已在不同程度上接受了有关教师情感规则的培训,实习教师对于在不同情境下需要表露何种适宜的情感已具备了一定的认识。此外,在有关的专业课程中,实习教师已针对如何进行情感表达,以及如何对情感表达作出调整的方式与技巧进行了学习。Morris & Feldman(1997)曾指出,情感劳动的使用与个体的工作特征是相关的。教师职业中的情感规则和情感表达方式充分体现了该职业的特性,而这一特性无论是在普通中学还是在重点中学中皆是普遍适用的。因而本研究得出,在实习教师情感劳动的学校类型因素中并不存在显著的差异性。

5.3.6　实习教师情感劳动策略的实习时长特征

实习教师的自我专业意识和职业认同感会随着教育实习的推进而呈非线性发展趋势,同时其角色定位也会随着实习内容的逐渐丰富以及实习经验的不断累积而产生相应的转变(陈飞、李广,2016;黄杰等,2023)。基于不同实习时间的方差分析结果显示,不同实习时间长度的实习教师在情感劳动策略的表层行为($p=0.002$)和蓄意不同步行为($p=0.017$)维度上呈现出显著差异水平。具体而言,不同实习时长的高中英语实习教师在伪装($p=0.014$)、抑制($p=0.003$)和蓄意不同步($p=0.017$)上具有显著性差异。在伪装行为中,实习时长为1-2个月的实习教师得分最高;而在抑制策略上,实习时长超过4个月的实习教师最为擅长;对于蓄意不同步行为,实习时长超过4个月的实习教师得分最高,而实习时长低于1个月的实习教师得分最低。

首先,针对不同实习时长的实习教师在伪装和蓄意不同步行为上表现出的显著性差异,其原因可能在于实习时间较长的英语实习教师,其情感劳动的体验便越丰富,这从实习时长超过4个月的实习教师在情感劳动中得分最高便可得知。正如陈飞、李广(2016)所言,随着实习教师角色定位的确立以及实习生活的逐渐丰富,实习教师作为一名正式教师的主体意识不断增强,从而进一步强化其角色发展以及对实习工作的融入程度。因此实习时长越长,实习教师对教师职业的认可度便越高,角色行为也逐渐达到内化,其情感表达也更符合职业需求,因而他们更能主动、自如地对其自身的情感进行调控,例如对其消极情感及时克制,或是通过蓄意不同步行为来避免其心理资源的失调,缓解情感劳动消极效应所带来职业倦怠等负面影响。除此之外,各类实习时长的英语教师在深层行为中的得分虽未呈现出显著差异,但整体趋势依旧体现出逐渐上升的状态,这一研究结果与吴宇驹、刘毅(2011)所发现的"随着教师教龄的增长,其情感劳动水平也呈逐渐上升的态势"的结论相符。

其次,实习时间为1-2个月的英语实习教师在伪装策略上明显高于其他实习时长的教师,其缘由主要在于实习时间较短的教师通常对于其自身的情感还未能熟练调控,所掌握的情感劳动策略种类也较为单一。因而当他们在教学工作中面对内在情感与外在需求出现冲突的情况时,难以主动感知教学所需的情感,仅能通过表层伪装来进行情感表达。此阶段也与陈飞、李广(2016)所提出的实习教师角色发展阶段中的角色适应期相符。在此期间,实习教师的心理反应、职业认知等与实习学校的校园文化、工作环境、人际关系、规章制度等逐渐趋于融合以符合实习工作要求,因而他们通常需要采用伪装等情感劳动策略来调控自身情感和心理,以此进一步融入实习生活中。

5.4　小结

在本章中,研究者主要通过对高中英语实习教师情感劳动策略进行描述性统计,分析了高中英语实习教师对不同情感劳动策略的使用现状。同时分别运用配对样本 T 检验、独立样本 T 检验、单因素方差分析,对实习教师情感劳动策略使用情况在性别、学历、实习学校所在地、实习时长等人口学统计变量方面的差异性进行了探究。研究表明,当前高中英语实习教师的情感劳动整体水平较高,但在部分维度上出现了发展不均衡的现象,主要体现在表层行为、深层行为和自然行为的得分要稍高于蓄意不同步行为。

在实习教师情感劳动的性别差异方面,整体上未呈现出显著差异。但男女实习教师在深层行为上的表现皆高于其他情感劳动维度,且男性和女性实习教师都较少使用宣泄和蓄意不同步行为策略。

在实习教师情感劳动的学历差异方面,伪装、抑制、认知改变和宣泄策略皆存在显著性差异,即学历为硕士研究生的高中英语教师在以上四类情感劳动策略上均明显高于本科学历的实习教师。

在实习教师情感劳动的实习学校所在地区差异方面,在乡镇、县城或是市区高中实习的实习教师之间并不具有显著性差异,且在三类区域实习的教师在认知改变和分离策略上皆有较高的得分,而在宣泄和蓄意不同步行为策略上得分较低。

在实习教师情感劳动的实习学校类别差异方面,在普通高中或是在重点高中实习的英语教师之间皆未表现出显著性差异,且二者在情感劳动各维度上的得分皆高于中间值 3 分。这表明实习学校的类别并非是影响实习教师情感劳动的主要因素,无论是普通高中的实习教师还是重点高中的实习教师都需要采用各类情感劳动策略。

在实习教师情感劳动的实习时长差异方面,不同实习时长的英语教师在表层行为和蓄意不同步行为上呈现出显著差异。具体表现为:实习时长为 1 - 2 个月的实习教师对伪装策略的使用率明显高于其他实习时长的教师;而相较于其他实习时长的教师,实习时长超过 4 个月的实习教师更倾向于采用抑制和蓄意不同步行为。

第6章

高中英语实习教师情感劳动策略的影响因素

6.1 导言

第 5 章主要对调查问卷获得的量化数据进行了分析,了解了我国高中英语实习教师在教育实习过程中的情感劳动策略使用现状。这些量化数据结果为接下来结合质性研究资料,对本研究提出的第三个研究问题进行深入讨论奠定了基础。

第 6 章将主要基于对 7 名高中英语实习教师的两轮访谈结果,剖析高中英语实习教师情感劳动策略的影响因素。本章共分为五节。6.1 为本章的导言。6.2 主要聚焦影响高中英语实习教师情感劳动策略的个体因素,包括人格特质、作为学习者的经历、身份认同以及教师信念。6.3 从组织层面介绍了影响高中英语实习教师情感劳动策略的因素,包括学生、实习同伴以及指导教师。6.4 则从权威、面子、关系以及情感展现规则等方面介绍了影响高中英语实习教师情感劳动策略的社会文化因素。6.5 为本章小结,主要针对本章的主要研究发现进行了总结。

6.2 个体因素

根据 Grandey(2000)所提出的情感劳动模型,员工情感劳动的影响因素主要包括个体因素与组织因素,其中个体因素主要包含性别(gender)、情感表达力(emotional expressivity)、情感智力(emotional intelligence)以及易感性

(affectivity)。情感表达力主要是指个体情感的丰富程度,比如,积极情感表达力较强的人可能更能表达出组织所要求的情感。研究表明,相比男性,女性的情感表达力要更强(King & Emmons, 1990)。情感智力是指在社会交往中识别和使用情感信息的能力(Grandey, 2000),有效的情感调节能力是高情感智力的具体表现(Salovey, Hsee & Mayer, 1993)。易感性是指个体更能感受到何种情感。一般来说,积极易感性与热情、乐观等情感相关,消极易感性与悲观、厌恶等情感相关。消极易感性高的人在消极情感事件发生时可能会有更强烈的反应(Grandey, 2000)。

在本研究中,影响英语实习教师情感劳动策略的个体因素有所不同。第一,就性别而言,由于我国英语专业,尤其是英语教育专业,以女生为主,因此英语实习教师的大部分群体为女性教师。另外,本研究的量化研究部分的数据表明,性别因素在高中英语实习教师情感策略的各维度方面并无显著差异。基于此,本研究在进行个体因素分析时,不考虑性别因素。第二,国内外相关研究表明,人格特质对情感劳动具有较大影响(如 Diefendorff & Richard, 2003; Judge et al., 2009; Basim et al., 2013),本研究中的质性资料分析也证实了这一观点,故在分析个体影响因素时,首先聚焦人格特质对情感劳动策略的影响。Grandey(2000)所提出的情感表达力和易感性实际上都包含于人格特质中,比如,就情感表达力而言,擅长情感表达可以被视为外倾性人格特质;就易感性而言,擅长情感表达可以被视为情感稳定性的人格特质。第三,国内外相关研究亦表明,情感智力对情感劳动也具有一定的影响(如 Bechtoldt et al., 2011; Pervaiz et al., 2019;李伟等,2017;梁茜,2019),但通过对本研究的质性资料进行分析,研究者并未发现情感智力对情感劳动策略影响存在差异性,故在分析个体因素时,暂不考虑情感智力方面。第四,本研究的质性资料分析表明,实习教师作为学习者的经历、身份认同以及教师信念对情感劳动策略影响的频率较高,故增加了作为学习者的经历、身份认同、教师信念等三个因素。

6.2.1 人格特质

情感与人格特质密切相关。人格特质对情感劳动策略有显著影响,不同人格特质所预测的情感劳动策略具有一定的特异性(黄敏儿等,2010)。对不同人格特质的教师而言,其情感劳动的程度也不一样(吴宇驹,2008)。目前国内外学者较为认同的人格特质主要包括外倾性（extraversion）、宜人性（agreeableness）、尽责性（conscientiousness）、开放性（openness）和神经质（neuroticism）（Costa & McCrae, 1992）。外倾性包含热情友好、乐于集群、自信过人、快节奏、寻求刺激、积极心态等；宜人性包括信任他人、坦率真诚、乐于助人、老好人、谦逊自嘲、仁慈同情等；尽责性包括自我效能、整洁条理、责任感、追求成就、恒心自律、计划性等；开放性包括想象丰富、审美感受、情感细腻、尝新试变、富于思辨、灵活变通等；神经质包括焦虑担心、易怒倾向、抑郁倾向、敏感害羞、冲动性、脆弱依赖等（张建新、周明洁，2006）。国内相关研究表明，在情感劳动过程中，高外倾者更多使用自然行为策略，较少使用表层行为策略；高神经质者和高尽责性者更多采用表层行为策略；高宜人性者更多采用深层行为和自然行为策略，较少采用表层行为策略（黄敏儿等，2010）。

在对 7 名受访者的资料分析中，研究者发现，人格特质是影响英语实习教师情感劳动策略使用的重要个体因素，具体体现在以下三个方面：

第一，外倾性较强的高中英语实习教师更倾向于使用自然行为中的释放策略，也会使用表层行为策略。比如 Amy 是一个非常乐观、自信、不服输的人，在实习过程中努力表现自己积极的一面，即便情绪陷入低谷时，也不甘示弱，采取隐藏、抑制以及伪装等表层行为策略来挽留"面子"。当学生表现很棒的时候，Amy 会表达对学生的肯定、赞美和支持。Amy 还是一个非常热情的人，无论是和老师还是和学生相处，她都非常积极主动，在实习学校表现出来的大多是积极情感。在 Amy 看来，即便心里再不开心，最好不要表现出来，以免将自己的负面情感传给他人。表 6-1 描述了 Amy 所体验的部分情感事件"愉快的查寝聊天""被学生喜欢真开心""自信地上完课"，分别采用了自然行为的释放策略和表层行为的伪装策略，受到其外倾性人格特质影响，即积极主动、乐于集群、非常自信。

表 6-1　外倾性人格特质对情感劳动策略的影响案例

研究参与者	典型情感事件	情感劳动过程描述	情感劳动策略	影响因素（人格特质）
Amy	"愉快的查寝聊天"	到了晚上十点半，得到班主任许可后去女生宿舍查寝，和他们聊家常，非常开心，感觉和一部分学生距离拉近了许多。（I1-Amy-2）	自然行为（释放）	外倾性较强（积极主动）

研究 参与者	典型情感 事件	情感劳动过程描述	情感劳动 策略	影响因素 （人格特质）
"被学生喜欢 真开心"	课余时间英语课代表主动跟我敞开心扉分享她的一些小秘密，还说特别喜欢和我相处，我非常开心。（I2 - Amy - 3）	自然行为 （释放）	外倾性较强 （乐于集群）
"自信地上完 课"	一次上课，准备并不充分，心里本来忐忑不安，但我表现出来确是非常自信和从容，上出来的效果却还不错。（I1 - Amy - 4）	表层行为 （伪装）	外倾性较强 （非常自信）

有研究表明，高外倾个体容易体验更多的积极情感，会有较多的自然调节，来表达内心真实的情感，较少采用表层行为（Difendorff *et al*., 2005；黄敏儿等，2010）。本研究也进一步证明了这一结论，且得出了更加具体的发现，即外倾性人格特质对高中英语教师使用自然行为中的释放策略具有一定影响。与此同时，本研究还发现，即便是外倾性较强的实习教师，在情感劳动过程中也会使用表层行为策略，因为相比外倾性较弱的教师，外倾性较强的教师往往更擅长情感伪装。

第二，宜人性、开放性较强的高中英语实习教师更倾向于使用深层行为策略。比如，Sally 是一个宜人性较强的英语实习教师，她待人非常真诚，总是为他人着想。在教育实习过程中，习惯每天写下一些富有思想性的感想。在整理 Sally 的教育实习手册时，研究者发现这样一段话：

"学会换位思考。说实话，人本身就是一个极其容易情绪化的个体，是个矛盾体。遇到事情时难免会把个人情绪带入进来，有时候不会让事情本身变得越来越好可能会更坏。如果自己不是当事人，遇到棘手的问题时不妨想想如果是自己，面对这类问题该怎么解决，然后再学习班主任们解决问题的方式，下次遇到类似的情况时自己也不至于手忙脚乱。以前自己上高中的时候一直期盼着老师们为什么不问问我们作为学生需要什么样的或者喜欢什么样的课堂，等着老师们问，却等到了毕业。如今，虽然我只是作为一名实习老师陪在学生身边，但是我希望自己能知道学生心目中的课堂是什么样的，尽管我知道不能满足每一位学生的要求和达到他们的期盼，但是我觉得对我的教学依然是有帮助的。

我把便签纸发给学生,让他们在课间写上对我的英语课的要求或期盼,这确实让我发现了一些问题。我觉得我应该帮助他们去解决这些问题。"(M-Sally-5)

从 Sally 在其教育实习手册中所记载的内容来看,她在教育实习过程中能主动站在学生的角度思考问题,具有利他意识和乐于助人的优秀品质,有较为典型的宜人性人格特质,在情感劳动过程中,使用深层行为策略较多,且以注意力转移以及认知改变为主。表 6-2 描述了 Sally 所体验的部分情感事件,如"涉及隐私的尴尬""唱歌减压""公开课转移视线",并呈现了其使用的情感劳动策略及其影响因素。

表 6-2　宜人性、开放性人格特质对情感劳动策略的影响案例

研究参与者	典型情感事件	情感劳动过程描述	情感劳动策略	影响因素（人格特质）
Sally	"涉及隐私的尴尬"	一天傍晚,我早早就去教室看学生,有几个同学就围着我问一堆问题:"老师,你几岁了?你有男朋友吗?你决定要当老师了吗?你最好还是不要做老师!"当时我特别尴尬,感到有点不愉快,因为这都是一些个人隐私问题。但马上我就换个角度思考,学生还小,不懂事,他们这个年龄对这些事情感兴趣也在情理之中。后面跟他们聊得蛮开心的。(I1-Sally-2)	深层行为（认知改变）	宜人性（坦率真诚）
	"唱歌减压"	压力最大的一次是接到上汇报课的通知,因为时间紧,而且要备一堂全新的阅读课,一开始没有什么好的思路,心情特别压抑,后来实在扛不住了,等到六点多学生已经都去教室了的时候,我一个人溜达到了空旷的球场,确定四周无人的情况下,带上耳机唱起了我自己喜欢的歌。唱歌让我暂时忘记了备课的压力。(I1-Sally-3)	深层行为（注意力转移）	开放性（审美感受、灵活变通）

研究参与者	典型情感事件	情感劳动过程描述	情感劳动策略	影响因素（人格特质）
	"公开课转移视线"	上公开课那天,台下坐着来自两个学校的领导、老师以及实习同伴,能不紧张吗? 刚开始,我紧盯着那些听课的领导、老师,感觉越来越紧张,集中不了精力上课。后来我索性把注意力全部放在学生身上,尽量不去看领导和老师们,慢慢也不紧张了,课上得还蛮顺。(I2 - Sally - 2)	深层行为（注意力转移）	开放性（灵活变通）

第三,神经质较强的英语实习教师较多地使用表层行为策略和自然行为下的宣泄策略。在人格特质中,神经质维度主要依据人们情感的稳定性和调节情况而将其置于一个连续统一体的某处。神经质较强的人经常感到忧伤、情绪容易波动,而神经质较弱的人往往表现为镇定自若、自我调适良好,不易出现极端和不良的情绪反应(李红燕,2002)。比如,Lily 属于一个情绪不稳定的人,在与学生、实习同伴以及指导教师的相处中,都曾有过不愉快的经历。研究者在和 Lily 的微信交流中发现,她在教育实习初期非常兴奋,做事积极主动,中后期和指导教师、部分实习同伴以及学生相处不是很愉快,心情处于崩溃状态,但当实习结束的时候,老师和学生对她的肯定又让她感到感动和释然。她在实习过程中的情感体验可以用"过山车"来形容,其人格特质表现为具有较强的神经质。表 6.3 描述了 Lily 在其教学情感日志中所提到的部分情感事件,如"上课前连上两次厕所""若无其事""面对情绪多变的女孩",并呈现了其使用的情感劳动策略及其影响因素。

表 6-3　神经质人格特质对情感劳动策略的影响案例

研究参与者	典型情感事件	情感劳动过程描述	情感劳动策略	影响因素（人格特质）
Lily	"上课前连上两次厕所"	在给学生上第一次课时,好紧张。以至于上课前上了两次厕所。我的实习同伴问我紧不紧张,我嘴上说着还行,实际上真的很紧张。(I1 - Lily - 2)	表层行为（隐藏）	神经质（焦虑担心）

研究参与者	典型情感事件	情感劳动过程描述	情感劳动策略	影响因素（人格特质）
	"若无其事"	我是属于比较敏感的人,在和实习同伴发生矛盾,哪怕一点点,我会郁闷一整天。但在学生和指导教师面前,我会表现得若无其事。(I1－Lily－3)	表层行为（隐藏）	神经质（敏感）
	"面对情绪多变的女孩"	我们班有一个情绪多变的女孩子,今天可能和你玩得很好,第二天可能就对你冷暴力了。我的心情会受她影响。有一次她对我说我管得太多,不就是为了实习成绩多拿点分嘛? 当时我好难过、心痛。然后我也很直白,生气地对她说:"我是为你们好!"(I1－Lily－5)	自然行为（宣泄）	神经质（敏感）

第四,尽责性较强的英语实习教师往往会灵活运用多种情感劳动策略。本研究中的7名参与者都具有尽责性较强的特质,其中 Henry 的尽责性人格特质尤为明显。Henry 是为数不多的一位男性英语实习教师,做事有明确的目标和计划,工作认真负责。从表6－4可以看出,Henry 的"管理自习纪律""关键在于自己""明明白白学语法"三件情感事件所体现的情感劳动策略均受到其尽责性人格特质的影响,如责任感、自我效能以及追求成就,但其情感劳动策略却呈现多样化,其中,情感事件"管理自习纪律"体现了自然行为下的宣泄策略,"关键在于自己"体现了深层行为下的认知改变策略,"明明白白学语法"体现了表层行为下的伪装策略。

表6－4　尽责性人格特质对情感劳动策略的影响案例

研究参与者	典型情感事件	情感劳动过程描述	情感劳动策略	影响因素（人格特质）
Henry	"管理自习纪律"	自习课上,许多学生不认真看书或写作业,看课外书的,交头接耳的,睡觉的,东张西望的。这个场景令我非常生气。责任心的驱使让我本能地走到讲台上,严肃地批评了	自然行为（宣泄）	尽责性人格（责任感）

研究参与者	典型情感事件	情感劳动过程描述	情感劳动策略	影响因素（人格特质）
		<u>违纪现象</u>,对事不对人,没有点名字。学生看我生气了,立马安静下来。(I1－Henry－3)		
	"关键在于自己"	在实习四天之后,我感觉自己的<u>状态越来越好了</u>,也开始准备上课了。我给指导老师看了一下PPT,似乎评价挺高,之前确实对<u>学生的语言表达很忧虑</u>,但后面想想关键在于自己,只要自己引导得当,活动设计合理,应该没多大问题。(I1－Henry－4)	深层行为（认知改变）	尽责性（自我效能）
	"明明白白学语法"	给学生们讲语法的时候,我发现他们连主系表结构都不懂,特别失望,但我还是以鼓励为主,帮助他们理解语法,而不是死记硬背语法规则,我要让他们语法学得明明白白。(I2－Henry－2)	表层行为（伪装）	尽责性（责任感、追求成就）

6.2.2　作为学习者的经历

相关研究表明,对教师的教学行为最有意义和最根深蒂固的影响是源自于他作为学习者所获得的教学形象、模式和概念(布鲁克菲尔德,2002:61)。虽然"作为学习者的经历是非理性的、情感性水平的感觉,但它比理性思维给人的感觉更加深刻,从这些深刻的经历中我们获得了关于教学的洞察力和意义,可能对我们的影响更为深远和持久"(同上,39)。本研究的质性研究资料显示,高中英语实习教师在情感劳动过程中,深层行为策略的使用受到其作为学习者经历的影响。比如,Henry在讲述自己的实习情感故事时,曾5次提到他在中学时期英语教师的一些比较好的教学方法。在教育实习过程中,由于缺乏教学和管理经验,每当碰到问题时,他都会自动联想到自己在中小学学习英语的经历。又如Tony在进行班级管理时候,遇到学生意见不一致,瞎起哄的现象,当自己无法去灵活处理这一问题的时候,他第一时间想到了自己的高中班主任,充分发挥班干部的角色,最终找到解决问题的办法,有效对消极情感进行了调节。在整个访谈过程中,Tony 曾 3 次提到了他的高中班主任。表 6 - 5 是 Henry 和 Tony 所经历的典型情感事件,反映了其作为学习者的经历对情感劳动策略的影响。

表 6 - 5　作为学习者的经历对情感劳动策略的影响案例

研究参与者	典型情感事件	情感劳动过程描述	情感劳动策略	影响因素(作为学习者的经历)
Henry	"用俚语创造笑点"	有一次上课,我给学生讲解词汇,拓展了不少词组搭配和俚语,但课堂气氛有点死气沉沉,注意到不少学生爱听不听的表情,我感到很失落。随后我将注意力从学生转移到俚语上,利用俚语贴近生活的特点创造了几个笑点,把同学们逗乐,课堂气氛立马活跃起来,自己也很开心。这主要是受我高中英语老师的影响,他总能在课堂上创造笑点,而且干货又很多。(I2 - Henry - 4)	深层行为(注意力转移)	受自己高中英语老师的影响,努力创造活跃的课堂气氛。
	"我也有同样的背书遭遇"	指导老师要求全班同学背一篇演讲稿,由我来检查。有几位同学总是背不出来,我感到心好累,也对他们感到很无奈。但后来又想想,自己其实对记忆性的内容敏感度也很低,在小学、初中经常因为背书放学后被老师"留校",真的很能体会到他们这种背书背不出的感受,于是我主动去耐心地帮助他们先理解演讲稿,反复教那些他们不会读的单词。后来尽管部分同学背得不流利,但进步非常大。这件事让我感到很有成就感,很开心。(I2 - Henry - 5)	深层行为(认知改变)	受自己小学、初中学习时代因背书问题而"留校"的影响,去换位思考,理解学生,帮助学生。
Tony	"重大决策找班干"	在班级管理时,每次我要做出一些决策的时候,如换座位、全班值日安排,班级里的同学就会一拥而上提出自己的建议,而有一些同学则是瞎起哄。我感到心有余而力不足,心好累。这时我会转移注意力,把班干单独叫到办公室和他们讨论,决定好后实施,这样心情才会有所好转。这一招是我读高中时我的班主任经常使用的方法。(I1 - Tony - 3)	深层行为(转移注意力、认知改变)	受自己高中时代班主任的管理策略的影响。

已有研究表明,实习教师学生时代的经历在很大程度上影响了他们对教师职业的认识和期望(周寰、衣新发、胡卫平,2014)。在教育实习过程中,他们期望自己所教的学生与学生时代的自己相似(Knowles & Holt-Reynolds, 1991),在对学生的教育以及教学中,他们往往倾向于模仿自己学生时代的老师(姚红玉,2005)。表6-5的案例恰好表明,实习教师在遇到消极情感事件时,通过模仿学生时代的老师,适当运用一些教学管理智慧,及时调整了自己的情感状态。

6.2.3 身份认同

英语实习教师在教育实习学校有着特殊的身份,他们既要扮演教师的身份,又要扮演学生的身份。对他们而言,教育实习学校只是他们暂时工作和学习的地方,他们并没有太多的话语权,难以找到真正的职业归属感。正如相关研究者(Zhu, 2017;朱神海、王雪梅,2019)所描述的,实习教师在教育实习中对自己的身份认同存在两难境地,他们徘徊于"权威者"与"朋友","局内人"与"局外人","教学助手"与"真正的教师"以及"引路人"与"授业者"之间。他们既想树立自己的权威,又想保持和谐的师生关系;他们既和其他常规教师工作于同一个场域,心里渴望成为"局内人",但又只是短暂地停留,不断给自己贴上"局外人"的标签;他们积极协助指导教师进行班级管理、批改作业、开展班级活动,充当"教学助手",但他们又非常渴望拥有"真正的教师"身份;他们在大学里学到很多先进的教学理论和方法,渴望在教育实习中付诸实施,但当他们真正亲临教学一线时,发现所有教学方法必须基于现实的教学情境,且大多时候要向传统的教学方法妥协。

实习教师这种特殊而尴尬的身份增添了其情感体验及所体现的情感劳动策略的丰富性。本研究所收集的质性资料中,相当一部分案例反映了高中英语实习教师的身份认同对其情感劳动策略的影响。研究表明,不同的身份认同观所体现的情感劳动策略也有所不同。当英语实习教师局限于"实习"身份,把自己当成缺乏话语权的"局外人"时,他们往往会使用更多的表层行为策略。反之,当英语实习教师突破"实习"身份,以正式教师身份承担职责时,他们会倾向于使用深层行为或蓄意不同步行为策略。表6-6呈现了7名高中英语实习教师典型的情感事件,充分体现了身份认同对情感劳动策略的影响。其中,Lily、Jerry、Cherry、Sally以及Henry均认为自己只不过是实习教师,缺乏"话语权",最后选择了忍让和服从,在情感劳动过程中使用了表层行为策略。Lily在一次监考中严格按照正常的考试规则和流程分发试卷,但是所监考班级的英语教师却误认为她拖延了时间,受到了批评和指责。面对"冤屈",Lily考虑到自己只不过是实习教师,并没有与同事对抗的勇气,只能忍气吞声,敢怒不敢言。Jerry在替同事进行英语测验时,反复强调纪律问题,受到学生的"无视",得不到尊重,感到失望,但考虑到自己毕竟只是一个实习教师,最终选择抑制内心的怒火。Cherry面对迟交的作业,虽然感到生气,但考虑到自己毕竟只是一个实习教师,隐藏了真实的生气情感。Sally和Henry在教学设计的理念上与指导教师发生了冲突,尽管感到不舒服,但自己毕竟是实习教师,最终还是要遵从指导教师的安排。与前面5名教师不同的是,Amy和Tony认为自己应该以正式教师的身份来规范学生和自己的行为,分别采用了蓄意不同步行为策略和深层行为策略。Amy面对个别学生上课"小鸡啄米"的现象,感到好笑,考虑到作为老师,在课堂教学中应提醒学生集中注意力,于是假装用不悦的眼神给学生传递"警示"信息,运用了蓄意不同步行为策略。Tony在遇到接受能力较弱的学生时,失去耐心,但考虑到自己作为教师,就有帮助学生的义务,让他最后更有耐心地去帮助学生,使用了深层行为策略。

表6-6　身份认同对情感劳动策略的影响案例(1)

研究 参与者	典型情 感事件	情感劳动过程描述	情感劳动 策略	影响因素 (身份认同)
Lily	"监考的 委屈"	按照程序监考,反遭老师"凶",感到委屈、难过和愤愤不平,但因为实习教师身份,敢怒不敢言。(I1 - Lily - 3)	表层行为 (隐藏)	作为实习教师,在同事面前是一个"局外人",缺乏反抗的话语权。
Jerry	"收发试卷的怒火"	有一次晚自习要进行英语测验,年级有老师请假,让我去负责试卷收发工作。当各班将试卷发下去后,有个别班级很吵,我连着叫了好几遍,让他们安静下来,认真做试卷,一部分学生仍然无视,继续在下面聊天。在当时,我对于学生的这种不尊重行为,真的很失望,但毕竟自己只是一个实习教师,还是压抑着心中的怒火,找到这个班的班主任,向班主任反映了这个情况,让班主任进行处理。(I1 - Jerry - 3)	表层行为 (抑制)	作为实习教师,得不到学生的尊重,缺乏话语权。

研究参与者	典型情感事件	情感劳动过程描述	情感劳动策略	影响因素（身份认同）
Amy	"破功"	课堂上有一个学生坐在第一排的角落，他非常困，但是又碍于坐在老师眼皮子底下不好意思完全睡过去，"小鸡啄米"的同时偶尔还翻个白眼。觉得真的很好笑。但是在课堂上自己毕竟是老师，所以装作一脸不爽地看过去想给他一个警示。结果把他吓得不轻，惊醒了，他直接弹起来说："下课了吗？"（I2 - Amy - 3）	蓄意不同步行为	作为老师，要提醒学生认真听课。
Cherry	"迟交作业"	学生交作业整整迟了一天，下午交作业过来的时候还有人不交。我感到很生气，但我没有在课上表现出来，毕竟我只是个实习生，而是下课后把未交作业名单发给班主任，由班主任处理。（I1 - Cherry - 2）	表层行为（隐藏）	作为实习教师，不敢对学生大发脾气。
Sally	"教学方法冲突"	我精心准备的课件被指导教师否了，尽管我不太同意他的教法，想尝试采用自己的教学设计，但老师说我过于理想化，最后只能按照他的方法去教。心里不好受，但又不能跟他唱反调，毕竟要听指导教师的呀。（I1 - Sally - 3）	表层行为（抑制）	作为实习教师，当自己和指导教师的教学方法发生冲突时，要服从指导教师的安排。
Henry	"换座位"	班主任发布调整座位的新方案，同学们意见不统一，班主任气得跑到办公桌趴着哭了。我也特别生气，但我身为一个实习教师，我也决定不了什么，我只能抑制住自己的情感，到班里跟学生灌一些不温不火的鸡汤，让同学们设身处地理解班主任的一番苦心。（I1 - Henry - 4）	表层行为（抑制）	作为实习教师，在班级管理方面没有决定权。
	"教学理念冲突"	我在上语法课的时候，指导教师要我少教一点语法，只要把语法规则告诉学生自己背就可以了，原因竟然是我们班水平比较低，但是我反而认为学生水平越低，越应该强调基本语法。这是我实习期间最令我失望又无奈的事情，但我作为实	表层行为（隐藏）	作为实习教师，当自己和指导教师在教学理念上发生冲突时，只能选择服从。

研究 参与者	典型情 感事件	情感劳动过程描述	情感劳动 策略	影响因素 （身份认同）
		习教师,的确没有资格来质疑"重 词汇,轻语法"的策略。（I2 - Henry - 3)		
Tony	更有耐心	班上有一位同学,学习很刻苦,但 是英语基础很薄弱,进入高中以来 成绩一直不理想,我鼓励他多问我 问题。但是他每次问的都是一些 基础性的知识,而且每次解释,他 一知半解,要我解释好几遍之后他 才会理解。有时候我会有些不耐 烦,但是每次我都会想:虽然我是 实习老师,但是他也是我的学生, 我有义务帮助他提高自己。每每 想到这里,我都会更有耐心。（I1 - Tony - 4)	深层行为 （认知改变）	尽管自己只是 一名实习教 师,但既然是 教师就有义务 耐心帮助学生 答疑解惑。

6.2.4　教师信念

教师信念是教师对学生角色与教师角色、师生关系、教与学等所持有的一种内在观念和隐含假设(Kagan, 1992)。教师信念不仅仅指教师关于教学方面的信念,更主要是指教师关于教育整体活动的信念,是指从学生时期开始积存和发展,教师个体信以为真的、以个人逻辑和心理重要性为原则组织起来的"信息库",它们是教师教育实践活动的参考框架(谢翌、马云鹏,2007)。本研究的 7 名参与者(包含 2 名硕士研究生)在实习前都没有正式的教学经历,故对他们而言,教师信念主要来源于三个方面:曾经的学习经历,职前教师专业训练,以及通过教师资格证考试所积累的教育学、心理学和学科教学论知识。本研究发现,教师信念尤其对高中英语实习教师使用深层行为和蓄意不同步行为策略具有一定的影响。表 6 - 7 以 Amy、Sally 和 Herry 为例呈现了教师信念对高中英语实习教师情感劳动策略的影响。Amy 在和一个充满负能量的女生交往时,感到非常愤怒,但是她在情感劳动过程中采用了深层行为策略,改变了自己对该女生的认识,认为该女生是在寻求关注,自己作为教师应该理解心智还没有成熟的孩子,其教学信念体现在关注每一个学生。Sally 认为对实习教师而言,把控住课堂是树立威信的好办法。她受到这一信念的影响,在课堂上出现紧张的情感后,通过认知改变,努力使自己变得更从容。Henry 不受个人私人负面情感的影响,积极调整情感状态,在情感劳动过程中采用了深层行为下的分离策略,因为他秉持着一个信念,即作为教师,不应该把私人的负面情绪带到课堂上来。此外,Henry 在发现学生对某个语法的掌握事倍功半时,故意使用激将法,内心并不生气,但假装生气,旨在强调这一语法点的重要性,且激发学生的斗志,属于蓄意不同步行为策略,因为在他看来,适当地用一下激将法有利于学生加强对语言知识的印象,提升学习效果。

表 6-7　身份认同对情感劳动策略的影响案例(2)

研究参与者	典型情感事件	情感劳动过程描述	情感劳动策略	影响因素分析(教师信念)
Amy	"理解万岁"	班上有个负能量爆棚的女生一次又一次地戳中我对"负能量排斥"的底线。那一段时间内心真的一股火想要爆发。当时,我又在想,也许她一次次的抱怨是在求救是在寻求关注。毕竟她是一个心智还没有成熟的孩子。想到这里我更加理解这个学生,我自己也反思了自己,以后要更加关注别人,尽量不要忽视每一个学生。(I1-Amy-5)	深层行为(认知改变)	理解学生的不成熟,关注每一个学生。
Sally	"树立权威"	刚开始上课的时候,有点紧张,随着铃声响起,我戴上小蜜蜂,故作从容地走上教室讲台。在讲课的过程中我尽量让自己在学生面前表现得从容和镇定,但是我感觉到自己的确在紧张,声音有点发抖,逻辑有点混乱,有时我讲话还破音,连自己都在心里嘲笑自己。但是,在班里树立权威的最好方法就是让学生相信我是可以把控住课堂、是可以从容地应对学生的提问的,所以最后我还是把第一节课顺利地上完了。(I1-Sally-7)	深层行为(认知改变)	对实习教师而言,把控住课堂,从容应对,是树立教师威信的好方法。

续　表

研究 参与者	典型情 感事件	情感劳动过程描述	情感劳动 策略	影响因素分析 （教师信念）
Henry	"不为口 角所扰"	一天早上,我和家里人因为一些琐事产生了口角,但第二节课就是我的课了,<u>我觉得作为教师,不应该把自己的负面情绪带到课堂上来</u>,于是,调整好状态,努力上好了那一堂课。(I1 - Henry - 6)	深层行为 （分离）	作为教师,不应该把私人的负面情绪带到课堂上。
	"激将法"	给学生讲解不定式,但见效甚微,月考前再次巩固,学生仍然懵懵懂懂,<u>其实我心里有准备,毕竟他们基础不太好</u>,<u>但还是假装生气,激励一下他们</u>:"每次都讲! 讲过几次了,这个小小表格还记不住!"。其实就是让他们对我列的那个不定式表格有个深刻的印象。(I2 - Henry - 5)	蓄意不同步	适当地用激将法有利于学生加强对语言知识的印象,提升学习效果。

6.3　组织因素

除了个体层面外,组织层面也是影响高中英语实习教师情感劳动策略的重要因素。根据 Grandey(2000)所提出的情感劳动模型,从组织层面来讲,情感劳动的影响因素主要包括工作自主性(job autonomy)、管理者支持(supervisor support)以及同事支持(coworker support)。工作自主性是指员工对其所从事的工作具有一定的控制力和决定权。无论对于高程度情感劳动职业,还是低程度情感劳动职业,具有高度自主性的人会表现出相对比较低程度的情感耗竭(emotional exhaustion)(Whartson, 1993)。此外,Morris & Feldman(1996)的研究也表明,工作自主性越强的员工,其情感耗竭和情感失调(emotional dissonance)程度越低,而其工作满意度(job satisfaction)越高。除了工作自主性外,管理者支持与同事支持对情感劳动也有重要影响。来自管理者和同事的支持有助于创建一个积极的环境(Schneider & Bowen, 1985)。在这个环境中,个人可以将其所遇到的问题或困惑向他人倾诉,释放压力,最终有利于身心健康发展。

对高中英语实习教师而言,组织层面主要包括两个方面:一个是他们就读的高校,另一个是给他们提供实习机会的学校。考虑到情感劳动的情境性,本研究所指的组织主要是指后者。研究发现,从组织层面来讲,英语实习教师的情感劳动策略受到三个因素的影响,分别是学生、实习同伴以及指导教师。

6.3.1 学生

学生是实习教师在教育实习过程中交往最为密切的对象,正如前文所述,实习教师在面对学生时,其身份认同处于尴尬的两难境地。一方面,他们渴望和学生保持良好的师生关系,受到学生的喜爱,成为学生的朋友;另一方面,他们又希望能在学生面前树立威严,能有效管理学生的违纪行为。在平衡"友谊"与"权威"二者关系时,他们会投入精力来扮演不同的角色,并期望收到相应的回报,渴望得到学生的认可和尊重。他们在情感方面很容易得到满足,但也很容易受到创伤。本研究表明,高中英语实习教师在情感劳动过程中,自然行为策略受到学生因素的影响较大。具体而言,释放策略受到学生良好行为表现的影响,宣泄策略受到学生不良行为表现的影响。表 6-8 呈现了 Cherry、Sally 以及 Henry 的典型情感事件及情感劳动策略,反映了来自学生的影响因素。Cherry 和 Sally 都因学生良好的行为表现而感到开心,表现出来的情感劳动策略为自然行为下的释放。反之,Henry 却因为学生不良的行为表现感到生气,表现出的情感劳动策略为自然行为下的宣泄。

除了自然行为策略外,学生因素对深层行为和蓄意不同步行为策略也有一定的影响,体现了教师的责任心和对学生的关心。如表 6-8 所示,Tony 感觉做课件是一种负担,但想到精美的课件有利于学生的学习成绩时,便化压力为动力,安心完成课件制作,其情感劳动过程体现了深层行为下的认知改变策略。此外,Tony 在遇到成绩不错的学生犯低级的英语语法错误时,为了给该学生"敲警钟",避免少犯类似错误,单独找该学生谈话,假装生气,在其情感劳动过程中,体现了蓄意不同步行为策略。

表6-8　学生因素对情感劳动策略的影响案例

研究 参与者	典型情感 事件	情感劳动过程描述	情感劳动 策略	影响因素分析 （学生）
Cherry	"学生笔记给我带来的欣慰"	<u>学生的笔记做得很好，我感到很开心和欣慰</u>，上课的时候，<u>表扬了同学们</u>，学生们不约而同地为自己鼓掌。（I1-Cherry-2）	自然行为 （释放）	学生良好的行为表现
Sally	"假装若无其事为学生加油"	今天参加晨会，广播中播放我们班获得了本周表现最佳班级，心情很愉快，散会之后我<u>特地到班里祝贺</u>，并鼓励同学们继续努力，获得更多荣誉。（I1-Sally-4）	自然行为 （释放）	学生良好的行为表现
Henry	"屡教不改的双胞胎兄弟"	班上的一对双胞胎兄弟在上课的时候看课外书，被老师抓住，<u>态度不端正，并屡教不改</u>。我感到很生气，<u>直接把他们拉到教室外面批评了一顿</u>。（I1-Henry-7）	自然行为 （宣泄）	学生不良的行为表现
Henry	"检查宿舍时我'发火'了"	晚上10:40开始要检查学生宿舍，责令他们睡觉、停止骚动。我们班有个宿舍，遭到学校两次警告，但他们却若无其事，<u>即便我站在门口，他们还明目张胆地聊天，吵闹，听MP3，我非常生气，"发火"了</u>，瞬间他们安静下来。（I1-Henry-6）	自然行为 （宣泄）	学生不良的行为表现
Tony	"静下心来做课件"	每次准备新课做课件的时候我都会非常不耐烦，没有耐心去做，<u>但是想到我要用这些课件去教我的学生，而这些学生对于这节知识的掌握可能都要靠我的课件和准备程度，可能我做的这些准备将来会在高考中帮助他们。每次这样去想我就可以静下心来好好做好课件</u>，好好备课。（I1-Tony-5）	深层行为 （认知改变）	为了提高学生的成绩
Tony	"低级的语法错误"	有一次批改作文，发现班里一位平时成绩不错的学生犯了个低级语法错误，不是他应有的水平，但是无伤大雅，不影响整体，但是<u>为了让他以后能长点记性，我还是把他叫到办公室，佯装成不太开心的样子，指出他的低级错误，叫他以后无论是写作业还是做其他事都要认真仔细</u>。（I2-Tony-4）	蓄意不同步行为	为了让学生以后不再犯低级的语法错误

6.3.2 实习同伴

在集体教育实习中,实习教师往往会互相分享一些各班的奇闻趣事,当遇到教学或管理问题时,他们会相互借力,给对方出点子、谋对策;当遇到情感问题时,他们会互相倾诉,寻求共同的理解与安慰。本研究结果表明,实习同伴亦是影响高中英语实习教师情感劳动策略的重要因素。受实习同伴的影响,英语实习教师在情感劳动过程中倾向于使用深层行为策略。以下是 Tony 在访谈中提到的"选择性忽略"情感事件:

"在课堂中上课的时候,每次到了提问环节时班里都会有一两个乱搭我的话,或者不举手胡乱回答老师的问题,令我感到很尴尬,甚至有点生气。这时我就会选择性地忽视这些学生,而把注意力转向那些认真听课、认真学习的学生,心情就好了。这是和我一起实习的小虹(化名)教给我的策略,我觉得这一招很管用。"(I1 - Tony - 6)

由上例可以看出,Tony 在面对上课喜欢插话搭话的学生时,尽管体验到了消极情感,但很快采用深层行为策略下的注意力转移,转变了心情,使内心感受和外在表达达成一致。而深层行为策略的使用正是受到实习同伴的言语影响。

在关键时刻,尤其是当英语实习教师处于情感崩溃状态时,实习同伴扮演着"重要他者"的角色,引导实习教师在情感劳动过程中选择深层行为策略,最后达到身心健康的发展。以下是 Cherry 在访谈中提到的"失落后的释怀"情感事件:

"有一次上讲评课,学生的参与度不是很高,反应也不是很活跃,心里真的多多少少觉得难受,自己怎么把课上成这个样子,真的认认真真地在思考这个问题,变得越来越没有自信,也没有人给我什么反馈,觉得自己真的很难做出很大的进步,就像之前说的一样,一个老师的魅力和有趣根本不是一夜之间就能练成的,我再怎么想着变得有趣,也不是今天听过建议之后明天就可以改正变成一个有趣的人的啊,想尽全力去做好,又一直在怀疑自己,变得越来越不自信,对自己的打击其实真的挺大的。下课后,我把我内心的真实感受和我的实习同伴玲玲(化名)进行了分享,并商定吃完晚饭后一起到操场上散步,我们聊了很多开心的事情,我自己也觉得要给自己一点提高的时间,多听课,多开展反思,聊完后,我释怀了很多。"(I2 - Cherry - 3)

由 Cherry 的上述情感事件可以看出,正是有了实习同伴玲玲的倾听与帮助,使得 Cherry 在感受到难受和无助时,转移注意力,最后感到愉快和释怀。Cherry 在其情感劳动过程中,使用了深层行为策略,而这种策略的使用和她的实习同伴密切相关。

已有研究表明,实习生在教育实习过程中难免会遇到"现实冲击",即实习教师所发觉的理论与实践的差异,以及学生时代所构建的图式与从事教师工作时所面临的现实之间的矛盾(周寰、衣新发、胡卫平,2014)。当他们遇到"现实冲击"的时候,"与上司沟通"或者"与他人谈心"的效果明显好于"自己调整"(徐丽燕、马士斌,2006)。本研究中的高中英语实习教师在情感劳动过程中,亦通过与实习同伴"谈心",最终改变了内心的负面情感感受。

6.3.3　指导教师

指导教师对实习生的专业成长起到至关重要的作用,能够帮助他们获得仅凭自己无法学到的知识和技能(Bullough & Draper, 2004; Hawkey, 1998; Hobson *et al.*, 2009)。在我国的教育实习体系中,实习场域的指导教师包含两个角色,一个是学科指导教师,一个是班主任指导教师。指导教师认真的态度、师生民主的交流氛围可以调动双方的情感能量,在一定程度上有助于实习教师的问题解决与整体收获(魏戈、陈向明,2015)。本研究发现,高中英语实习教师在情感劳动过程中,为了避免和指导教师的教学或管理理念发生冲突,顺利完成指导教师交付的任务,往往会选择表层行为策略。表 6 - 9 呈现了 Lily、Sally 以及 Tony 的典型情感事件,反映了指导教师对其情感劳动策略的影响。Lily 在班级文化建设的准备中,指导教师不断提出新方案和新要求,这让她感到"心很累",但为了避免和指导教师发生冲突,Lily 在情感劳动过程中选择了表层行为策略,隐藏和抑制了真实的情感感受。Sally 在教学方法上与指导教师发生冲突,"心里不好受",但为了维护和指导教师的和谐关系,Sally 在情感劳动过程中选择了表层行为策略,抑制了内心的不悦,听从指导教师的安排。Tony 在"换座位"的问题上有畏难情绪,"感到纠结和无助",但为了完成指导教师的任务并得到其认可，Tony 在情感劳动过程中也选择了表层行为策略，跟那些对调换座位有意见的同学"套近乎"，其外在的情感表达和内心的真实感受明显不一致。

表 6-9　指导教师因素对情感劳动策略的影响案例

研究参与者	典型情感事件	情感劳动过程描述	情感劳动策略	影响因素（指导教师）
Lily	"一波三折的文化建设"	指导教师要我负责本班的文化建设，已经定好的方案突然又改，已经买的材料派不上用场，在重大决策上，指导教师犹豫不决，对我不断提出新要求。我感到心很累，但又要硬着头皮去做。(I1-Lily-4)	表层行为（隐藏）表层行为（抑制）	为了避免和指导老师发生冲突。
Sally	"教法冲突"	我精心准备的课件被指导教师否了，尽管我不太同意他的教法，想尝试采用自己的教学设计，但老师说我过于理想化，最后只能按照他的方法去教。心里不好受，但又不能跟他唱反调，毕竟要听指导教师的呀。(I1-Sally-3)	表层行为（抑制）	为了维护和指导教师的和谐关系。
Tony	"套近乎"	有一次，指导教师要我处理班级座位调换，换座位是为了促进班级同学相互熟悉，避免出现小团体或隔阂。而学生对换座位非常抵触，他们不愿意和不熟悉的同学坐同桌，所以换座位众口难调，开展起来比较困难。因此，我有一些消极的畏难情绪，感到纠结和无助，但这是指导教师交代我的任务啊，我必须得完成，于是假装跟那些较劲的同学套近乎，说服他们按照老师的要求去做。(I2-Tony-2)	表层行为（伪装）	为了完成指导教师的工作任务，得到指导教师的认可。

　　实习教师在进入实习学校前就常被告诫要"遵守实习学校的规章制度""服从实习学校指导教师的安排"(李斌辉、张家波，2016)。但在真实的教育教学情境中，实习教师会因为与指导教师理念的差异而焦虑，甚而引发冲突(Sinclair，1981)。表 6-9 的案例表明，实习教师受其指导教师的影响，在教育实习过程中更多地使用表层行为策略，这不利于他们与指导教师关系的发展。李斌辉、张

家波(2016)指出,指导教师与实习教师之间的师徒关系存在很多弊端,例如指导教师对实习教师的控制,实习教师对指导教师的模仿、传承和接受等。为此,他们呼吁建立一种"同事性关系",促使指导教师、实习教师不再封闭,而是对话与交流、反思与包容,形成一个相互启发、相互激励、相互尊重的合作氛围。

6.4　社会文化因素

本研究发现,除了个体层面和组织层面外,社会文化层面亦是影响高中英语实习教师情感劳动策略的重要因素。中国传统教师文化注重教师的社会性,赋予了教师更多的社会担当和社会形象。教师身份首先是一种社会形象,其次才是一份谋生职业(蒋纯焦,2019)。本研究所发现的影响高中英语实习教师情感劳动策略的社会文化因素主要体现在四个方面,即权威、关系、面子以及情感展现规则。

6.4.1　权威

教师权威是指被学生认可的,教师在与学生互动的过程中,凭借国家、社会所赋予的教育权力及由个人因素所产生的威望,从而使学生信任、服从的力量(李娜,2019)。作为还没有走入正式工作岗位的实习教师,他们渴望拥有教师的权威,得到学生的尊重。在与学生的交往过程中,他们试图寻找树立教师权威的各种方法。对英语实习教师来说,在学生面前树立权威的途径主要包括三个层面:英语语言能力、英语教学能力以及班级管理能力。在英语语言能力层面,他们会努力在学生面前展现丰富的语言知识以及超强的语言运用能力;在英语教学能力层面,他们会努力在课堂英语教学中展现自己的教学魅力;在班级管理层面,他们会迅速投入到班级建设当中,拥有强烈的责任感和使命感。实习教师由于缺乏一线教学经验,在真正的教学实践中往往显得"心有余而力不足",当能力与权威无法匹配时,他们会感受到失落、失望或内疚等消极情感,而为了获得和维护教师的权威,他们往往会采用各种情感劳动策略。以下是 Jerry 在访谈中提到的一次情感经历:

"我们班有个特别喜欢问英语语法问题的男孩子,每天晚自习都要问我一两个语法问题。说实话,我自己都怀疑我自己是不是英语专业的,很多高中的语法我自己都模棱两可,但我是老师啊,我要是答不出来,我在学生心中何以立威?面对学生的问题,心里感到惶恐,但又要假装自己很懂,实在是无法自圆其说了,我就借口要去办公室,然后赶紧去查资料。哎,心累啊!"(I1 – Jerry – 5)

由上述 Jerry 的情感经历,我们不难看出,Jerry 为了维护自己的教师权威,在解答学生的语法问题时,采用了表层行为策略,隐藏了自己内心真正的"惶恐",外在却表现出教师作为权威所应有的从容和自信。

与 Jerry 类似,Cherry 在访谈中也涉及教师的权威,但不同的是,Cherry 通过适当惩戒学生树立自己的"威严":

"指导教师要我给学生检查单词,结果三分之一的同学都没有认真准备,写得非常糟糕,我对他们也感到非常失望。我事先跟他们说过,如果听写错误超过三个单词就要重听,看来,他们是没有把我这个实习老师放在眼里,以为我不会找他们算账。但那一次,我放学后就守在教室门口,把那三分之一的学生留下来,重新听写。后来学生告诉我,说我好'凶'。"(I1 – Cherry – 4)

很显然,Cherry 感到学生并没有把自己放在眼里,在情感劳动过程中采取了自然行为下的宣泄策略,采用适当惩戒的方式,试图在学生面前树立自己的"威严",补偿自己作为教师的"权威"地位。尽管如此,Cherry 在访谈中也提到,适当惩戒可以让学生养成良好的行为规范,但对于实习教师来说,惩戒并不是最好的树立威信的方式。一旦遇到叛逆较为严重的学生,实习教师很难控场,不仅不能树立威信,还可能让自己积存的威信"扫地"。实习教师真正的权威"离不开学生的认可和自愿的服从"(孙嘉蔚、程亮,2018)。本研究中的男性实习教师 Henry 就具备很强的权威意识:

"来实习之前,上一届的师姐就跟我说,一定要抓住一个点让学生服你,学生服你了,后面才好管。实习的第三天,指导教师要我利用晚自习的时间教一下单词,我在教他们之前,先请了十几位同学读单词,发现要么就是不会根据音标拼读,要么就是发音错误,很少有同学能够较为标准地把单词读出来,当时感到有点失望,但我突然灵机一动,语音不正好是我的优势吗？我可以借此来树立自己的威信啊。于是,我对学生的错误发音进行纠正,还采用了一口气法教他们反复练一个音。从下面学生的眼神,看出他们听得非常认真,练习得也很卖力,下课后,几个同学围着我,夸我的英语真好听,这一次,我感觉'立威'成功,特别有成就感。"(I1 - Henry - 2)

Henry 在情感劳动过程中抓住"立威"的时机,充分展示了自己的英语专业水平,运用了深层行为下的认知改变策略,最终使内在的"失望"感转变成了成就感。

6.4.2 关系

中国文化是典型的关系文化(袁晓劲、郭思萍,2017)。中国人的人际关系是以己为中心的同心圆,如同把一块石头扔进水里所产生的一圈圈推出去的波纹,被圈子的波纹所推及的就发生联系(费孝通,1985:25)。对实习教师而言,其关系网络主要包括实习场域内和场域外的关系。在实习场域内,他们与学校的领导、同事、指导教师、实习同伴以及学生都存在密切的关系;在实习场域外,他们与父母、亲戚、朋友、老师和同学等都有一定的联系。本研究的 7 名参与者在访谈中多次提到关系,实习场域内,师生关系被提及 15 次,与指导教师的关系被提及 6 次,与实习同伴的关系被提及 2 次;实习场域外,与朋友的关系被提及 2 次,与父母的关系被提及 1 次。这些关系在不同程度上对英语实习教师的情感劳动策略产生了一定影响,其中较为显著的是实习场域内的师生关系。本研究的质性资料分析显示,师生关系对情感劳动策略的影响主要体现在两个方面:一是实习教师主观认为的师生关系;二是实习期间客观存在的师生关系。表 6 - 10 呈现了实习教师主观认为的师生关系对英语实习教师情感劳动策略的影响案例。Cherry 和 Sally 为了"不把关系闹僵",维护良好的师生关系,即便学生不把自己放在眼里,表现出不屑一顾的态度,他们心里感到很生气,但这种情感并没有充分表露出来,在情感劳动过程中采用了表层行为下的抑制策略。

表 6 - 10　师生关系对情感劳动策略的影响案例(1)

研究参与者	典型情感事件	情感劳动过程描述	情感劳动策略	影响因素（实习教师主观认为的师生关系）
Cherry	"不想把关系闹僵"	因为是实习老师,有时候学生就没把你放在眼里。我也不想跟他们伤感情,因为实习就那么两个月,还是不想把关系闹得那么僵。比如,学生在课堂上讲话的时候,尽管心里很生气,但又不好凶他们或者是采取一些惩罚措施。(I1 - Cherry - 5)	表层行为（抑制）	维护良好的师生关系
Sally	"宿舍扣分风波"	一个男生宿舍遭学校扣分,我找舍长谈话,但他否认,而且表现出不屑一顾的态度,我非常生气,但为了不至于和他们关系搞得太僵,我还是抑制住了自己的愤怒,通过表情和语气稍微表达了自己对这件事情的不满意。最后舍长还是坦白交代了情况,并保证说会尽快把舍规制定好拿给我看。(I1 - Sally - 2)	表层行为（抑制）	维护良好的师生关系

　　由此看来,高中英语实习教师主观认为的师生关系对他们选择表层行为策略具有一定的影响,他们往往为了维护良好的师生关系,隐藏或抑制自己的消极情感。与实习教师主观认为的师生关系相比,客观存在的师生关系对情感劳动策略的影响更具有复杂性。表 6 - 11 呈现的是 Henry 在实习初期和实习后期发生的两个典型情感事件,反映了不同时期、不同的师生关系对其情感劳动策略的影响。Henry 在实习初期,发现学生的英语语法比较糟糕,内心感受到失望,但因为刚刚接触学生,和他们的关系还不够亲近,所以选择隐藏真实感受,还是很耐心帮助学生。这一点较为符合人之常情,即对越是熟悉和亲近的人,我们越愿意展现自己的负面情感。Henry 在实习后期,和学生关系相处融洽,当学生的表现有点"老油条"时,Henry 选择了蓄意不同步行为策略,假装生气,但心里却并没有感受到生气的情感。

表6-11　师生关系对情感劳动策略的影响案例(2)

研究参与者	典型情感事件	情感劳动过程描述	情感劳动策略	影响因素（实习期间客观存在的师生关系）
Henry	"纠正语法错误"	刚开始，对学生的英语水平很失望，尤其是语法，<u>但是因为跟学生关系也不是非常亲近，脸上并不表现出这种失望</u>，而是很耐心地帮助他们纠正一些基本的语法错误。(I1-Henry-2)	表层行为（隐藏）	师生关系不够亲近
	"老油条了"	实习后期，和学生交往久了，彼此就熟了，他们也变得老油条了，有时候要他们做点事情，他们总是讨价还价，这时候我就<u>假装生气</u>，用调侃的语气激他们一下。(I2-Henry-3)	蓄意不同步行为	师生关系融洽

除了师生关系，实习教师与指导教师的关系对其情感劳动策略也具有一定的影响。本研究表明，实习教师和指导教师的关系越融洽，越倾向于使用深层行为策略，反之，越倾向于选择表层行为策略。比如 Cherry 在实习期间和指导教师相处较为融洽，平时有问题都会找指导教师求助，其指导教师也非常热心，在生活上给了不少帮助。以下是 Cherry 在访谈中提到的典型情感事件：

"我的指导教师是一个很随和的人，也很关心我们实习生。平时生活中，偶尔她会从家里带来好吃的给我们，<u>我和她之间说话也是直来直去，不绕圈</u>。但在教学指导方面，她还是很严格的，有一次她外出听课，要我替她上了一节语法课，后面回来检查学生的掌握情况，发现学生并没有掌握，下课后，直接半开玩笑地暗示我上的那节课白上了，顿时感觉好难受，但后来想想，<u>老师就是这样子的性格直爽的人，我自己应该好好反思，认真向老师学习，也就想开了</u>。"(I1-Cherry-2)

当 Cherry 因为教学效果不好受到指导教师的批评时，她先是感到难受，但想到指导教师就是性格直爽、有一说一的人，马上就调整了心情，把原因归结于自己。很明显，Cherry 在情感劳动过程中采用了深层行为下的认知改变策略，而影响因素正是她和指导教师平时和谐相处的关系。事实上，对实习教师而言，在实习期间与指导教师保持一种融洽的关系并不容易，正如前文所提到的，中国传统文化里的教师权威无处不在。指导教师对实习教师而言，就是一种权威的体现，在指导教师和实习教师之间，没有纯粹的平等，当指导教师过于严肃，而实习教师又过于拘谨时，会在二者之间造成心理上最大的鸿沟，从而影响实习教师的情感劳动策略。比如，本研究的参与者 Jerry 和指导教师之间就存在隔阂，二者之间很少进行沟通。以下是 Jerry 在访谈中提到的情感事件：

"我感觉我和我的指导教师之间有一层隔阂，她比较严肃，但我很尊敬她，她上课确实很好，也很受学生喜欢，可能是我自己的原因吧。她每次跟我交代事情，我就一个劲地点头，有时候其实对交代的事情也不是完全理解，我问了一次两次就不好意思再问第三次了，我担心她觉得我好愚钝。"(I1 - Jerry - 5)

由 Jerry 的情感事件可以看出她每次和指导教师的相处都充满着不安，即便感到困惑，也还要装作理解，其在情感劳动过程中采用了表层行为下的伪装策略。

除了实习场域内的关系外，实习场域外的关系对教师的情感劳动策略也具有一定的影响。当实习教师在工作场域内碰到影响情感的问题时，他们有时会求助于场域外的"重要他人"，如朋友和父母。研究发现，英语实习教师与工作场域外的关系对其在情感劳动过程中使用深层行为策略具有一定的影响。比如 Sally 在实习期间面临巨大的压力时感到身心疲惫，加之在与学生的相处中，学生并不能够理解她的辛劳付出，处于情感崩溃状态，后来跟以前的"闺蜜"电话聊天，分享了自己崩溃的情感状态，"闺蜜"的一些话让她茅塞顿开，感觉一切都很正常，改变了自己对很多事情的看法，在情感劳动过程中使用了深层行为策略下的认知改变策略。又如 Lily 是一个情感比较脆弱的女生，平时跟母亲的关系较为亲密，每次遇到挫败或迷惑都会打电话跟其母亲分享，吐露自己的真实情感。每次母亲都会耐心对其引导，改变她对一些事情的看法，让她从消极情感中很快走出来。由此可见，实习场域外的良好关系有助于实习教师使用更多的深层行为策略。

6.4.3 面子

面子是一种强大的情感力量，支配着中国人的行为(张绪山，2019)。在中国文化里,教师对学生而言具有权威的身份和地位,他们既要维护作为"人"所需要的基本的面子,又要维护作为"权威"所需要的体面和尊严。当教师表现出来的自我形象符合外部的社会期望时,教师就会感觉"有面子",当教师的言行与人们的角色期望产生偏离时,教师就会觉得丢了面子,并产生消极的情感体验(尹弘飚,2009)。本研究表明,面子对高中英语实习教师的情感劳动策略具有一定影响,主要体现在两个方面:一方面,实习教师倾向于使用表层行为或深层行为策略维护自己的面子;另一方面,他们更多地使用表层行为策略来挽回或补偿已经丢掉的面子。表 6 - 12 以 Amy 和 Cherry 的典型情感事件为例,呈现了面子对其情感劳动策略的影响。Amy 垫付了 80 元钱帮班级买了盆栽,打算送给班主任,但班长迟迟不提钱的事情,在要不要主动找班长要钱这一问题上内心充满纠结,但最终为了维护面子,她还是选择了"隐藏纠结的情感",后来又改变了认知,认为自己花 80 元钱给班级做点事也不错。由此看来,Amy 在情感劳动过程中,受到面子的影响,先后运用了表层行为(隐藏)和深层行为(认知改变)策略。Cherry 在上语法课的时候,对状语从句功能的区分遭受到某位同学的质疑,感到很尴尬,"顿时觉得颜面扫地",但为了挽回面子,"故作镇定",承诺同学们第二天将这一语法区分点写在黑板上。不难看出,Cherry 在情感劳动过程中,受到面子的影响,使用了表层行为下的伪装策略。

表 6 - 12　面子对情感劳动策略的影响案例

研究参与者	典型情感事件	情感劳动过程描述	情感劳动策略	影响因素(面子)
Amy	"80 元钱的纠结"	我们班的班长说想要我帮忙买一个小盆栽,在班主任节的时候送给班主任。我帮学生买过东西以后,下午顺利交给班长,但是他却一直没有说过钱的事情。这钱说多不多,说少不少,80 多元,你说我是要呢? 还是不要呢? 问呢? 还是不问呢? 问又怎么问呢? <u>心里好纠结</u>,问呢,学生可能会觉得老师很小气,不问呢自己又有一点不是很乐意。纠结再三,<u>还是隐藏住了自己的纠结的情感</u>,想着也算是给班上做点事情吧。<u>看着班主任收着礼物开开心心的,自己心里也很开心</u>,所以就当是花 80 多元钱给班主任献礼。(I2 - Amy - 6)	表层行为(隐藏)深层行为(认知改变)	面子维护

研究参与者	典型情感事件	情感劳动过程描述	情感劳动策略	影响因素（面子）
Cherry	"分析目的状语从句带来的尴尬"	一次上课给学生们分析状语从句的功能，讲完后才发现自己的理解有误，把目的状语从句和结果状语从句弄混淆了，结果被我班上英语比较好的一位同学指出来，我当时<u>内心感到很尴尬</u>，顿时<u>觉得颜面扫地</u>。但我在讲台上还是<u>故作镇定</u>，跟同学们说："这两者很难区别，明天上午我会把细微区别写在后墙的黑板上"。这才<u>缓解了尴尬的局面</u>。（I2‑Cherry‑3）	表层行为（伪装）	面子补偿

6.4.4　情感展现规则

情感展现规则（emotional display rules）是指在工作场域组织所要求的情感表达标准（Gosserand & Diefendorff，2005）。在教育领域，虽然教师情感展现规则并没有以正式的文件颁布出来，但它无形之中规范着教师的言行。教师们往往能够意识到情感展现规则存在于其教育实践中，"它规定着我们该说什么、不该说什么，规定着我们在情绪活动中的那些'必须'和'禁止'（dos and don'ts）"（尹弘飚，2006）。对于实习教师而言，他们往往会根据自己对教师职业的理解来判断遵守哪些情感展现规则，如当教师上课应该要有激情，尽量不把消极情感带到课堂上，碰到学校的老师或领导要微笑问好，尽量在学生面前展现积极的情感等，部分师范院校甚至会在实习动员大会上对相关的情感表现法则进行强调，旨在让实习教师们给实习学校的领导和老师们留下良好的印象。

本研究发现，英语实习教师在情感劳动过程中受到情感展现规则的影响，会根据具体的情境选择表层行为、深层行为以及自然行为等策略。表6‑13呈现了Lily、Tony以及Sally的典型情感事件，反映了情感展现规则对其情感劳动策略的影响。在Lily的第一个情感事件中，她被一个女学生误会，感到愤怒，但由于事件发生在公共场合，她当时抑制住了自己的消极情感，尽量平和地与那位学生进行沟通。在她看来，教师不能在公共场合大声向学生表达消极情感。正是受到这一情感展现规则的影响，在情感劳动过程中她使用了表层行为下的抑制策略。在 Lily 的第二个情感事件中,她因为家里老人去世而感到悲伤,但她很清楚自己作为教师,不能将个人消极情感带入课堂,在情感劳动过程中,使用了深层行为下的注意力转移策略,全身心投入到课堂教学中。Tony 在课堂上面对看漫画书的男学生,先是没收了漫画书,但随后学生并没有意识到错误,反而表现出"吊儿郎当"的态度,尽管 Tony 感到很生气,但还是抑制住了强烈的消极情感,其直接原因正是 Tony 潜意识地遵守了教师情感法则,即不能和学生发生正面冲突,表达过激的消极情感。Sally 看到学生们参加合唱比赛的优秀表现,感到非常震惊和开心,在班上大大表扬和鼓励他们,在她的潜意识里,她遵守着一条情感展现规则,即对学生取得的进步或优良的行为表现,释放积极的情感,适度地表扬有利于学生的发展。正是受到这一情感表达法则的影响,她在情感劳动过程中使用了自然行为下的释放策略。

表 6-13　教师情感展现规则对情感劳动策略的影响案例

研究参与者	典型情感事件	情感劳动过程描述	情感劳动策略	影响因素（情感展现规则）
Lily	"被误会感到愤怒"	有个女学生,误会自己的好心和严格要求,认为自己是为了实习分数而表现给其他人看的时候,我内心很愤怒和心寒,因为是在公共场合和学生说话,我尽量克制自己,尽量说话平和,不大声对那个学生咆哮。(I2-Lily-2)	表层行为（抑制）	遵守情感展现规则（不能在公共场合大声表达消极情感）
	"把悲伤留给自己"	家中老人于实习期间去世,哪怕内心很悲伤,可上课期间,我依旧努力扮演好教师的角色,不把悲伤流露于外表,全身心投入到教学工作中。(I2-Lily-3)	深层行为（注意力转移）	遵守情感展现规则（不能将个人情绪带入课堂）
Tony	"对看漫画书的男孩忍无可忍"	上课时,有一名坐在最后一排的男同学偷看漫画,被我发现后没收漫画书,但是该生依旧一副吊儿郎当的样子,而且他也不是第一次犯错,我感到非常生气,有点忍无可忍,但是根据规定,老师不能跟学生有正面冲突,所以我还是忍住了自己的愤怒,耐心地跟他做思想工作。(I2-Tony-3)	表层行为（抑制）	遵守情感展现规则（不能和学生发生正面冲突,表达过激的消极情感）

研究 参与者	典型情感 事件	情感劳动过程描述	情感劳动 策略	影响因素 (情感展现规则)
Sally	"狠狠地表 扬同学们"	我们班参加年级的合唱比赛,我本来也没抱有太大的希望,但是比赛的时候大家整齐一致,<u>我十分震惊,真是太开心了</u>。比赛完我<u>大大表扬了他们,鼓励他们</u>在其他方面继续保持这样的状态。(I1-Sally-4)	自然行为 (释放)	遵守情感展现规则(对学生的良好行为表现要释放积极的情感,鼓励学生)

6.5 小结

本章重点回答了第三个研究问题,即高中英语实习教师情感劳动策略的影响因素有哪些? 为回答这一问题,研究者基于前面两章的研究发现,结合Grandey(2000)所提出的情感劳动模型,并重点依据质性资料的分析与发现,从个体、组织以及社会文化三个层面分析了高中英语实习教师情感劳动策略的影响因素。

(1) 表层行为策略的影响因素。本研究中的案例分析表明,高中英语实习教师在情感劳动过程中的表层行为策略主要受到个体因素和社会文化因素的影响,几乎不受组织因素的影响。就个体因素而言,其表层行为策略主要受外倾性、尽责性以及神经质等人格特质的影响,此外,还在一定程度上受身份认同的影响,其"局外人"的身份使他们自我感知到"话语权的缺乏",进而隐藏、抑制自己真实的情感感受,对外在情感表达进行伪装。就社会文化因素而言,其表层行为策略受到了权威、关系、面子与情感展现规则的影响。其中关系主要指实习教师与学生及其与指导教师的关系,面子包含面子的维护与补偿。

(2) 深层行为策略的影响因素。本研究中的案例分析表明,高中英语实习教师在情感劳动过程中的深层行为策略受到个体因素、组织因素以及社会文化因素的影响。个体层面的影响因素覆盖人格特质、作为学习者的经历、身份认同以及教师信念。其中,人格特质方面的影响因素主要包括宜人性、尽责性和开放性。组织层面的影响因素主要包含学生和实习同伴。社会文化层面的影响因素包含权威、关系、面子以及情感展现规则。其中,关系因素大部分涉及实习教师与指导教师之间的关系。

（3）自然行为策略的影响因素。本研究的案例分析表明,影响高中英语实习教师使用自然行为策略的个体因素主要表现在人格特质方面,具体而言,外倾性、尽责性和神经质对高中英语实习教师使用自然行为策略具有一定的影响。组织层面的因素主要涉及学生,当学生表现良好时,实习教师往往会使用自然行为中的释放策略;反之,当学生行为表现不当时,实习教师往往会使用自然行为中的宣泄策略。社会文化层面的因素主要包含权威和情感展现规则:一方面,高中英语实习教师为了树立自己的权威,在情感劳动过程中会试图采用宣泄策略,直接表达自己内心真实的消极情感,摆明自己的"立场"和"态度";另一方面,他们在与学生的交往中,遵守着社会所期待的情感展现规则,即"对学生的良好表现要释放出积极的情感",当学生稍微表现不错时,他们都会"释放"他们内心真实的积极情感。

（4）蓄意不同步行为策略的影响因素。本研究的案例分析表明,影响高中英语实习教师的蓄意不同步行为策略的个体因素主要包括身份认同和教师信念。对自己作为教师身份认同较强的实习教师而言,他们经验相对丰富,为了集中学生注意力或端正学生学习态度,表现出"假装生气"。另外,部分实习教师秉持着"以激将法提升学习效果"的教学理念,使用了蓄意不同步行为策略。组织层面的影响因素主要与学生有关,"为了让学生长点记性",部分经验丰富和管理能力较强的实习教师会假装表现不悦的情感。社会文化层面的影响因素主要涉及关系,当师生关系过于融洽,以至于学生变成了"老油条"的时候,适当假装表现出消极情感有利于工作的有效开展。

第 7 章

结 论

7.1 研究发现

本研究主要对三个研究问题进行探讨：①高中英语实习教师情感劳动策略的内涵要素是哪些？②高中英语实习教师情感劳动策略的使用现状如何？③影响高中英语实习教师情感劳动策略使用的因素有哪些？研究者根据三个问题的不同要求，采取了"质＋量＋质"的混合研究范式，对高中英语实习教师情感劳动策略的内涵、现状以及影响因素进行了较为全面而深入的剖析，并通过多样的数据收集方式进行了三角验证，结合理论框架和分析框架对所收集的数据进行分析，同时基于数据分析对框架进行不断修正，从而得到以下三个结论。

第一，高中英语实习教师情感劳动策略的内涵要素包括表层行为、深层行为、自然行为以及蓄意不同步行为。其中，表层行为可细分为隐藏、抑制和伪装三种子策略；深层行为可细分为注意力转移、认知改变以及分离三种子策略；自然行为可细分为释放与宣泄两种子策略。就表层行为而言，高中英语实习教师通过隐藏、抑制内心的真实情感感受，伪装积极的情感表达，表现出符合教育教学要求的积极情感，是一种"表里不一致"的情感劳动策略；就深层行为而言，高中英语实习教师通过注意力转移或认知改变的方式，努力改变内在的感受，以使其与外在情感表达保持一致，真正满足教育教学的情感要求；就自然行为而言，高中英语实习教师通过释放与宣泄的方式自然地表现出真实感受；就蓄意不同步行为而言，高中英语实习教师为了达到有效的教育教学目标，在内心处于中性或积极情感状态下,故意表现出消极情感。

第二,高中英语实习教师使用情感劳动策略的整体水平较高,其中对表层行为、深层行为和自然行为的使用频率较高,而对蓄意不同步行为的使用频率较低。在人口统计学变量的差异方面,高中英语实习教师的情感劳动在学历、实习时长两类因素上存在显著性差异。在学历方面,硕士研究生学历的实习教师在表层行为中的伪装、抑制,深层行为中的认知改变,以及在自然行为中的宣泄策略的使用方面明显高于本科学历的实习教师;在实习时长方面,实习时长为 1-2 个月的实习教师在表层行为中伪装策略的使用频率上明显高于其他实习时长的教师。相较于实习时长较短的教师而言,实习时长超过 4 个月的实习教师对于表层行为中的抑制和蓄意不同步行为策略的运用更为普遍。除此之外,情感劳动策略在实习教师的性别、实习学校所在地区、实习学校类别上不存在显著性差异($p>0.05$)。

第三,高中英语实习教师情感劳动策略使用的影响因素主要包括个体、组织以及社会文化等三个层面。首先,个体层面的因素主要体现在人格特质、作为学习者的经历、身份认同、教师信念等四个方面。就人格特质而言,外倾性较强的高中英语实习教师更倾向于使用自然行为中的释放策略;宜人性、开放性较强的高中英语实习教师更倾向于使用深层行为策略。其次,组织层面的因素主要体现在学生、实习同伴以及指导教师等三个方面。受学生因素影响的情感劳动策略主要有自然行为、深层行为以及蓄意不同步行为,受实习同伴因素影响的情感劳动策略主要是深层行为策略,受指导教师因素影响的情感劳动策略主要是表层行为策略。最后,社会文化因素主要体现在权威、关系、面子以及情感展现规则等四个方面。其中,权威因素对表层行为(隐藏)、自然行为(宣泄)以及深层行为(认知改变)等策略都有一定的影响;关系对情感劳动策略的影响较为复杂,师生关系对教师使用表层行为(抑制、隐藏)和蓄意不同步行为策略具有一定的影响,实习教师与指导教师之间的关系影响表层行为(伪装)以及深层行为(认知改变)策略,场域外的关系也对深层行为(认知改变)策略具有一定的影响;面子因素对情感劳动策略的影响主要体现在面子维护和面子补偿两个方面。面子维护影响表层行为(隐藏)、深层行为(认知改变)策略,面子补偿影响表层行为(伪装)策略;情感展现规则因素对表层行为(抑制)、深层行为(注意力转移)、自然行为(释放)等策略具有一定的影响。

对比本研究发现与第 2 章的相关研究框架,研究者发现,高中英语实习教师在情感劳动过程中除了使用表层行为、深层行为、自然行为等基本策略,还使用了蓄意不同步行为策略。这是一种既有利于教育教学,又不影响身体健康的一种利益最大化行为,其内涵不同于表层行为策略(李红菊,2014:42)。另外,高中英语教师在使用表层行为策略时,除了抑制和伪装外,还使用了隐藏行为策略,相关区别已经在第 4 章阐述。此外,本研究发现还进一步丰富了原理论框架的生态系统,在个体因素、组织因素、社会因素三个层面均有所改进,具体如图 7 - 1 所示。

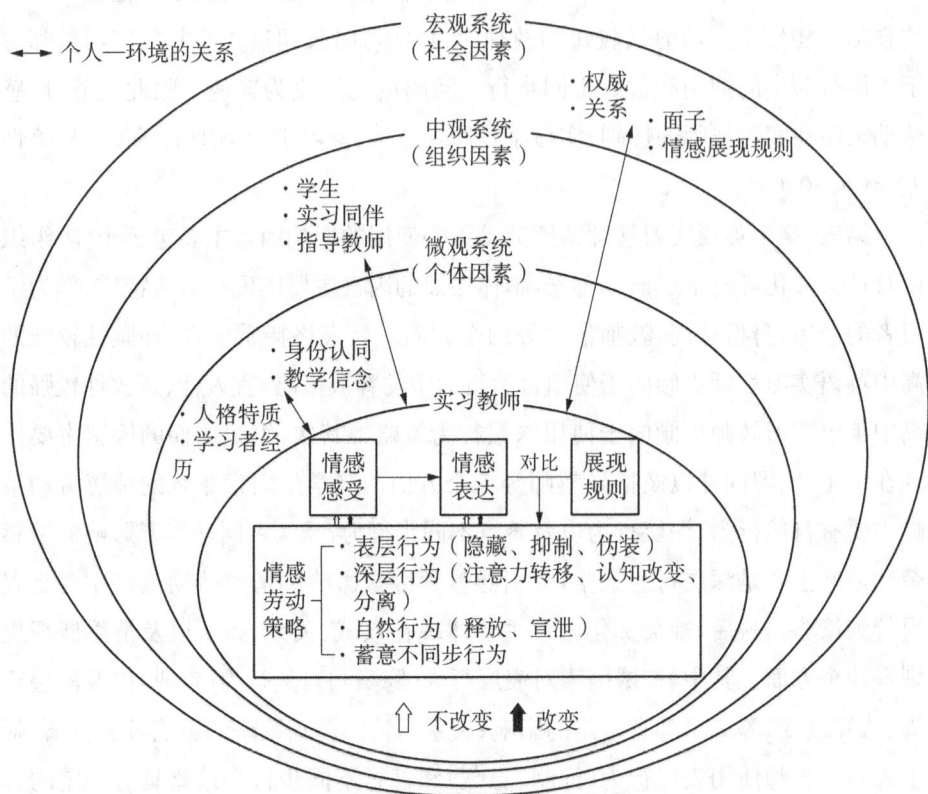

图 7 - 1　高中英语实习教师情感劳动策略框架修订图

7.2　研究启示

本研究中的实习情感日志分析结果表明,高中英语实习教师的情感劳动策略内涵丰富,涵盖表层行为、深层行为、自然行为以及蓄意不同步行为等四类策略,且各策略下还具体细分为八种子策略。这与 Yin(2015)关于中国教师所使用的情感劳动策略的发现基本一致,但本研究把蓄意不同步行为策略单列出来,突出了教师在情感劳动过程中的能动性意识。本研究的量化数据显示,高中英语实习教师所使用情感劳动策略的频率有所差异,且在学历(主要包括本科生和硕士生)和实习时长方面,部分策略存在显著差异。访谈以及其他质性研究数据表明,高中英语实习教师情感劳动策略的影响因素涵盖个体、组织以及社会文化等三个层面,且每个层面均包含对应的具体因素。以上研究发现为实习教师个人、实习学校、高校指导教师、管理者以及国家教育部门均提供了一定启示。

(1)对于英语实习教师自身而言,应重视自身的情感能力发展,并基于教育实习情境了解教师的情感劳动策略。语言能力和教学能力是英语教师制胜的关键,但在复杂的教育教学情境中,情感能力亦不容忽视,因为教育教学既是一种传授知识与技能的认知性的活动,还是一种具有丰富的情感性的活动。情感日志分析结果表明,高中英语实习教师在面对突发情感事件时,因无法及时调整自己内心消极的情感感受,倾向采用表层行为这一情感劳动策略,隐藏、抑制和伪装自己的情感。这样长期积累下来,不仅降低其教师职业认同感,而且容易导致职业倦怠。正如 Hong(2010)的研究所发现的,相比没有教育实习经历的学生,有过教育实习经历的学生会表现出更低的职业认同,特别是在情感维度上较为明显。本研究所揭示的高中英语实习教师情感劳动策略的内涵要素可为实习教师情感能力的提升提供行动指南。在应用这些策略时,实习教师应充分考虑教师情感展现规则以及情感事件的情境性,把握情感表达的"法"与"度",促进和谐的师生关系及其心理健康发展。

(2)对于实习学校而言,可创建由实习教师、心理教师、班主任指导教师、学科指导教师以及学校分管领导构成的实习共同体,在线上线下为实习教师提供情感支持。实习教师由于初为人师,在与学生、同事以及指导教师等交往的过程中,往往会遭遇各种"困惑与不解",最终导致他们"担惊受怕"或"不知所措"。实习学校有必要为实习教师提供适当的情感支持,避免他们因无法有效处理情感事件造成情感失调或情感枯竭,影响教育教学的顺利进行。鉴于教师情感问题的处理"需有整体意识和系统意识,对情感的形成因素做出全面客观的深入理解与分析,才可从根本上建立持续、信任、互惠的人际关系与组织氛围"(孙彩霞、李子建,2014),实习学校可充分发挥和实习教师密切相关的各类角色,借助微信、QQ 等组建一个由实习教师、心理教师、班主任、指导教师以及学校分管领导构成的五位一体实习共同体,结合本研究所揭示的影响情感劳动策略的因素,对实习教师所碰到的情感问题开展线上和线下的针对性诊断与指导,发挥督导与同侪协作功能,促进实习教师的发展。

（3）对于高校实习指导教师而言,可在实习前以情景模拟的形式对实习教师开展情感能力培训,并制定教育实习情感操作手册。从深度访谈的分析结果来看,高中英语实习教师情感劳动策略的选择在一定程度上受到隐形的教师情感展现规则的影响,即他们在教育实习过程中往往会按照自身对教师行为规范的理解来调整自己的情感表达。但当他们遇到一些突发的情感事件时,往往缺乏具体的应对措施,导致无法处理和调节自身的消极情感。基于此,在职前教师教育中,"有必要将有关情感和情感调节的知识作为教师培训的一项重要内容,帮助未来教师认知自己的情感,了解情感调节的各种方法,进而促进教师的效能感"(龚少英等,2013)。高校实习指导教师可以结合历届学生的实习总结,基于具体的案例和情境,制定教育实习情感手册,并在实习前以情景模拟的形式讲解教育教学中隐形存在的情感规则,通过模拟教育实习过程中可能会出现的情感事件帮助他们认识到自己的积极情感和消极情感,了解各种情感所带来的影响,训练他们的抗挫能力和情感调节能力。

（4）对于高校教师教育管理者而言,可聚焦实习前、实习中和实习后等不同阶段,聘请大学教师与中学名师以工作坊的形式,开设教师情感与交际相关的课程,提升实习教师的沟通技巧与情感能力。本研究表明,权威、关系、面子等社会文化因素对高中英语实习教师的情感劳动策略具有一定的影响。实习教师一旦进入工作场域,就要面对角色的转换,他们既想在学生面前树立威信,维护自己的面子和尊严,又想跟学生以及指导教师维持良好的关系。当他们无法处理好这些看似简单但又非常棘手的问题时,就会出现情感失调,陷入情感困境。基于此,高校教师教育管理者可结合实习前、实习中和实习后等不同阶段的特点,开设教师情感与交际相关的课程或者工作坊。由于"高校教师以学术和理论研究见长,而中小学教师以教学技能和经验为重"(李斌辉、张家波,2016),建议采用"双师"授课模式,由高校教师讲解相关理论基础,由中学教师讲解实践策略,共同提升实习教师的沟通技巧与情感能力。

（5）对于国家教育部门而言，应确保教育实习政策的落实，并在广泛调研的基础上不断完善教育实习保障机制。"国家教育实习政策负有引导教育实习工作方向，规范与管理教育实习工作，协调与合理分配相关利益方权利义务的功能"（丁炜，2012），但由于一些客观原因，如师范院校实习经费紧缺等，往往造成"师范生教育实习的支持性政策处于缺位状态"（同上），影响教育实习的质量。比如，教育部于2011年颁发的《教师教育课程标准（试行）》以及于2018年颁发的《普通高等学校师范类专业认证工作指南（试行）》中都明确规定了教育实践的时间不少于一个学期，但不少学校将教育见习、实习、研习三者割裂开来，缩短了真正实习的时间，甚至有些实习学校禁止实习教师讲授新课，使得教育实习质量无法得到保障。本研究表明，教育实习时间较长的实习教师更擅长使用蓄意不同步行为策略。而根据李红菊（2014：42）的研究，蓄意不同步行为策略与教学经验的增长密切相关，是利益最大化行为。从本研究所收集的收据来看，绝大多数学校教育实习时间不足两个月，这在一定程度上不利于实习教师的情感能力发展。基于此，相关部门应在广泛调研的基础上不断完善实习保障机制，明确教育见习、实习以及研习的具体时长，并结合学科特点规定各阶段的具体内容，从而优化实习教师情感管理，保障实习质量。

7.3 研究创新

本研究的创新主要体现在理论视角、研究内容和研究方法等三个方面：

首先，在理论视角方面，本研究借鉴控制论和人类发展生态学理论，并将其在情感劳动和教师情感研究领域运用的理论模型上进行本土化的改良，拓宽了教师情感研究和情感劳动研究的理论视角。一方面，结合教师的职业特征对基于控制论的情感劳动理论模型进行了改良，凸显了教师内在的情感感受，并试图强调教师在使用情感劳动策略过程中对内在情感感受或外在情感表达的调整。另一方面，对基于人类发展生态学理论的教师情感理论模型进行了改良，凸显了教育实习场域中教师情感劳动的情境性、复杂性和动态性。本研究通过对高中英语实习教师的微观系统、中观系统和宏观系统的审视，分别揭示了影响其情感劳动策略的个体、组织以及社会文化因素。

其次，在研究内容方面，本研究拓展了国内职前英语教师教育与发展的研究内容。国内有关职前英语教师的研究主要涉及教研能力（陈伟，2013；黄慧、徐玲，2015）、课堂话语（刘学惠，2006）、身份认同（何声钟，2017；张宇峰，2018）、教师知识（李晓、饶从满，2019）、教师教育课程（韩刚、王蓉，2005；刘蕴秋、邹为诚，2012）、学科素养（吴玉玲等，2018）等方面。本研究探索职前英语教师在教育实习过程中的情感劳动策略，进一步丰富和拓宽了职前英语教师教育与发展的研究范围。一方面，选取教育实习作为时间和空间场域，凸显了职前英语教师专业发展的实践性。尽管国内相关研究学者已经意识到教育实习与职前英语教师专业发展存在密切关系（郭新婕、王蔷，2009），但基于教育实习情境对职前英语教师的具体研究并不多见。另一方面，聚焦情感劳动策略，探讨了对职前英语教师至关重要但又被相关研究学者所忽视的情感问题。对职前英语教师而言，他们在教育教学实践中的情感状态以及情感调节直接关系到他们对教师职业的理解与认同。在相关研究匮乏的背景下，本研究对职前英语教师情感以及情感劳动的关注可以为国内外语教师专业发展研究提供一定的参考。

最后，在研究方法方面，本研究结合具体研究问题，有针对性地采用了质性为主、量化为辅的混合研究法，在一定程度上拓展了教师情感以及情感劳动研究的研究方法。本研究结合具体的研究问题采用不同的研究方法，研究者在探讨高中英语实习教师情感劳动策略的内涵时，采用了日志反省为主的质性研究方法；在调查高中英语实习教师情感劳动策略的现状时，采用了基于问卷调查的量化研究方法；在探索高中英语实习教师情感劳动策略的影响因素时，采用了深度访谈为主的质性研究方法。这种质-量-质的混合研究路径可以为教师情感研究以及外语教师专业发展研究提供一定的参考。

7.4　研究贡献

本研究的贡献主要体现在理论和实践两个层面：

首先，本研究基于控制论和人类发展生态学理论构建了高中英语实习教师情感劳动策略理论模型，并基于研究发现，提出了高中英语实习教师情感劳动策略的内涵，构建了高中英语实习教师情感劳动策略的分析框架。一方面，控制论为解释情感劳动过程提供了依据，人类发展生态学理论为解释情感劳动策略的影响因素提供了框架。本研究充分考虑到教育实习场域以及教师职业的特殊性,将二者进行整合,构建了高中英语实习教师情感劳动策略的理论框架,丰富了教师情感及情感劳动理论。另一方面,本研究基于研究发现,提出了高中英语实习教师情感劳动策略的内涵,在已有研究(Yin 2015)的基础之上,增加了蓄意不同步行为策略和表层行为中的隐藏策略,为今后相关研究学者提供了重要的理论参考。此外,本研究还基于研究发现构建了高中英语实习教师情感劳动策略的分析框架,可以为未来相关研究提供数据分析依据。

其次,本研究对来自华东、华中、华南、华北、东北、西南片区八省、自治区、直辖市的高中英语实习教师的情感劳动策略展开了现状研究,其研究结果可为全国各类培养未来教师的高校在职前教师教育过程中开展情感能力培训提供重要参考。从研究结果来看,高中英语实习教师所使用的情感劳动策略从多到少依次为深层行为、表层行为、自然行为、蓄意不同步行为。根据国内外相关研究,深层行为能显著提高个人的工作满意度,降低工作倦怠(Brotheridge & Grandey, 2002; Chen, 2012),教师应多采用深层行为的情感劳动策略提升自我情感管理的能力,表现出表里如一(田学红,2010),但对实习教师来说,深层行为可能"需要付出较多的情感努力(emotion effort),导致情感枯竭"(Kruml & Geddes, 2000)。此外,由实习时长所导致的情感劳动策略差异也可以为相关部门制定教育实习政策提供一定参考。

7.5　研究局限与未来展望

由于研究者时间精力有限,本研究在研究样本、研究内容、数据处理等方面还存在一些局限,这些局限也正好是未来研究的重要方向。

研究样本方面,本研究在探讨高中英语实习教师情感劳动策略的内涵要素时,所选取的 30 个样本均来自同一所师范院校,从理论上来说,样本过于单一。尽管本研究在回答第一个研究问题时,所收集的数据资料包含了 830 篇情感实习日志,字数达到近 20 万字,但由于他们的教育实习背景大多一致,因此部分资料存在一定的同质性。因此,未来的研究可以适当考虑样本的多元性,尽量采用最大差异化原则,收集来自多所不同学校背景的英语实习教师情感日志。

研究内容方面,本研究从内涵、现状及影响因素三个方面探索了高中英语实习教师情感劳动策略,但并没有从情感劳动的动态性出发,对实习教师在教育实习前后的情感劳动策略进行对比,其主要原因是目前全国各高校教育实习的时间相对过短,一般只持续一个半月左右。如今在全国师范专业认证背景下,教育实习时间延长到一个学期,未来研究可以对教育实习前后英语实习教师的情感劳动策略进行比较。此外,由于研究者经验缺乏,本研究并没有探讨高中英语实习教师使用情感劳动策略后的结果,比如其情感劳动策略是否有助于促进职业认同或效能感,未来相关研究可以尝试采用个案研究法,探讨实习教师使用不同情感劳动策略后的结果,也可以采用量化研究方法,探讨实习教师的情感劳动策略与其效能感或职业认同的相关性。

数据处理方面,研究者没有找到很好的智能数据处理工具对质性研究部分的海量资料进行处理。本研究在对质性研究资料进行处理时,需要提炼和转写英语实习教师的情感故事,但目前的质性资料数据处理软件并不能很准确地提炼研究者想要得到的信息,故在进行资料分析和处理时,花了大量时间。未来研究可以尝试采用人工智能技术或数据处理软件提取情感故事,并对情感故事里的情感劳动策略进行归类与分析,确保研究的客观性和科学性。

Appendix

附 录

附录1 高中英语实习教师情感劳动策略问卷(初测版)

亲爱的未来教师:

您好! 非常感谢您抽出宝贵的时间完成问卷。本调查问卷旨在了解英语实习教师的情感劳动策略使用情况。您所填写的内容仅用于研究,不作他用。您的回答对我们而言非常宝贵,谢谢您的支持!

第一部分:基本信息

1. 您的性别:□男　□女

2. 您的学历:□本科生　□硕士研究生

3. 您的实习学校所在地:□乡镇　□县城　□市区

4. 您的实习学校属于:□普通高中　□重点高中

5. 您的实习时间:□少于1个月　□1-2个月　□3-4个月　□4个月以上

6. 实习年级:□高一　□高二　□高三

第二部分:情感劳动策略问卷

指导语:请将以下描述与您实习工作中的真实体验或感受相比较,并在适当的数字上打"√"。

题项	描　　述	从未如此	偶尔如此	有时如此	经常如此	总是如此
1	即便我感到疲倦,我在课堂上都会假装很有精神。	1	2	3	4	5
2	即便我感到心烦,我在课堂上都会假装很快乐。	1	2	3	4	5
3	在和学生交往中,即便我感到无奈,我都会假装充满希望。	1	2	3	4	5
4	当和学生发生冲突时,即使我感到慌乱,我还是会假装出淡定的样子。	1	2	3	4	5
5	当跟指导教师发生意见冲突时,我尽量忍住心中的不快。	1	2	3	4	5
6	当和学生正面冲突时,我会忍住心中的不快。	1	2	3	4	5
7	当和同事产生矛盾时,我会尽量克制心中的不快。	1	2	3	4	5
8	当学生未按时完成作业时,我会尽量忍住心中的不满。	1	2	3	4	5
9	当学生上课违反纪律时,我会抑制自己的不满。	1	2	3	4	5
10	当学生不配合我的工作时,我会尽量克制心中的不快。	1	2	3	4	5
11	在和指导老师交往中,我不流露出负面情感。	1	2	3	4	5
12	当学生考试成绩不理想时,我会隐藏自己的失落。	1	2	3	4	5
13	当受到他人的指责时,我会隐藏自己的委屈。	1	2	3	4	5
14	当和学生相处不愉快时,我并不表露出心中的不悦。	1	2	3	4	5
15	受指导教师批评时,我会客观地反思自己的问题,坦然且积极面对。	1	2	3	4	5
16	学生违反学校规章制度时,我会从他的立场去考虑当时的情况,就不生气了。	1	2	3	4	5
17	学生做错事时,我为了平复自己的情感,努力告诉自己这是帮助他成长的一个契机。	1	2	3	4	5

题项	描 述	从未 如此	偶尔 如此	有时 如此	经常 如此	总是 如此
18	当我面临巨大压力时,我会把它当作一种动力。	1	2	3	4	5
19	碰到不开心的事情,我会转移注意力,尽量去想一些积极的方面。	1	2	3	4	5
20	正式上课时,我会尽量把注意力集中到课上,就感觉不到紧张。	1	2	3	4	5
21	当学生上课违纪时,我感到生气,但很快我会将注意力放到认真听课的学生身上,继续愉快地上课。	1	2	3	4	5
22	当我感到很受挫折的时候,我会去找其他人聊天,保持愉快的心情。	1	2	3	4	5
23	当工作中遇到烦心事时,我会通过做自己喜欢的事来调整自己的心态。	1	2	3	4	5
24	当我和朋友争吵后,一旦走进课堂,我仍然能心情愉快地上课。	1	2	3	4	5
25	当我心情不好时,我依然能和学生愉快地交流。	1	2	3	4	5
26	当我心情不好时,我依然能愉快地协助指导老师完成任务。	1	2	3	4	5
27	哪怕我遇到不顺心的事情时,我在与同事交往时仍保持乐观的状态。	1	2	3	4	5
28	学生取得进步时,我表现得非常开心。	1	2	3	4	5
29	当受到学生的肯定时,我会感到很欣慰。	1	2	3	4	5
30	每次指导教师鼓励我时,我会感到信心倍增。	1	2	3	4	5
31	当学生积极回答问题时,我感到很有成就感。	1	2	3	4	5
32	当学生上课状态很好时,我讲起课来更有激情。	1	2	3	4	5
33	当学生没有按时完成作业时,我会向他们表现出我的气愤。	1	2	3	4	5
34	当学生上课纪律涣散时,我会在他们面前表现出自己的失望。	1	2	3	4	5

题项	描　　述	从未如此	偶尔如此	有时如此	经常如此	总是如此
35	当学生上课迟到或无故旷课时,我会在其面前表现出不悦。	1	2	3	4	5
36	当学生对我没有礼貌时,我会在其面前表现出不悦。	1	2	3	4	5
37	当学生不积极参加集体活动时,我会表达出失望。	1	2	3	4	5
38	对不遵守课堂纪律的学生,我会假装生气,但其实已习以为常。	1	2	3	4	5
39	我对上课开小差的学生表面上很严厉,心里却并不生气。	1	2	3	4	5
40	我对犯错误的学生表面上生气,但不会真动肝火。	1	2	3	4	5
41	当学生没有完成作业时,我会假装生气,但心里其实很坦然。	1	2	3	4	5

附录2　高中英语实习教师情感劳动策略问卷(正式版)

亲爱的未来教师:

您好! 非常感谢您抽出宝贵的时间完成问卷。本调查问卷旨在了解英语实习教师的情感劳动策略使用情况。您所填写的内容仅用于研究,不作他用。您的回答对我们而言非常宝贵,谢谢您的支持!

第一部分:基本信息

1. 您的性别:□男　□女

2. 您的学历:□本科生　□硕士研究生

3. 您的实习学校所在地:□乡镇　□县城　□市区

4. 您的实习学校属于:□普通高中　□重点高中

5. 您的实习时间:□少于 1 个月　□1—2 个月　□3—4 个月　□4 个月以上

6. 实习年级: □高一　□高二　□高三

第二部分:情感劳动策略问卷

指导语:请将以下描述与您实习工作中的真实体验或感受相比较,并在适当的数字上打"√"。

题项	描 述	从未如此	偶尔如此	有时如此	经常如此	总是如此
1	即便我感到疲倦,我在课堂上都会假装很有精神。	1	2	3	4	5
2	即便我感到心烦,我在课堂上都会假装很快乐。	1	2	3	4	5
3	碰到不开心的事情,我会转移注意力,尽量去想一些积极的方面。	1	2	3	4	5
4	当和学生发生冲突时,即使我感到慌乱,我还是会假装出淡定的样子。	1	2	3	4	5
5	当跟指导教师发生意见冲突时,我尽量忍住心中的不快。	1	2	3	4	5
6	正式上课时,我会尽量把注意力集中到课上,就感觉不到紧张。	1	2	3	4	5
7	当和学生正面冲突时,我会忍住心中的不快。	1	2	3	4	5
8	学生取得进步时,我表现得非常开心。	1	2	3	4	5
9	当我感到很受挫折的时候,我会去找其他人聊天,保持愉快的心情。	1	2	3	4	5
10	当受到学生的肯定时,我会感到很欣慰。	1	2	3	4	5
11	在和学生交往中,即便我感到无奈,我都会假装充满希望。	1	2	3	4	5
12	当工作中遇到烦心事时,我会通过做自己喜欢的事来调整自己的心态。	1	2	3	4	5
13	当和同事产生矛盾时,我会尽量克制心中的不快。	1	2	3	4	5
14	当学生未按时完成作业时,我会尽量忍住心中的不满。	1	2	3	4	5

题项	描　述	从未如此	偶尔如此	有时如此	经常如此	总是如此
15	每次指导教师鼓励我时,我会感到信心倍增。	1	2	3	4	5
16	当我面临巨大压力时,我会把它当作一种动力。	1	2	3	4	5
17	当学生不配合我的工作时,我会尽量克制心中的不快。	1	2	3	4	5
18	当学生积极回答问题时,我感到很有成就感。	1	2	3	4	5
19	当学生上课状态很好时,我讲起课来更有激情。	1	2	3	4	5
20	当学生上课违反纪律时,我会抑制自己的不满。	1	2	3	4	5
21	对不遵守课堂纪律的学生,我会假装生气,但其实已习以为常。	1	2	3	4	5
22	当学生没有按时完成作业时,我会向他们表现出我的气愤。	1	2	3	4	5
23	我对上课开小差的学生表面上很严厉,心里却并不生气。	1	2	3	4	5
24	当学生上课纪律涣散时,我会在他们面前表现出自己的失望。	1	2	3	4	5
25	我对犯错误的学生表面上生气,但不会真动肝火。	1	2	3	4	5
26	当学生上课迟到或无故旷课时,我会在其面前表现出不悦。	1	2	3	4	5
27	当学生没有完成作业时,我会假装生气,但心里其实很坦然。	1	2	3	4	5
28	当学生对我没有礼貌时,我会在其面前表现出不悦。	1	2	3	4	5
29	哪怕遇到不顺心的事情,我在与同事交往时仍保持乐观的状态。	1	2	3	4	5
30	学生违反学校规章制度时,我会从他的立场去考虑当时的情况,就不生气了。	1	2	3	4	5
31	当学生不积极参加集体活动时,我会表达出失望。	1	2	3	4	5

题项	描　　述	从未 如此	偶尔 如此	有时 如此	经常 如此	总是 如此
32	当和学生相处不愉快时,我并不表露出心中的不悦。	1	2	3	4	5
33	当我和朋友争吵后,一旦走进课堂,我仍然能心情愉快地上课。	1	2	3	4	5
34	当我心情不好时,我依然能和学生愉快地交流。	1	2	3	4	5
35	在和指导老师交往中,我不流露出负面情感。	1	2	3	4	5
36	当我心情不好时,我依然能愉快地协助指导老师完成任务。	1	2	3	4	5
37	当受到他人的指责时,我会隐藏自己的委屈。	1	2	3	4	5
38	学生做错事时,我为了平复自己的情感,努力告诉自己这是帮助他成长的一个契机。	1	2	3	4	5

附录3　焦点团体访谈提纲

访谈日期:2019 年 5 月 5 日、5 月 7 日、5 月 9 日

访谈地点:××大学×号楼×层×会议室

参与者:刚结束教育实习的英语职前教师(8-10 名)

访谈记录者:小周、小王(研究助理)

一、访谈目的

(1) 尽可能全面了解高中英语实习教师在教育实习过程中的情感体验。

(2) 基于情感日志的发现,验证和完善高中英语实习教师所使用的情感劳动策略。

二、实施步骤

1. **热身活动**

(1) 欢迎参加焦点团体访谈的全体实习教师。

(2) 介绍焦点团体访谈法及其规则。

(3) 被访者进行自我介绍。

（4）研究者承诺所有访谈材料只用于研究，且匿名保存。

2. 正式访谈

（1）你在实习期间体验到哪些积极的情感？（比如开心、感动、欣慰等）

（2）你在实习期间体验到哪些消极的情感？（比如担心、生气、失望等）

（3）你会隐藏/抑制自己的消极情感吗？你会伪装积极的情感吗？

（4）你会通过转移注意力调整内心消极情感感受吗？你会通过改变对事情的看法来调整内心消极情感感受吗？

（5）你会直接而真实地表达自己的积极情感或消极情感吗？

（6）你会在学生面前假装生气或假装表达消极的情感吗？

（7）你还会怎样表达自己的积极或消极情感？

3. 结束访谈

（1）研究者对访谈中的主要观点进行总结与核对。

（2）研究者对参与焦点团体访谈的所有成员表示感谢并赠送纪念品。

附录4　个人访谈提纲

说明:您好！非常感谢您接受我对您的采访！该采访涉及您在教育实习期间的情感感受以及情感表达相关的重要经历。为了能准确获取相关信息，希望您能同意我对访谈进行录音。所有音频和文本的材料仅限于本研究，除研究成员外，保证不会被任何其他人接触。另外，录音一旦被转写成文字，我会尽快交由您审阅，如有异议，请及时告知；在研究报告中，为保证您的信息安全，所有资料将会被匿名处理，谢谢您的支持！

1. 基本信息

（1）您是什么时候去参加教育实习的？持续了多长时间？

（2）您在教育实习期间主要做哪些工作？

（3）您和指导教师相处如何？和学生相处如何？和其他同事相处如何？

（4）您实习前做了哪些准备工作？

2. 情感劳动策略

（1）请您回顾一下您在教育实习过程中所体验到的快乐、幸福以及感动等情感，能跟我们分享一下这些情感体验吗？您当时真正的感受如何？您的外在情感表现又如何？

（2）请您回顾一下您在教育实习过程中所体验到的紧张、生气、失望、无奈等情感，能跟我们分享一下这些情感体验吗？您当时真正的感受如何？您的外在情感表现又如何？

3. 影响因素

您觉得哪些因素会影响您的情感表达？

（1）（个体因素）您的性别？情感表达能力？情感智力水平？情感敏锐性？

（2）（组织因素）您的工作自主性？学生？指导教师？实习同伴/同事？

（3）（社会因素）你所期待的教师权威？关系？

4. 结束访谈

关于您在教育实习中的情感经历，您还有其他需要分享的故事或补充的内容吗？

附录 5 编码表（正式分析框架）

范畴	维度	类别
情感劳动策略（RQ1&RQ2） S＝EL strategies	SA＝表层行为	SA1＝隐藏
		SA2＝抑制
		SA3＝伪装
	DA＝深层行为	DA1＝注意力转移
		DA2＝认知改变
		DA3＝分离
	NA＝自然行为	NA1＝释放
		NA2＝宣泄
	DDA＝蓄意不同步	
情感劳动策略使用的影响因素（RQ3） F＝factors influencing EL	IF＝个体因素 （微观系统）	IF1＝人格特质
		IF2＝作为学习者的经历
		IF3＝身份认同
		IF4＝教师信念

续　表

范畴	维度	类别
	OF＝组织因素 （中观系统）	OF1＝学生
		OF2＝实习同伴
		OF3＝指导教师
	SF＝社会文化因素 （宏观系统）	SF1＝权威
		SF2＝关系
		SF3＝面子
		SF4＝情感展现规则

附录 6　Amy 的情感劳动策略及其影响因素编码示例

范畴	实习教师话语（含来源和页码）	码号
情感劳动策略	实习的第一天,耳朵发炎,头又痛,而且相当劳累,所以心情不是很好,但是想到自己是班长,而且还是这次实习组的组长,还是尽量调整好情绪去班级看学生。(I/3)	SA3
	在办公室里看到隔壁班的实习老师和班主任相谈甚欢,非常热情,我却连我的班主任影子都找不到。好不容易在晨会后找到她,自己很积极去和老师打招呼,她只是看了我一眼,一句话也没说,感到"热脸贴了冷屁股",莫名的委屈。但是一天的相处下来,发现老师其实就是这种人,不是很热情,很平淡,但是人很好,对我也很宽容,慢慢的自己的心结也就解开了。(I/3)	DA2
	第一次开始正式上课的时候,非常激动,心里也有点小紧张,上完课后征求指导老师的建议,他很平淡地说了句,"还可以"。这让我有点不知所措,我也不知道到底好不好,心里没有底,但从老师的字眼里看,应该是还有很多地方需要改进。晚上,一个学生跟我的实习同伴说"这是我第一次英语课没有打瞌睡",顿时感到了一丝成就感,自信心爆棚。(I/4-5)	DA2
	有个很叛逆的女孩子,总是和老师对着干。班会课上,她一直讲小话,她突然问我:"老师,你知道某某明星吗?"我说不知道。她说:"老师,那你大学在干嘛呀? 这些都不懂。"我感到很生气,并且特别严肃地说:"我说我在学习,你信吗?"(I/5)	NA2

范畴	实习教师话语(含来源和页码)	码号
	有一次没有充分备课就去上课了,PPT 上存在明显的严重的低级错误,也被老师发现,当时我是脸红心跳,非常的难受,觉得怎么自己那么粗心,不应该犯下如此低级的错误,又因为一些意外的情况,比如材料不足,分发不当,听力的材料顺序凌乱等等。上课的时候,尽管我看上去镇定自若,好像各方面都把握的很好,但我内心忐忑不安。(I/6)	SA3
	我是一个比较心急的人,我喜欢提前把事情做好,然后能有充分的时间去修正和更改,我不会说第一次就要做到非常的完整或者完全不出错。但是我的指导老师他比较注重细节,每一个小的方面,比如说排版和掉行,她都会仔细去看,就会挑出很多小毛病。这让我感到非常的挫败,因为得不到她的认可。后来指导老师可能看出了我心情不是很好,安慰道,慢慢来不着急,我这才释然。(I/6)	NA2
	一次给学生上语法课,由于准备不充分,自己也不懂怎么讲,内心感到非常不安,即便整堂课我假装很自信,课堂气氛也不错,但我知道很多同学应该没有听懂。(I/7)	SA3
	当时整个人都快哭了,真的要哭了,觉得自己忙活来忙活去,为了给大家争取更多的时间,反倒闹一个自作主张,不被信任的结果。我不知道,人的心到底是肉长的还是铁长的,在学生面前我不好哭出来,但是心里特别特别的难受。(I/15)	SA2
影响因素	但是想到自己是班长,而且还是这次实习组的组长,还是尽量调整好情绪去班级看学生。(I/3)	IF3
	但是一天的相处下来,发现老师其实就是这种人,不是很热情,很平淡,但是人很好,对我也很宽容,慢慢的自己的心结也就解开了。(I/3)	OF3
	晚上,一个学生跟我的实习同伴说"这是我第一次英语课没有打瞌睡",顿时感到了一丝成就感,自信心爆棚。(I/4)	OF1
	那个学生突然沉默了,下课后她要陪我一同走回宿舍,跟我说她有点自暴自弃,我跟她说没关系,一步一个脚印去实现自己的理想,相信你有一天一定会骄傲地对别人说,我完成了我的理想。跟她的交谈中,我理解了她,不生她的气。(I/5)	OF1
	出现了很多意外的情况,比如材料不足,分发不当,听力的顺序凌乱等等,教学指令不清晰,听力前给学生预留的时间不足。(I/6)	IF4

续　表

范畴	实习教师话语(含来源和页码)	码号
	我是一个比较心急的人。老师安慰道,慢慢来不着急。(I/7)	IF3 OF3
	以前没有讲过语法,自己又不懂怎么讲,面对语法课堂的时候没有自信,课程设计不清晰,缺乏逻辑。(I/7)	IF4
	我是老师,我不能让学生看到我难过,我强忍着泪水。(I/15)	IF3

附录7　隐私保密承诺书

尊敬的本研究参与者:

您好! 我是上海外国语大学英语学院 2017 级博士研究生朱神海。感谢您在百忙中参与我的博士论文研究课题——高中英语实习教师的情感劳动策略研究。

本研究课题所收集的资料包括情感日志、访谈录音、教育实习手册以及课堂教学观察等。对于本研究所收集的所有数据,本人作出如下郑重承诺:

一、本人承诺在整个研究过程中,严格遵守学术道德和学术伦理,保守秘密,不泄露您的身份信息,在论文中引用有关资料时,采用虚拟的人名和地名。

二、本人承诺相关资料仅用于学术研究而非商业目的。

三、本人承诺您对您的相关资料拥有绝对隐私权。在整个研究过程中,您可随时查看和了解有关您的信息资料,您可以随时要求对其进行删除。

四、一旦出现违背以上条款情形,本人依法承担相应法律责任。

再次感谢您的参与和支持!

承诺人:朱神海

2019 年 3 月 10 日

附录8　教育实习工作手册记录节选

班 主 任 工 作 记 录

高一年级 22 班　　2019年 4 月 10 日　　星期三

情况记载：

　　这一次22班、23班和24班的篮球友谊赛由三个原任班主任发起，实习班主任跟进。

　　这次的篮球友谊赛持续了三天，在这三场球赛中，我作为22班的实习班主任，全程跟进。4月10日是22班和23班友谊赛，22班获胜；4月11日是22班和24班友谊赛，24班获胜；4月12日是23班和24班友谊赛，23班获胜。

　　这次的篮球赛增强了各班内部的凝聚力，也增进了22班、23班、24班同学之间的感情，同时也锻炼了各团队的协作能力。

　　我对这次的篮球赛感受颇多。首先，我们22班的男生在球场上和在平时几乎是判若两人。在平时他们看起来吊儿郎当，不务正业，但是认真起来十分惊人。其次，这次篮球联谊赛拉近了我和我们班男生的距离，平时他们遇到我他们不打招呼，而这次我全程观看他们比赛，给他们拍照、为他们呐喊、夸奖他们的球技之后，他们没有之前那么抵触我了，也开始向我问一些英语问题，这让我十分感谢这次的篮球比赛。

注：该节选已征求了记录者的同意。

附录9　实习教师情感日志节选[①]

2019.3.12　星期二

这是正式开始实习的第一天。

我带的是理科实验班,班主任和英语的科任老师都是非常 nice 的人。指导老师貌似是英语组组长,是一个经验丰富而且上课风格明显的老师。第一天听了指导老师的复合式听写课,感觉班里学生反应比较少,很少会和老师互动。不过课堂气氛虽然比较闷,但是课堂纪律还是很好的,这方面还是让我放心了。班主任第一天给我的任务就是几个时间点去班级转一转,还是挺轻松的。就是六点起床的这个作息真令人头大。

第一天慢慢地接触百高的学生,尤其是我们班的孩子。感觉她们非常热情,都很乖很有礼貌。课间遇到,哪怕不是我学生,注意到我他们都是会主动问好。甚至有些比较内向的孩子夸张到看到我飞速鞠躬问好然后跑开。自习课他们也都非常自觉,每节课自习刚开始我去班里转的时候,他们都在安静写作业。

晚上去查了寝,深刻感受到做老师真的是一件体力活,四楼五楼几个宿舍来回窜。和学生聊天的时候她们和我说希望我找时间能够自我介绍一下,因为昨晚我们去和学生见面,指导老师和学生说了我的名字之后,就带我去找班主任了。学生和我说昨天晚上她们听着各个班级此起彼伏的掌声非常羡慕。所以,明天还是找时间和同学们正式认识一下吧。

第一天,对我来说,最困扰的可能就是学生找你要联系方式了。给了电话号码,但是他们,尤其班级里几个比较活泼的女生一直在找我要 QQ。和其他的指导老师商量之后,也没有什么好的办法,能转移话题就先避着吧。

希望之后的实习能够一切顺利。

2019.3.13　星期三

这是接触学生的第二天。

怎么形容呢,好像在稍微熟悉之后,他们开始暴露自己的本性了?

昨天听课的时候觉得他们非常乖巧。上课安静听指导老师授课,该回答问

---

① 注:该节选均已征求了日志撰写者的同意。

题就回答，可能稍显有点闷，但都是非常听话的孩子。不过，今天去听课的时候，他们颠覆了我的印象。他们上课非常活泼。老师在讲解 Pre-reading 的句型时，有同学一直在说话，甚至有盖过老师的的声音。但最令人欣慰的是，尽管老师没有开口维持秩序，他们也很快就安静下来了。

但是，在晚上自习的时候，他们的表现可以说就不是很好了。

晚上自习的时候，我还是每节课自习刚开始的时候去教室转一圈。前两节自习刚开始，他们不能很快安静下来，提醒过后也就都听了。但是在第三节课的时候，自习课开始快十分钟了，班长提醒了几次要安静，仍然有人在讲话。

我当时走到讲台上，拿起座位表就想把那几个仍然在讲话的学生名字点出来。不过我想了想还是没有这么做，毕竟高一的孩子自尊心还是会非常强的。在这种情况下，我当众点出他们不应该讲话，可能会让他们很不舒服。

所以我就拿着座位表走下去转了一圈，边看座位表，边看那些仍然在讲话的学生，假装在记住他们的名字。我想给他们传达一种信息——你现在的行为是不恰当的，你已经被老师注意到了，所以你要停止。有同学在这种情况下的确安静下来了，但是仍然有同学还在讲话。

我就站到讲台上，以非常严厉的语气说："如果是需要在晚自习讨论的同学请和我去办公室讨论，我不希望我们第一次面对面交流会是这么不愉快的事情。"

说实话，这时候我已经生气了，但是说完我就后悔了，他们还只是高一学生。换位思考，我遇到了一个在自己心中并没有威慑力的老师，在没有作业的自习课上，我可能也会是这样的。我有点后悔对他们生气，也有点担心会给他们留下不好的印象，进而影响到我后续接触他们开展我的班主任工作。

于是，我晚上的时候去了女生宿舍，和班里女生聊了一下。

我不太确定她们说的话是否发自内心。她们说，觉得我是一位很温柔的老师，今晚我生气都吓到她们了，但她们并不会因此而怕我，进而不愿意和我接触。哪怕说出来的话有水分，但我去宿舍她们的热情我还是感受到了。

放心是放心了，但是以后我和学生接触还是一定要注意情绪。今天发生的事情我一定要引以为戒。

2019. 3. 14　星期四

这是实习的第三天。

今天到教室转的时候,可能受到昨天的影响,大家都能够自觉安静下来。哪怕不安静,也会有班长或者班长以外的学生来维持纪律。所以,可能平常对学生保持温和的态度,但是在他们犯错的时候态度严厉甚至生气有可能达到意想不到的效果。

现在实习工作中比较纠结两件事情,一个是我们一方面要接触学生,另一方面也需要和学生保持距离感。这个尺度真的很难把握。在来之前师姐和老师都又提到这个问题。但实际上,每个班级的班主任对我们的要求并不一样,有的老师就要求实习老师在学生面前要冷要酷,保持神秘感。但是,我的班主任就会鼓励我去和学生聊天,去了解他们的困扰。但是话说回来,师生感情在这种状态下是比较容易培养。那这个和学生之间的距离感又要如何保持呢。

另一个就是备课的问题。因为听了十几节课下来,百高的教学还是偏传统。我们在学校做阅读课冲上来就 scanning 和 skimming 在这里好像行不通,对学生有点难。问了指导老师,老师对我采用哪种方式上课没有正面回复。纠结了半天觉得传统上面加点我们习惯的方式来创新可能会比较好点。但这是二者的比例如何拿捏,具体上课如何实行还需要我慢慢摸索。

另外,和其他实习老师交流,大家对学生最大的感想就是——这帮学生太会说土味情话了吧。光夸你漂亮就能有三百六十种夸法,这种糖衣炮弹真是要不得。

2019. 3. 15　星期五

这是实习第四天。今天我备课遇到了障碍。指导老师说她想把第四单元都给我上,但是这个单元是讲天文学、地球发展、生命起源之类的。比较难讲,我上课思路不断修改推翻。到现在还没能定稿,非常担心我定稿了没有充足的时间给我磨课。去和其他老师在阶梯教室集体备课,然后商量也没能拯救我。

唯一的好消息可能就是我今天终于听到了阅读课,还是两节。之前我到处去听课,光第三单元的导入课就听了四节,其余的就都是讲评课和听力课。没能听到阅读课让我在备课的把握上增加了不少难度。不过听完了之后还是有点底了。

备课到头大,今天日志就到这里吧。

2019. 3. 16　星期六

今天是实习以来的第一个周末。

上午第二节数学课的时候,发生了一件对我的工作来说比较大的事情。

当时我在办公室备课,一位老师带着一个男同学进来问陈老师在不在。听我说班主任去上课了之后,那位老师就把学生拉进办公室开始训他。听了他们的对话,我才反应过来,这是我们的数学任课老师。在上课的时候,这位男生可能做了什么违反上课纪律的问题让数学老师非常生气,就在课上到一半把学生拉过来找班主任要求班主任帮忙调走这名学生。

我当时懵了,都没插话。班主任回来之后我和他说了这件事情,老师问我如果是我我会怎么解决。我没有答出来,所以老师就说想不如做,你找时间和学生谈一下。然后就把这件事交给我解决。

这件事显然错在学生,但我还不了解具体因为什么原因让数学老师如此生气。我回想老师训话时,学生并没有顶撞老师。在老师表达她非常失望的情况下立刻反复道歉。说明学生还没到油盐不进的程度,甚至还是听话的。平时我去巡堂,他也从没有过和其他同学讲话或者做小动作,只是很安静地呆在座位上。所以我决定采取温和一点的方式。

于是我在第五节自习的时候让班长把他叫到办公室,先让他坐在我旁边的座位上。我的谈话主要有三点:一是了解他犯了什么错,二是要求他去和老师道歉,三是表达我的态度。毕竟这种纪律性的问题,作为高一的学生不需要我去和他反复说明。但是我也希望这种事情不要再发生了。

果然他坐下来之后神态就没有那么紧张。告诉我他上课睡觉了,原因是不适应新的宿舍和舍友。当然这个原因我估计还是有点水分,推测可能是晚上熬夜干什么事情了。

我回想了一下这件事,我觉得数学老师的做法还是稍微有点不恰当的,因为一名学生违反课堂纪律就丢下剩下的六十多名学生来和学生谈,这并不明智,有点放大师生之间的冲突。当然我并不是偏袒这位学生,只是希望以后我如果遇到这种事情,能够以更加理智的方式处理。

附录 10　研究者的实习情感经历

研究者的相关经历是开展本研究的另一主要动机。我曾有过两次教育实习的经历。这两次实习经历都让我感到非常遗憾,至今为止,我都难以释怀。

　　我的第一次教育实习是在本科四年级上学期,当时我和几位同学一起被分派到我的高中母校实习,我被分到高四(俗称"补习班")担任实习教师,我的指导教师是英语教研组组长。由于准备考研,我并没有花多少时间和心思在实习工作上,除了完成基本的听课和教学任务外,并没有过多地参与班主任管理工作,没有享受到和同学们相处的快乐,也没有体验到任何成就感,至今我都感到非常遗憾。

　　我的第二次教育实习比较特殊,是在我硕士研究生毕业后的第一年。我2006年硕士研究生毕业,获得了省级优秀毕业生称号,并顺利留校任教。当时由于学院主讲《中学英语教材教学法》的一位德高望重的老教授退休,暂时找不到合适的人选来挑此重担。学院领导了解到我是英语课程与教学论专业背景出身,在我7月份刚在人事处报道完就第一时间找到我,要我上这门课,我初生牛犊不怕虎,爽朗地答应了,并且下决心把这门课教好。7月中旬,学院办公室打电话给我,要我去参加我校举办的高中英语课程改革研讨会。刚到会场,组委会就发给我一本《普通高中英语课程标准》,会议由学校分管教学的副校长主持,参与会议的基本上都是各院系的教学法老师,会议的大致精神是所有教学法老师必须下基层进行为期至少一年的教育实习锻炼,其目的是打造理论和实践相结合的教学法师资队伍。年轻气盛、心高气傲的我开完会后显得有点沮丧,不知所措。后来学院领导告诉我,未来一年我将同时在大学和中学上课。我自感尽管会有点辛苦,但毕竟我还是可以教大学生,之前的担忧才有所缓解。

　　2006年8月底,分管教学的副院长带着我前往教育实习学校——桂林市的一所普通高中,分别见了学校的校长和副校长。领导给我安排了高一的一个班,没有明确告诉我指导老师是谁,这让我有些担心。随后,我见了高中英语教研组的组长,她给我讲了英语组的教学计划和安排。英语组的其他老师都对我这个大学老师来实习感到非常好奇,我感觉他们都在用一种异样的眼神看着我,等着看我的"把戏",因为曾经有一位中学老师告诉我,在他们眼中,大学老师都是"天空飘着的云",不接地气。我主动请教了教研组长,向她咨询一些上课的思路,接着就开始紧张地备课。心想第二天就要给我的学生上课了,我既兴奋又焦虑,导致我当天晚上很晚才入睡。

　　上课第一天我很早就去了学校,结果被门卫拦了,不允许我进去,我跟他解释说我是实习老师,依旧不行,后来门卫打电话给教研组长,最后才批准通行。

这点小事情让我有种"局外人"的感觉，毕竟我不是这个学校的正式员工，跟门卫说话的底气都不足。早操过后，我的第一节课终于来了，走进班级，同学们都很新奇地看着我，在做完简单的自我介绍后，我开始上课。我自认为自己讲的还不错，但课堂纪律非常糟糕，后面有几个同学直接趴下睡觉，还有一些同学注意力明显不集中，不是讲小话，就是看课外书，当我自己"一厢情愿"的把一节课上完后，整个人都崩溃了，感到挫败至极，顿时有种跳楼的冲动，回到办公室强忍着内心的痛苦和不安，死要面子的我没有跟任何其他老师倾诉，但一回到家，眼泪哗哗不停往下流。不服输的我开始对当天的课进行反思，我开始回想我在硕士研究生阶段学习的一些教学理念，比如以学习者为中心，利用真实性的语言材料等，我尝试设计一些信息转换活动，将密密麻麻的文字信息转换成图表，并附上一些幽默的例句。当天晚上，我对着镜子"演习"了两遍，准备第二天把这些孩子"镇"住，重拾我失去的尊严。果然功夫不负有心人，第二天的上课情况好多了，不少同学还认真做笔记，积极参与课堂活动，上完课，我心情舒畅，觉得受到了同学们的认可，信心十足。后来，我从班主任那里得知，这个班的学生生源基本来自城郊，在其他学科的课堂上，纪律非常糟糕，唯有英语课稍好，这让我有丝欣慰。通过我的努力，第一次期中考试，我所教班级英语成绩在普通班名列年级第一，和另外一个重点班持平，这让我非常有成就感。

在实习的那一年期间，我经历过一起影响较大的情感事件。某天英语早读课快结束的时候，张某（化名）迟到了，作为教师，我很本能地问了一句："今天怎么来这么晚啊？"张某冷冰冰地盯着我，不作答。我们彼此僵持了两分钟左右，后来我还是忍住心中的不悦，用眼神暗示他走回自己的座位。他居然朝我吐口水，所幸没有吐在我身上，我当时勃然大怒，但全班的几十双眼睛都盯着我们，考虑作为教师不能和学生发生正面冲突，我克制住心中的怒火，没有吱声，当作什么事都没有发生。他回到座位后，发现椅子没了，然后一脸敌意地站着，旁边的一位热心同学帮他找来椅子才坐下。尽管心中有委屈，有怒火，但下课后我还是若无其事地回到办公室，我不愿和同事去分享这件"丑事"。在我爬楼梯去上当天的第一节英语课的时候，张某也恰好上楼梯，他冲到我前面，然后回头朝我再一次吐口水，我实在忍无可忍，一走到教室，我直接当着全班的面要他出去，不给他上我的课，并警告他只要是我的课，都不许进来。我也不知道当时从哪里来的这股勇气，可能是被逼疯了。下午张某的哥哥打电话给我，恳请我给他一个机会，后来看我态度比较坚定，他说要去找教育局领导，当时我怒气还没有消，直接甩了一句："你去找吧！就算是教育局局长，也没用！"自那以后，我再也没见过这个张某，后来才了解到，张某其实是个借读生，平时都是一个人独来独往。当我把这件事情向我们学院副院长汇报后，他很是担心我的人生安全，跟我讲了很多人生道理，讲到"得"与"失"，谈到"方"与"圆"，听完他的话，我释然了，后悔了。

时至今日，每每想到这件事，我都会陷入沉思。教师，尤其是实习教师和新手教师如何去管理自己的情感？我一直在努力寻找答案。我自己的实习遭遇使我想要关注英语实习教师，了解他们的情感体验，揭示其情感调节过程，剖析多样的影响因素。这样既可以为他们提供一些情感管理方面的建议，帮助他们走出情感困境，促进他们的职业认同和专业发展，也可以引发更多的学者和行政管理部门关注实习教师的情感问题，努力提高他们的情感能力，促进职前教师教育体系的不断完善。

References

参考文献

Adelmann P K, Zajonc R B. Facial efference and the experience of emotion [J]. *Annual Review of Psychology*, 1989,40(1):249 – 280.

Akin U, Aydin I, Erdogan C, *et al*. Emotional Labor and Burnout among Turkish Primary school Teachers [J]. *Australian Educational Researcher*, 2014,41(2):155 – 169.

Anari N N. Teachers: Emotional intelligence, job satisfaction, and organizational commitment [J]. *Journal of Workplace Learning*, 2012,24(4):256 – 269.

Anttila H, Pyhältö K, Soini T, *et al*. How does it feel to become a teacher? Emotions in teacher education [J]. *Social Psychology of Education*, 2016, 19(3):451 – 473.

Ashforth B E, Humphrey R H. Emotional labor in service roles: The influence of identity [J]. *Academy of Management Review*, 1993,18(1):88 – 115.

Basim H N, Begenirbas M. Emotional labor in work life: A study of scale adaptation [J]. *Management and Economics*, 2012,19(1):77 – 90.

Basim H N, Begenirbas M, Yalcin R C. Effects of teacher personalities on emotional exhaustion: Mediating role of emotional labor [J]. *Educational Sciences Theory and Practice*, 2013,13(3):1488 – 1496.

Bechtoldt M N, Rohrmann S, De Pater I E, *et al*. The primacy of perceiving:

Emotion recognition buffers negative effects of emotional labor [J]. *Journal of Applied Psychology*, 2011,96(5):1087.

Benesch S. *Emotions and English language teaching: Exploring teachers' emotion labor* [M]. New York: Routledge, 2017.

Benesch S. Emotions as agency: Feeling rules, emotion labor, and English language teachers' decision-making [J]. *System*, 2018,79:60 – 69.

Berry K E, Cassidy S F. Emotional labour in university lecturers: Considerations for higher education institutions [J]. *Journal of Curriculum and Teaching*, 2013,2(2):22 – 36.

Bronfenbrenner U. *The ecology of human development: Experiments by nature and design* [M]. Cambridge, MA: Harvard University Press, 1979.

Brotheridge C M, Grandey A A. Emotional labor and burnout: Comparing two perspectives of "people work" [J]. *Journal of Vocational Behavior*, 2002, 60(1):17 – 39.

Brotheridge C M, Lee R T. Development and validation of the Emotional Labour Scale [J]. *Journal of Occupational & Organizational Psychology*, 2003,76(3):365 – 379.

Brotheridge C M, Lee R T. *On the dimensionality of emotional labor: Development and validation of an emotional labor scale* [C]. First Conference on Emotions in Organizational Life, San Diego, CA, 1998.

Brotheridge C M. The role of emotional intelligence and other individual difference variables in predicting emotional labor relative to situational demands [J]. *Psicothema*, 2006,18(2):139 – 144.

Brown H D. *Principles of language learning and teaching (5th ed.)* [M]. New York, NY: Pearson Education, 2007.

Bullock S M. Learning to teach and the false apprenticeship: Emotion and identity development during the field experience placement [A]. In M. Newberry, A. Gallant & P. Riley (eds.), *Emotion and school: Understanding how the hidden curriculum influences relationships, leadership, teaching, and learning* [C]. Bingley, UK: Emerald, 2013:119 – 140.

Bullough R V J, Draper R J. Making sense of a failed triad: Mentors, university supervisors, and positioning theory [J]. *Journal of Teacher Education*, 2004,55(5):407 – 420.

Bullough R V. Seeking eudaimonia: The emotions in learning to teach and to mentor [A]. In P A. Schutz & M. Zembylas (eds.), *Advances in teacher emotion research* [C]. Springer, Boston, MA, 2009:33 – 53.

Burić I, Penezić Z, Sorić I. Regulating emotions in the teacher's workplace: Development and initial validation of the Teacher Emotion-Regulation Scale [J]. *International Journal of Stress Management*, 2017,24(3):217.

Casanave C P. Diary of a dabbler: Ecological influences on an EFL teacher's efforts to study Japanese informally [J]. *TESOL Quarterly*, 2012,46(4): 642 – 670.

Chan D W. Perceived emotional intelligence and self-efficacy among Chinese secondary school teachers in Hong Kong [J]. *Personality and Individual Differences*, 2004,36(8):1781 – 1795.

Chan D W. Teacher self-efficacy and successful intelligence among Chinese secondary school teachers in Hong Kong [J]. *Educational Psychology*, 2008,28(7):735 – 746.

Chan D W. Emotional intelligence and components of burnout among Chinese secondary school teachers in Hong Kong [J]. *Teaching and Teacher Education*, 2006,22(8),1042 – 1054.

Chang M L. An appraisal perspective of teacher burnout: Examining the emotional work of teachers [J]. *Educational Psychology Review*, 2009,21 (3):193 – 218.

Chen J. Understanding teacher emotions: The development of a teacher emotion inventory [J]. *Teaching and Teacher Education*, 2016,55:68 – 77.

Chen Z, Sun H, Lam W, *et al*. Chinese hotel employees in the smiling masks: Roles of job satisfaction, burnout, and supervisory support in relationships between emotional labor and performance [J]. *The International Journal of Human Resource Management*, 2012,23(4):826 – 845.

Cherniss, C.. *Beyond burnout* [M]. New York: Routledge, 1995.

Constanti P, Gibbs P. Higher education teachers and emotional labour [J]. *International Journal of Educational Management*, 2004,18(4):243 – 249.

Costa P T, McCrae R R. *Revised neo personality inventory and neo five factor inventory professional manual* [M]. Odessa, FL: Psychological Assessment Resources, 1992.

Cross D I, Hong J Y. An ecological examination of teachers' emotions in the school context [J]. *Teaching and Teacher Education*, 2012, 28 (7): 957 – 967.

Cukur C S. The Development of the Teacher Emotional Labor Scale (TELS): Validity and reliability [J]. *Educational Sciences: Theory and Practice*, 2009,9(2):559 – 574.

Dahling J J, Perez L A. Older worker, different actor? Linking age and emotional labor strategies [J]. *Personality and Individual Differences*, 2010,48(5):574 – 578.

Day C, Gu Q. Veteran teachers: Commitment, resilience and quality retention [J]. *Teachers and Teaching: Theory and Practice*, 2009,15(4):441 – 457.

Day C, Leitch R. Teachers' and teacher educators' lives: The role of emotion [J]. *Teaching and Teacher Education*, 2001,17(4):403 – 415.

Day C, & Lee J C-K (eds.), *New understandings of teacher's work: Emotions and educational change* [M]. New York, NY: Springer, 2011.

Diefendorff J M, Croyle M H, Gosserand R H. The dimensionality and antecedents of emotional labor strategies [J]. *Journal of Vocational Behavior*, 2005,66(2):339 – 357.

Diefendorff J M, Gosserand R H. Understanding the emotional labor process: A control theory perspective [J]. *Journal of Organizational Behavior*, 2003,24(8):945 – 959.

Eco U. Reply [A]. In S. Collini (ed.), *Interpretation and over-interpretation* [C]. Cambridge, UK: Cambridge University Press, 1992.

Erickson J R, Ritter C. Emotional labor, burnout, and inauthentidty: Does gender matter [J]. *Social Psychology Quarterly*, 2001,64(2):146 - 163.

Farber B A. *Crisis in education: Stress and burnout in the American teacher* [M]. San Francisco: Jossey-Bass, 1991.

Frenzel A C, Pekrun R, Goetz T, *et al*. Measuring teachers' enjoyment, anger, and anxiety: The Teacher Emotions Scales (TES) [J]. *Contemporary Educational Psychology*, 2016,46:148 - 163.

Frenzel A C. Teacher emotions [A]. In R. Pekrun & L. Linnenbrink-Garcia (eds.), *International handbook of emotions in education* [C]. New York: Routledge, 2014:494 - 519.

Fullan M. Emotion and hope: Constructive concepts for complex times [A]. In A. Hargreaves (ed.), *Rethinking educational change with heart and mind: 1997 ASCD Yearbook* [C]. Alexandria, VA: Association for Supervision and Curriculum Development, 1997:216 - 233.

Fullan M. *Leading in a culture of change* [M]. San Francisco: Jossey-Bass, 2001.

Fullan M, Pomfret A. Research on curriculum and instruction implementation [J]. *Review of Educational Research*, 1977,47(2):335 - 397.

Garner P W. Emotional competence and its influences on teaching and learning [J]. *Educational Psychology Review*, 2010,22(3):297 - 321.

Glomb T M, Tews M. J. Emotional labor: A conceptualization and scale development [J]. *Journal of Vocational Behavior*, 2004,64(1):1 - 23.

Golombek P, Doran M. Unifying cognition, emotion, and activity in language teacher professional development [J]. *Teaching and Teacher Education*, 2014,39:102 - 111.

Gosserand R H, Diefendorff J M. Emotional display rules and emotional labor: The moderating role of commitment [J]. *Journal of Applied Psychology*, 2005,90(6):1256 - 1264.

Grandey A. Emotional regulation in the workplace: A new way to conceptualize emotional labor [J]. *Journal of Occupational Health Psychology*, 2000,5(1):95 - 110.

Gross J J, John O P. Individual differences in two emotion regulation processes: Implications for affect, relationships, and well-being [J]. *Journal of Personality and Social Psychology*, 2003,85(2):348.

Gross J J. Emotion regulation: Current status and future prospects [J]. *Psychological Inquiry*, 2015,26(1):1 - 26.

Gross J J. The emerging field of emotion regulation: An integrative review [J]. *Review of General Psychology*, 1998,2(3):271 - 299.

Gürel E B, Bozkurt Ö Ç. The effects of managing emotions on job satisfaction and emotional exhaustion level [J]. *Mehmet Akif Ersoy Üniversitesi Sosyal Bilimler Enstitüsü Dergisi*, 2016,8(14):133 - 147.

Guy M E, Newman M A, Mastracci S H. *Emotional labor: Putting the service in public service* [M]. New York: Routledge, 2008.

Hagenauer G, Hascher T, Volet S E. Teacher emotions in the classroom: Associations with students' engagement, classroom discipline and the interpersonal teacher-student relationship [J]. *European Journal of Psychology of Education*, 2015,30(4):385 - 403.

Hagenauer G, Volet S. "I don't think I could, you know, just teach without any emotion": Exploring the nature and origin of university teachers' emotions [J]. *Research Papers in Education*, 2014,29(2):240 - 262.

Hargreaves A. The emotional geographies of teachers' relations with colleagues [J]. *International Journal of Educational Research*, 2001a, 35(5):503 - 527.

Hargreaves A. Emotional geographies of teaching [J]. *Teachers College Record*, 2001b, 103(6):1056 - 1080.

Hargreaves A. The emotional practice of teaching [J]. *Teaching and Teacher Education*, 1998,14(8):835 - 854.

Hargreaves A. Mixed emotions: Teachers' perceptions of their interactions with students [J]. *Teaching and Teacher Education*, 2000, 16(8):811 - 826.

Hascher T, Hagenauer G. Openness to theory and its importance for preservice teachers' self-efficacy, emotions, and classroom behaviour in the teaching practicum [J]. *International Journal of Educational Research*, 2016,77:15 - 25.

Hawkey K. Mentor pedagogy and student teacher professional development: A study of two mentoring relationships [J]. *Teaching and Teacher Education*, 1998,14(6):657 - 670.

Heller A. The emotional division of labor between the sexes: Perspectives on feminism and socialism [J]. *Thesis Eleven*, 1982,5(1):59 - 71.

Hobson A J, Ashby P, Malderez A, Tomlinson P D. Mentoring beginning teachers: What we know and what we don't [J]. *Teaching and Teacher Education*, 2009,25(1):207 - 216.

Hochschild A R. Emotion work, feeling rules, and social structure [J]. *American Journal of Sociology*, 1979,85(3):551 - 575.

Hochschild A R. *The managed heart: Commercialization of human feeling* [M]. University of California Press, 1983.

Hoffman L W. Early childhood experiences and women's achievement motives [J]. *Journal of Social Issues*, 1972,28(2):129 - 155.

Hong J Y. Pre-service and beginning teachers' professional identity and its relation to dropping out of the profession [J]. *Teaching and Teacher Education*, 2010,26(8):1530 - 1543.

Horwitz E K. Even teachers get the blues: Recognizing and alleviating language teachers' feelings of foreign language anxiety [J]. *Foreign Language Annals*, 1996,29(3):365 - 372.

Hülsheger U R, Schewe A F. On the costs and benefits of emotional labor: A meta-analysis of three decades of research [J]. *Journal of Occupational Health Psychology*, 2011,16(3):361 - 389.

Isenbarger L, Zembylas M. The emotional labour of caring in teaching [J]. *Teaching and Teacher Education*, 2006,22(1):120 - 134.

Jiang J, Vauras M, Volet S, *et al*. Teachers' emotions and emotion regulation strategies: Self-and students' perceptions [J]. *Teaching and Teacher*

Education, 2016,54:22 - 31.

Johnson D W, Johnson R T. Conflict resolution and peer mediation programs in elementary and secondary schools: A review of the research [J]. *Review of Educational Research*, 1996,66(4):459 - 506.

Johnson H M, Spector P E. Service with a smile: Do emotional intelligence, gender, and autonomy moderate the emotional labor process? [J]. *Journal of Occupational Health Psychology*, 2007,12(4):319 - 333.

Johnson R B, Christensen L. *Educational research: Quantitative, qualitative, and mixed approaches (5th edition)* [M]. Los Angeles: SAGE Publishcations Inc., 2014.

Johnson R B, Onwuegbuzie A J, Turner L A, *et al*. Toward a definition of mixed methods research [J]. *Journal of Mixed Methods Research*, 2007,1(2):112 - 133.

Judge T A, Woolf E F, Hurst C. Is emotional labor more difficult for some than for others? A multilevel, experience-sampling study [J]. *Personnel Psychology*, 2009,62(1):57 - 88.

Jung H S, Yoon H H. Antecedents and consequences of employees' job stress in a foodservice industry: Focused on emotional labor and turnover intent [J]. *International Journal of Hospitality Management*, 2014,38:84 - 88.

Kagan D M. Professional growth among preservice and beginning teachers [J]. *Review of Educational Research*, 1992,62(2):129 - 169.

Karakuş M. Emotional intelligence and negative feelings: A gender specific moderated mediation model [J]. *Educational Studies*, 2013,39(1):68 - 82.

Kelchtermans G, Ballet K, Piot L. Surviving diversity in times of performativity: Understanding teachers' emotional experience of change [A]. In P A. Schutz & M. Zembylas (eds.), *Advances in teacher emotion research* [C]. New York: Springer, 2009:215 - 232.

Keller M M, Chang M L, Becker E S, *et al*. Teachers' emotional experiences and exhaustion as predictors of emotional labor in the classroom: An experience sampling study [J]. *Frontiers in Psychology*, 2014,5:1 - 10.

Kemper T D. Social models in the explanation of emotions [J]. *Handbook of Emotions*, 2000,2:45 – 58.

Kim T T, Yoo J J, Lee G, *et al*. Emotional intelligence and emotional labor acting strategies among frontline hotel employees [J]. *International Journal of Contemporary Hospitality Management*, 2012,24(7):1029 – 1046.

King L A, Emmons R A. Conflict over emotional expression: Psychological and physical correlates [J]. *Journal of Personality and Social Psychology*, 1990,58(5):864 – 877.

Kinman G, Wray S, Strange C. Emotional labour, burnout and job satisfaction in UK teachers: The role of workplace social support [J]. *Educational Psychology*, 2011,31(7):843 – 856.

Knowles J G, Holt-Reynolds D. Shaping pedagogies through personal histories in preservice teacher education [J]. *Teachers College Record*, 1991,93(1): 87 – 113.

Koçoġlu Z. Emotional intelligence and teacher efficacy: A study of Turkish EFL pre-service teachers [J]. *Teacher Development*, 2011,15(4):471 – 484.

Kruml S M, Geddes D. Exploring the dimensions of emotional labor: The heart of Hochschild's work [J]. *Management Communication Quarterly*, 2000,14(1):8 – 49.

Lam W, Chen Z. When I put on my service mask: Determinants and outcomes of emotional labor among hotel service providers according to affective event theory [J]. *International Journal of Hospitality Management*, 2012, 31 (1):3 – 11.

Lasky S. A sociocultural approach to understanding teacher identity, agency and professional vulnerability in a context of secondary school reform [J]. *Teaching and Teacher Education*, 2005,21(8):899 – 916.

Li H and Liu H. Beginning EFL teachers' emotional labor strategies in the Chinese context [J]. *Front. Psychol.*, 2021,12:737746.

Mann S. Emotion at work: To what extent are we expressing, suppressing, or faking it? [J]. *European Journal of Work and Organizational Psychology*, 1999,8(3):347 – 369.

Mapfumo J S, Chitsiko N, Chireshe R. Teaching practice generated stressors and coping mechanisms among student teachers in Zimbabwe [J]. *South African Journal of Education*, 2012,32(2):155 – 166.

Martinez H. The subjective theories of student teachers: Implications for teacher education and research on learner autonomy [A]. In T. Lamb & H. Reinders (eds.), *Learner and teacher autonomy* [C]. Amsterdam; Philadelphia: John Benjamins Pub. Co, 2008:103 – 124.

Martínez-Iñigo D, Totterdell P, Alcover C M, *et al*. Emotional labour and emotional exhaustion: Interpersonal and intrapersonal mechanisms [J]. *Work & Stress*, 2007,21(1):30 – 47.

Mayer J D, Salovey P. What is emotional intelligence? [A] In P. Salovy and D. Slyter (eds.), *Emotional development and emotional intelligence: Implications for educators* [C]. New York; Basic Books, 1997:3 – 31.

Miller E R, Gkonou C. Language teacher agency, emotion labor and emotional rewards in tertiary-level English language programs [J]. *System*, 2018,79: 49 – 59.

Modekurti-Mahato M, Kumar P, Raju P G. Impact of emotional labor on organizational role stress: A study in the services sector in India [J]. *Procedia Economics and Finance*, 2014,11:110 – 121.

Morris J A, Feldman D C. Managing emotions in the workplace [J]. *Journal of Managerial Issues*, 1997,9(3):257 – 274.

Morris J A, Feldman D C. The dimensions, antecedents, and consequences of emotional labor [J]. *Academy of Management Review*, 1996,21(4):986 – 1010.

Mousavi E S. Exploring 'teacher stress' in non-native and native teachers of EFL [J]. *English Language Teacher Education and Development*, 2007, 10:33 – 41.

Näring G W B., Canisius A R M, Brouwers A. Measuring emotional labor in the classroom: The darker emotions [A]. In A. Caetano, S. Silva, & M. J. Chambel (eds)., *New challenges for a healthy workplace in human services* [C]. Munich: Rainer Hampp Verlag, 2011:127 – 139.

Nguyen M H. Preservice EAL Teaching as emotional experiences: Practicum experience in an Australian secondary school [J]. *Australian Journal of Teacher Education*, 2014,39(8):63 – 84.

Nias J. Thinking about feeling: The emotions in teaching [J]. *Cambridge Journal of Education*, 1996,26(3):293 – 306.

Nichols S L, Schutz P A, Rodgers K, *et al*. Early career teachers' emotion and emerging teacher identities [J]. *Teachers and Teaching*, 2017,23(4): 406 – 421.

Numrich C. On becoming a language teacher: Insights from diary studies [J]. *Tesol Quarterly*, 1996,30(1):131 – 153.

Nunan D, Bailey K M. *Exploring second language classroom research: A comprehensive guide* [M]. Beijing: Foreign Language Teaching and Research Press, 2009.

O'Connor K E. "You choose to care": Teachers, emotions and professional identity [J]. *Teaching and Teacher Education*, 2008,24(1):117 – 126.

Patton M Q. *Qualitative evaluation and research methods (2nd ed.)* [M]. Newbury Park, CA: SAGE, 1990.

Pervaiz S, Ali A, Asif M. Emotional intelligence, Emotional labor strategies and satisfaction of secondary teachers in Pakistan [J]. *International Journal of Educational Management*, 2019,33(04):721 – 733.

Philipp A, Schüpbach H. Longitudinal effects of emotional labour on emotional exhaustion and dedication of teachers [J]. *Journal of Occupational Health Psychology*, 2010,15(4):494.

Platsidou M. Trait emotional intelligence of Greek special education teachers in relation to burnout and job satisfaction [J]. *School Psychology International*, 2010,31(1):60 – 76.

Poulou M. Student-teachers' concerns about teaching practice [J]. *European*

Journal of Teacher Education, 2007,30(1):91 – 110.

Salovey P, Hsee C K, Mayer J D. Emotional intelligence and self-regulation [A]. In D. M. Wegner & J. W. Pennebaker (eds.), *Handbook of mental control* [C]. Englewood Cliffs, NJ: Prentice Hall, 1993:258 – 277.

Salovey P, Mayer J D. Emotional intelligence [J]. *Imagination, Cognition and Personality*, 1990,9(3):185 – 211.

Schmidt M, Datnow A. Teachers' sense-making about comprehensive school reform: The influence of emotions [J]. *Teaching and Teacher Education*, 2005,21(8):949 – 965.

Schneider B, Bowen D E. Employee and customer perceptions of service in banks: Replication and extension [J]. *Journal of Applied Psychology*, 1985,70(3):423 – 433.

Schutz P A, Cross D I, Hong J Y, *et al*. Teacher identities, beliefs, and goals related to emotions in the classroom [A]. In P. A. Schutz, & R. Pekrun (eds.), *Emotion in education* [C]. San Diego, CA: Elsevier, 2007: 223 – 241.

Schutz P A, DeCuir-Gunby J T, Williams-Johnson M R. Using multiple and mixed methods to investigate emotions in educational contexts [A]. In M. Zembylas & P. A. Schutz (eds.), *Methodological Advances in Research on Emotion and Education* [C]. Cham: Springer, 2016:217 – 229.

Schutz P A, Hong J Y, Cross D I, *et al*. Reflections on investigating emotion in educational activity settings [J]. *Educational Psychology Review*, 2006, 18(4):343 – 360.

Schutz P A, Zembylas M. *Advances in teacher emotion research: The impact on teachers' lives* [C]. New York, NY: Springer, 2009.

Schutz P A. Inquiry on teachers' emotion [J]. *Educational Psychologist*, 2014,49(1):1 – 12.

Schutz P A, Quijada P D, De Vries S, Lynde M. Emotion in educational contexts [A]. In B. McGaw, P. L. Peterson, and E. Baker (eds) *International Encyclopedia of Education* [C]. Oxford: Elsevier Inc, 2010:591 – 596.

Scott C, Sutton R E. Emotions and change during professional development for teachers: A mixed methods study [J]. *Journal of Mixed Methods Research*, 2009,3(2):151 – 171.

Shapiro S. Revisiting the teachers' lounge: Reflections on emotional experience and teacher identity [J]. *Teaching and Teacher Education*, 2010,26(3): 616 – 621.

Sinclair K, Nicoll V. Sources and experience of anxiety in practice teaching [J]. *South Pacific Journal of Teacher Education*, 1981,9(1):1 – 18.

Spillane J P, Reiser B J, Reimer T. Policy implementation and cognition: Reframing and refocusing implementation research [J]. *Review of Educational Research*, 2002,72(3):387 – 431.

Sutton R E. Emotional regulation goals and strategies of teachers [J]. *Social Psychology of Education*, 2004,7(4):379 – 398.

Sutton R E, Wheatley K F. Teachers' emotions and teaching: A review of the literature and directions for future research [J]. *Educational Psychology Review*, 2003,15(4):327 – 358.

Sy T, Tram S, O'Hara L A. Relation of employee and manager emotional intelligence to job satisfaction and performance [J]. *Journal of Vocational Behavior*, 2006,68(3):461 – 473.

Tabachnick B G, Fidell L S. *Using multivariate statistics* [M]. New York: Harper Collins Publishers, 1989.

Taxer J L, Frenzel A C. Facets of teachers' emotional lives: A quantitative investigation of teachers' genuine, faked, and hidden emotions [J]. *Teaching and Teacher Education*, 2015,49:78 – 88.

Taxer J L, Gross J J. Emotion regulation in teachers: The "why" and "how" [J]. *Teaching & Teacher Education*, 2018,74:180 – 189.

Timoštšuk I, Kikas E, Normak M. Student teachers' emotional teaching experiences in relation to different teaching methods [J]. *Educational Studies*, 2016,42(3):269 – 286.

Timoštšuk I, Ugaste A. The role of emotions in student teachers' professional identity [J]. *European Journal of Teacher Education*, 2012, 35(4):421 - 433.

Totterdell P, Holman D. Emotion regulation in customer service roles: Testing a model of emotional labor [J]. *Journal of Occupational Health Psychology*, 2003, 8(1):55 - 73.

Tsang, K K. Emotion management of teaching: Conflict theory and symbolic interactionism. [J]. *New Horizons in Education*, 2012, 60(2):83 - 94.

Uitto M, Kaunisto S L, Syrjälä L, *et al.* Silenced truths: Relational and emotional dimensions of a beginning teacher's identity as part of the micropolitical context of school [J]. *Scandinavian Journal of Educational Research*, 2015, 59(2):162 - 176.

Van Kleef G A. How emotions regulate social life: The emotions as social information model [J]. *Current Directions in Psychological Science*, 2009, 18(3):184 - 188.

Van Veen K, Sleegers P, Van de Ven P H. One teacher's identity, emotions, and commitment to change: A case study into the cognitive-affective processes of a secondary school teacher in the context of reforms [J]. *Teaching and Teacher Education*, 2005, 21(8):917 - 934.

Wharton A S. The sociology of emotional labor [J]. *Review of Sociology*, 2009, 35(1):147 - 165.

Wichroski M A. The secretary: Invisible labor in the workworld of women [J]. *Human Organization*, 1994, 53(1):33 - 41.

Williams-Johnson M W, Cross D I, Hong J Y, *et al.* "There is no emotion in math": How teachers approach emotions in the classroom [J]. *Teacher College Record*, 2008, 110(8), 1574 - 1610.

Winograd, K. The functions of teacher emotions: The good, the bad, and the ugly [J]. *Teachers College Record*, 2003, 105(9):1641 - 1673.

Wong C S, Law K S. The effects of leader and follower emotional intelligence on performance and attitude: An exploratory study [J]. *The Leadership Quarterly*, 2002, 13(3):243 - 274.

Wright N. Twittering in teacher education: Reflecting on practicum experiences [J]. *Open Learning: The Journal of Open and Distance Learning*, 2010, 25(3):259 – 265.

Xu Y. A methodological review of L2 teacher emotion research: Advances, challenges and future directions [A]. In J. de D. Martinez Agudo (ed.), *Emotions in second language teaching* [C]. Cham, Switzerland: Springer, 2018:35 – 49.

Yang C., Chen Y., Zhao X. Emotional labor: Scale development and validation in the Chinese context [J]. *Front. Psychol.*, 2019, 10:2095.

Yao X, Yao M, Zong X, *et al*. How school climate influences teachers' emotional exhaustion: The mediating role of emotional labor [J]. *International Journal of Environmental Research and Public Health*, 2015, 12(10):12505 – 12517.

Yazan B, Peercy M M. ESOL teacher candidates' emotions and identity development [A]. In J. Crandall & M. Christison (eds.), *Teacher education and professional development in TESOL: Global perspectives* [C]. New York: Routledge, 2016:53 – 67.

Yilmaz K, Altinkurt Y, Güner M. The relationship between teachers' emotional labor and burnout level [J]. *Eurasian Journal of Educational Research*, 2015, 15(59):75 – 90.

Yin H, Huang S, Lee J C K. Choose your strategy wisely: Examining the relationships between emotional labor in teaching and teacher efficacy in Hong Kong primary schools [J]. *Teaching and Teacher Education*, 2017, 66:127 – 136.

Yin H, Lee J C K, Zhang Z. Exploring the relationship among teachers' emotional intelligence, emotional labor strategies and teaching satisfaction [J]. *Teaching and Teacher Education*, 2013, 35:137 – 145.

Yin H, Lee J C K. Be passionate, but be rational as well: Emotional rules for Chinese teachers' work [J]. *Teaching and Teacher Education*, 2012, 28(1): 56 – 65.

Yin H. Knife-like mouth and tofu-like heart: Emotion regulation by Chinese teachers in classroom teaching [J]. *Social Psychology of Education*, 2016, 19(1):1-22.

Yin H. The effect of teachers' emotional labour on teaching satisfaction: Moderation of emotional intelligence [J]. *Teachers and Teaching*, 2015, 21(7):789-810.

Yoon S L, Kim J H. Job-related stress, emotional labor, and depressive symptoms among Korean nurses [J]. *Journal of Nursing Scholarship*, 2013, 45(2):169-176.

Yuan R, Lee I. "I need to be strong and competent": A narrative inquiry of a student-teacher's emotions and identities in teaching practicum [J]. *Teachers and Teaching*, 2016, 22(7):819-841.

Zapf D. Emotion work and psychological well-being: A review of the literature and some conceptual considerations [J]. *Human Resource Management Review*, 2002, 12(2):237-268.

Zembylas M, Charalambous C, Charalambous P, *et al*. Promoting peaceful coexistence in conflict-ridden Cyprus: Teachers' difficulties and emotions towards a new policy initiative [J]. *Teaching and Teacher Education*, 2011a, 27(2):332-341.

Zembylas M. Emotions and teacher identity: A poststructural perspective [J]. *Teachers and Teaching*, 2003, 9(3):213-238.

Zembylas M. Investigating the emotional geographies of exclusion at a multicultural school [J]. *Emotion, Space and Society*, 2011b, 4(3):151-159.

Zembylas M. The emotional characteristics of teaching: An ethnographic study of one teacher [J]. *Teaching and Teacher Education*, 2004, 20(2):185-201.

Zembylas M. *Teaching with Emotion: A postmodern enactment* [M]. Greenwich: Information Age, 2005.

Zhu G. Chinese student teachers' perspectives on becoming a teacher in the practicum: Emotional and ethical dimensions of identity shaping [J]. *Journal of Education for Teaching*, 2017, 43(4):491 - 495.

Zhu L, Chen L, Zhao D, *et al*. Emotion recognition from Chinese speech for smart affective services using a combination of SVM and DBN [J]. *Sensors*, 2017, 17(7):1694.

安丹丹,张小永.幼儿教师情绪劳动与职业幸福感的关系:情绪耗竭和社会支持的作用[J].心理技术与应用,2020,8(10):577 - 588.

[美]斯蒂芬·D.布鲁克菲尔德.批判反思型教师 ABC [M].张伟译.北京:中国轻工业出版社,2002.

陈飞,李广.实习教师的角色发展与反应特征:基于教育实习关键事件的质化研究[J].基础教育,2016(3):79 - 85.

陈邈,李继宏.乡村教师的角色冲突及化解策略[J].基础教育课程,2019(16):76 - 80.

陈伟.生态化教学视野下职前英语教师教学设计能力培养的实证研究[J].中国远程教育,2013(7):62 - 65＋98.

陈向明.质的研究方法与社会科学研究[M].北京:教育科学出版社,2000.

陈晓宁.高校青年教师情绪劳动的实证研究[J].黑龙江高教研究,2010(12):23 - 26.

程晓堂.英语教师职业倦怠情况调查[J].外语艺术教育研究,2006(4):47 - 52.

丁炜.师范生教育实习课程改革:问题归因与实践对策:基于上海师范大学小学教育专业的个案调研[J].课程·教材·教法,2012(3):114 - 119.

丁先存,郑飞鸿.情绪劳动对离职倾向的影响效应研究:基于工作满意度的中介效应模型[J].华东经济管理,2016(6):144 - 151.

杜静,王晓芳.论基于社会互动理论的教师合作[J].教育研究,2016,(11):113 - 118.

费孝通.乡土中国[M].北京:三联书店,1985.

高强.职前中学英语教师教学实习中的认知发展:一项基于日志的个案研究[J].课程·教材·教法,2011(8):89 - 94.

高晓文,盛慧.教师情感劳动:概念、机制与扮演策略[J].教师发展研究,2017(3):67 - 74.

龚少英,张扩滕,张盼盼,李佳蔚.实习教师课堂情绪与教师效能感的关系:情绪调节的中介作用[J].教育研究与实验,2013(4):66-70.

古海波.高校外语教师科研情感叙事案例研究[D].苏州大学,2016.

古海波,顾佩娅.高校英语教师科研情感调节策略案例研究[J].解放军外国语学院学报,2019(5):57-65.

郭新婕,王蔷.教育实习与职前英语教师专业发展关系探究[J].外语与外语教学,2009(3):28-33.

韩刚,王蓉.英语师范生教师教育课程的专业化目标[J].教师教育研究,2005(3):25-30.

何声钟.地方高校英语师范生身份认同调查与分析[J].教师教育研究,2017(2):25-29.

侯敏,江琦,陈潇等.教师情绪智力和工作绩效的关系:工作家庭促进和主动行为的中介作用[J].心理发展与教育,2014(2):160-168.

胡海霞.理想信念教育生活化的实践探索:以河北师范大学顶岗实习支教为例[J].河北师范大学学报(教育科学版),2018(2):123-128.

胡琳梅,张扩滕,龚少英,李晔.情绪调节策略对教师工作投入的影响:课堂情绪和教师效能感的中介作用[J].教师教育研究,2016(1):49-54.

胡亚琳,王蔷.教师情感研究综述:概念,理论视角与研究主题[J].外语界,2014(1):40-48.

胡艳华,曹雪梅,罗泽华.初中教师情绪劳动策略组合模式及其管理策略探析[J].现代中小学教育,2013(4):81-84.

黄慧,徐玲.英语师范生教研能力培养的教学实验研究[J].江西师范大学学报(哲学社会科学版),2015(6):147-152.

黄杰,朱丹,杨澳.实习初期教师职业认同的发展轨迹及其与主动性人格的关系:一项追踪研究[J].心理发展与教育,2023,39(01):40-47.

黄敏儿,吴钟琦,唐淦琦.服务行业员工的人格特质、情绪劳动策略与心理健康的关系[J].心理学报,2010(12):1175-1189.

黄秀琼.论师范生教育实习中的角色定位[J].四川师范大学学报(社会科学版),2009(6):67-71.

黄盈盈,潘绥铭.中国社会调查中的研究伦理:方法论层次的反思[J].中国社会科学,2009(2):149-162.

姜丽静.高中教师:在期待中徘徊:山东省普通高中新课程实施准备情况调查报告[J].当代教育科学,2004(20):18-21.

蒋纯焦.中国传统教师文化的特点与意蕴[J].教师教育研究,2019(2):105-110.

李斌辉,张家波.师范生教育实习的风险及规避[J].教育发展研究,2016(10):33-40.

李闯,卢欢欢,朱伟,罗圣明.职业技术学院教师情绪智力与工作倦怠的关系[J].郑州大学学报(医学版),2016(1):99-102.

李红菊.情绪劳动研究:以中学教师为例[M].北京:世界图书出版公司,2014.

李红燕.简介"大五"人格因素模型[J].陕西师范大学学报(哲学社会科学版),2002(S1):89-91.

李利.实践共同体与职前教师实践性知识发展:基于教育实习的叙事研究[J].教师教育研究,2014(1):92-96+80.

李娜.基于权威接受理论的教师权威内涵研究[J].辽宁大学学报(哲学社会科学版),2019(4):170-176.

李伟,梅继霞,熊卫.情绪智力对情感耗竭影响及情绪劳动策略的调节作用:路径与条件[J].商业研究,2017(12):127-136.

李小红,秦晋.教育实习中实习生学科教学知识的发展及其改进[J].教育研究,2015(12):141-145.

李晓,饶从满.英语教师需要拥有怎样的一桶水?:英语教师学科知识结构的尝试性建构[J].教师教育研究,2019(3):86-92.

李永占.工作家庭冲突视角下幼儿教师情感耗竭的心理机制:情绪智力的作用[J].心理与行为研究,2016(4):492-500.

梁茜.农村初任教师情感劳动的动因、过程及影响因素:基于对11位农村初任教师的访谈研究[J].教师教育研究,2019,31(02):75-83.

廖化化,颜爱民.权变视角下的情绪劳动:调节变量及其作用机制[J].心理科学进展,2017(3):500-510.

林川,黄敏儿.特质应对与展现规则对情绪劳动的影响[J].心理学报,2011(1):65-73.

刘兵,崔文静,李嫄. 积极和消极展现规则对员工情绪劳动的影响机制:基于意义建构理论[J]. 技术经济,2018(6):111-119.

刘朝. 情绪劳动的理论与实证研究[M]. 北京:科学出版社,2015.

刘丹,缴润凯,王贺立,李飞飞. 幼儿教师情绪劳动策略与职业倦怠的关系:基于潜在剖面分析[J]. 心理发展与教育,2018(6):742-749.

刘锦涛,周爱保. 心理资本对农村幼儿教师工作投入的影响:情绪调节自我效能感的中介作用[J]. 中国临床心理学杂志,2016(6):1069-1073.

刘旭,白学军,刘志军,王艳. 农村中小学教师情绪调节策略对生活满意度的影响:心理资本的中介作用[J]. 心理学探新,2016(3):234-238.

刘学惠. 英语师范生课堂话语的建库、分析和应用[J]. 外语电化教学,2006(5):41-45.

刘衍玲. 中小学教师情绪工作的探索性研究[D]. 西南大学,2007.

刘蕴秋,邹为诚. 教育见习课程对职前英语教师专业发展影响探究[J]. 全球教育展望,2012(8):88-96.

柳海民,郑星媛. 教师职业幸福感:基本构成、现实困境和提升策略[J]. 现代教育管理,2021,No.378(09):74-80.

吕立杰,闫宏迪. 实习教师成长特性考察及理念探析[J]. 教育发展研究,2012(15):57-61.

莫拓宇. 中小学教师心理资本与情绪劳动策略、工作倦怠的关系研究[D]. 湖南师范大学,2014.

潘国文,罗丹. 教师意象在实习前后的变化:师范生实践性知识发展的个案研究[J]. 上海教育科研,2012(8):44-47.

秦晓晴. 外语教学问卷调查法[M]. 北京:外语与教学研究出版社,2009.

秦旭芳,刘慧娟. 教师情绪劳动失调窘境与理性化调控[J]. 教育发展研究,2016,(10):41-45.

屈廖健,邵剑耀. 大学教师情绪劳动与工作满意度、职业倦怠的关系:基于21世纪以来国内外实证研究的元分析[J]. 重庆高教研究,2021,9(06):67-77.

任胜洪,黄欢. 乡村教师政策70年:历程回顾与问题反思[J]. 吉首大学学报(社会科学版),2019(6):41-50.

宋萑,周深几. 教育实习中师范生身份认同困境的人类学考察:一位新疆师范生的个案研究[J].民族教育研究,2016(6):46-53.

孙彩霞,李子建.教师情绪的形成:生态学的视角[J].全球教育展望,2014(7):67-75.

孙嘉蔚,程亮.教师权威的正当性:危机与重建[J].基础教育,2018(4):35-42.

孙阳,王元,张向葵.幼儿教师职业承诺与情绪耗竭:情绪劳动的中介作用[J].心理与行为研究,2013(4):497-502.

唐丽玲,赵永平.西北高校外语教师职业倦怠与其影响因素的关系研究:以甘肃省为例[J].黑龙江高教研究,2013(1):99-103.

陶伟.高校青年英语教师"转化性学习"案例研究[D].苏州大学,2016.

田国秀,曾亚姣.中小学初任教师的情绪困惑:基于情绪劳动视角的教育民族志考察[J].教师教育研究,2021,33(04):68-75.

田学红,周厚余,陈登伟.特殊教育教师情绪劳动状况调查[J].中国特殊教育,2009(8):50-56.

田学红.教师的情绪劳动及其管理策略[J].教育研究与实验,2010(3):67-70.

王海燕,赵纳新,刘双,徐丽丽.实习教师在线协作反思中情感体验的特征研究[J].电化教育研究,2019(1):113-120.

[美]N.维纳.控制论[M].郝季仁译.北京:科学出版社,1985.

魏戈,陈向明.社会互动与身份认同:基于全国7个省(市)实习教师的实证研究[J].教育学报,2015(4):55-66+76.

吴宇驹,刘毅.中小学教师情绪劳动问卷的编制[J].西北师大学报(社会科学版),2011(1):102-108.

吴宇驹.教师情绪劳动及其作用机制的研究[D].广州大学,2008.

吴玉玲,邱思莲,李沐阳.英语师范生学科素养测量研究[J].外语教学,2018(5):63-67.

向祖强.论教师的职业倦怠及克服[J].广州大学学报(社会科学版),2004(7):87-91+96.

项亚光.论当前国内外教师专业社会化发展[J].外国中小学教育,2004(6):13-19.

谢翌,马云鹏.教师信念的形成与变革[J].比较教育研究,2007(6):31-35.

徐丽燕,马士斌.进入工作世界的首道"坎":现实震动[J].华东经济管理.2006,

(4):95 - 97.

徐长江,费纯,丁聪聪等. 教师情绪表达规则的质性研究[J]. 教师教育研究,2013 (4):68 - 73.

颜奕,谈佳. 高校法语教师专业生活中的情感体验个案研究[J]. 外语与外语教 学,2018(4):14 - 25.

杨林锋,胡君辰. 工作满意对情绪劳动策略影响实证研究[J]. 经济与管理研究, 2010(1):104 - 112.

杨玲,李明军. 中小学教师情绪工作策略及特性与工作满意度的关系研究[J]. 心 理发展与教育,2009(3):89 - 94+100.

杨鲁新,王素娥,常海潮等. 应用语言学中的质性研究与分析[M]. 北京:外语教 学与研究出版社,2013.

杨满云. 中小学教师情绪工作的特点及其与人格、心理健康的关系研究[D]. 西 南大学,2008.

杨晓萍. 中学教师情绪智力及其相关因素的研究[D]. 西北师范大学,2009.

姚红玉. 新教师专业发展的趋势与策略[J]. 教师教育研究,2005(6),20 - 23+54.

姚计海,管海娟. 中小学教师情绪智力与职业倦怠的关系研究[J]. 教育学报, 2013(3):100 - 110.

尹弘飚. 教师情绪:课程改革中亟待正视的一个议题[J]. 教育发展研究,2007 (6):44 - 48.

尹弘飚. 教师专业实践中的情绪劳动[J]. 教育发展研究,2009(10):18 - 22.

尹弘飚. 教育实证研究的一般路径:以教师情绪劳动研究为例[J]. 华东师范大学 学报(教育科学版),2017(3):47 - 56+168 - 169.

尹弘飚. 课程实施中的教师情绪:中国大陆高中课程改革个案研究[D]. 香港中 文大学,2006.

张绘. 混合研究方法的形成、研究设计与应用价值:对"第三种教育研究范式"的 探析[J]. 复旦教育论坛,2012(5):51 - 57.

张建新,周明洁. 中国人人格结构探索:人格特质六因素假说[J]. 心理科学进展, 2006(4):574 - 585.

张庆宗. 高校外语教师职业倦怠的成因分析及对策思考[J]. 中国外语,2011(4):

66 - 70.

张欣.中小学教师情绪工作研究[D].西北师范大学,2008.

张绪山.中国人的面子与面子观[J].史学月刊,2019(3):129 - 132.

张燕,刘云艳.幼儿教师情绪调节方式及其对工作满意度的影响[J].学前教育研究,2008(1):28 - 31.

张瑛鹉.民办中学教师情绪智力、工作满意度与教学效能感的相关研究[D].河北师范大学,2013.

张宇峰.中美跨洋互动写作活动中职前英语教师的身份构建[J].现代外语,2018,(2):268 - 278.

郑楚楚,郭力平.二十一世纪以来国内外教师情绪智力与教师职业倦怠关系研究的元分析[J].教师教育研究,2018,30(04):114 - 121.

中华人民共和国教育部.普通高中英语课程标准(2017 年版)[S].人民教育出版社,2018.

中华人民共和国教育部.中学教师专业标准(试行)(教师〔2012〕1 号)[R].2012年9月13日.

周厚余.积极心理学视角的特殊教育教师情绪劳动策略研究[J].教师教育研究,2016(1):61 - 66+88.

周寰,衣新发,胡卫平.初为人师的困惑与解决:实习教师"现实冲击"的理论模型构建[J].华东师范大学学报(教育科学版),2014(2):67 - 73.

周勇.系统控制论视域下的社会调控创新论析[J].湖南农业大学学报(社会科学版),2015(6):79 - 82.

朱神海,王雪梅.职前英语教师在教育实习中的情感与认同研究[J].语言政策与语言教育,2019(1):72 - 83+118.

朱神海."良心饭"的心境变迁:高师英语专业教师情感劳动研究[A].顾佩娅等著,中国高校英语教师专业发展环境研究[M].北京:外语教学与研究出版社,2017.

左敏.高校女教师情绪智力与教学效能感的关系研究[J].成都中医药大学学报:教育科学版,2015(2):71 - 72.

Index
索 引